OEUVRES COMPLÈTES

DE

SIR WALTER SCOTT.

Traduction Nouvelle.

PARIS,

A. SAUTELET ET Cᵒ ET CHARLES GOSSELIN

LIBRAIRES-ÉDITEURS.

M DCCC XXVII.

ŒUVRES COMPLÈTES

DE

SIR WALTER SCOTT.

TOME VINGT-SIXIÈME.

IMPRIMERIE DE H. FOURNIER,
RUE DE SEINE, N° 14.

CONTES DE MON HÔTE.

(Tales of my Landlord.)

SECONDE SÉRIE.

TOME QUATRIÈME.

―――

> Gens du pays fameux par ses gâteaux,
> S'il est des trous à vos manteaux
> Cachez-les bien : votre compatriote
> Vous observe, et de tout prend note :
> Et puis, ma foi, le jour viendra
> Où tout s'imprimera.
> Burns.

La Prison d'Edimbourg.

Ahora bien, dixo el cura, traedme, señor huésped, aqueses libros, que los quiero ver. — Que me place, respondió El; y entrando en su aposento sacó de una maletilla vieja cerrada con una cadenilla, y abriéndola, halló en ella tres libros grandes y unos papeles de muy buena letra escritos de mano.

Don Quijote, *parte primera, capitulo* 32.

Allons, dit le curé, je vous prie, seigneur hôte, d'aller me chercher ces livres; j'ai envie de les voir. — De tout mon cœur, répondit l'hôte, et il monta à sa chambre. Il en rapporta une petite et vieille valise, fermée par un cadenas, qu'il ouvrit, et il en tira trois gros volumes et quelques manuscrits en beaux caractères.

AU

MEILLEUR DES PATRONS,

UN LECTEUR SATISFAIT ET INDULGENT,

JEDEDIAH CLEISHBOTHAM,

SOUHAITE

SANTÉ, RICHESSE

ET CONTENTEMENT.

Lecteur courtois,

Si l'ingratitude comprend tous les vices, assurément une tache si noire doit surtout être évitée par celui dont la vie a été consacrée à instruire la jeunesse dans la vertu et les belles-lettres. J'ai donc voulu, dans ce prolégomène, déposer à tes pieds le tribut de mes remerciemens pour l'accueil bienveillant que tu as fait aux *Contes de mon Hôte*. Certes, si tu as ri de bon cœur de leurs descriptions facétieuses et amusantes, ou si ton esprit a pris plaisir aux événemens étranges qu'ils retracent, j'avoue que j'ai souri de mon côté en voyant le second étage avec des mansardes qui s'est élevé sur la base de mon petit domicile de Gander-Cleugh, après que le diacre Barrow a eu préalablement prononcé que les murs étaient capables de supporter cette augmentation. Ce n'a pas été non plus sans me délecter que j'ai revêtu un habit neuf (couleur de tabac, et à boutons de métal), avec la veste et la culotte assorties. Nous sommes donc vis-à-vis l'un de l'autre sous une réciprocité d'obligations : celles que j'ai reçues étant les plus solides (vu qu'une maison et un habit neuf valent mieux qu'un conte nouveau et une vieille chanson), il est juste que j'exprime ma reconnaissance avec plus de force et de véhémence. Et comment cela? — Non pas seulement par des mots, mais par des actions. C'est donc dans ce seul but, plutôt que par le désir d'acheter l'espace de terre appelé le Carlinescroft (1), attenant à mon jardin, et d'une étendue de sept acres trois quarts d'acre et quatre perches, que j'offre à ceux qui ont pensé favorablement des tomes précédens, cette suite de quatre nouveaux volumes des *Contes de mon Hôte* (2). Néanmoins si Pierre Prayfort avait envie de vendre ledit terrain, il peut bien le dire, et peut-être trouvera-t-il un acheteur ; à moins, lecteur aimable, que les tableaux de Pierre Pattieson, que je t'adresse aujourd'hui en particulier, et au public en général, ne trouvent plus grace à tes yeux ; mais j'en augure mieux, et j'ai tant de confiance dans la continuation de ton indulgence, que si tes affaires te conduisent à la ville de Gander-Cleugh, où presque tout le monde passe tôt ou tard une fois dans la vie, je régalerai tes yeux de la vue de ces précieux manuscrits qui ont fait ton amusement, ton nez d'une prise de mon tabac, et ton palais

---

(1) L'enclos du paysan. — Éd.
(2) Ce roman parut dans l'origine en 4 vol. in-12. — Éd.

d'un petit coup de cette liqueur appelée, par les savans de Gander-Cleugh, les gouttes de Dominie.

C'est alors, lecteur estimable et chéri, que tu pourras porter témoignage contre les enfans de la vanité qui ont voulu identifier ton serviteur et ami avec je ne sais quel éditeur de vaines fables, qui a encombré le monde de ses inventions, en se déchargeant de toute responsabilité. Vraiment on a bien nommé notre génération une génération de peu de foi. Que peut faire un homme pour certifier la propriété d'un ouvrage, si ce n'est de mettre son nom sur le titre, avec son signalement, ou sa désignation comme disent les hommes de loi, et le lieu de sa demeure. Je voudrais bien que ces sceptiques me dissent comment ils répondraient à celui qui attribuerait leurs ouvrages à d'autres, à celui qui traiterait de faussetés leurs noms et professions, et mettrait en question jusqu'à leur existence. Peut-être est-il vrai qu'il n'y aurait qu'eux qui s'inquiéteraient non-seulement s'ils sont morts ou vivans, mais encore s'ils ont jamais vécu. Mes critiques ont poussé plus loin leurs malicieuses censures.

Ces chicaneurs pointilleux n'ont pas seulement mis en doute mon identité, mais ils ont encore attaqué ma franchise et l'authenticité de mes récits historiques! A dire vrai, je ne puis que répondre que j'ai été prudent pour citer mes autorités. J'avoue aussi que, si je n'avais écouté que d'une oreille, j'aurais pu rendre ma première histoire plus agréable à ceux qui n'aiment à entendre que la moitié de la vérité. Ce n'est peut-être pas un reproche à faire à notre bon peuple d'Écosse, de dire que nous sommes très-enclins à nous intéresser avec partialité à ce qu'ont fait et pensé nos ancêtres.

Celui que ses adversaires peignent comme un Prélatiste (1) parjure désire que ses prédécesseurs passent pour avoir été modérés et justes dans le pouvoir, tandis que le lecteur impartial des annales de ces temps-là les déclarera sanguinaires, violens et tyranniques. D'autre part, les descendans des malheureux non-conformistes veulent que leurs ancêtres les Caméroniens soient représentés non pas simplement comme d'honnêtes enthousiastes, opprimés pour leur conscience, mais comme des héros distigués par leur éducation et leur bravoure. En vérité l'historien ne peut satisfaire de telles préventions. Il faut qu'il décrive *les Cavaliers* comme valeureux, fiers, cruels, vindicatifs et sans remords, et le parti opprimé comme attaché honorablement à ses opinions, malgré les persécuteurs, mais sans cesser d'être grossier, faroche et cruel; ces opinions mêmes furent absurdes et extravagantes, et ceux qui en étaient les martyrs auraient eu plutôt besoin d'ellébore que des condamnations à mort pour haute trahison. Toutefois, malgré le blâme que méritent les deux partis, il y avait, il n'en faut pas douter, des hommes vertueux et de mérite dans l'un et dans l'autre. On m'a demandé à moi Jedediah Cleishbotham, de quel droit je me suis constitué moi-même juge impartial de leurs différences d'opinion, considérant, a-t-on avancé, que je dois être nécessairement descendu de l'un ou de l'autre parti, avoir épousé l'un ou l'autre, selon la pratique d'Écosse, et être tenu (pour parler sans métaphore, *ex jure sanguinis* (2), à défendre ses principes envers et contre tous.

(1) Partisan des prélats, un anglican ou épiscopal. — Éd.
(2) Par la loi du sang. — Tr.

Mais, sans nier en rien la juste raison de cette coutume, qui force la génération existante à régler ses opinions politiques et religieuses sur celles de ses aïeux, et quelque embarrassant que semble le dilemme par lequel mes critiques croient m'avoir mis au pied du mur, je vois encore un refuge, et n'en réclame pas moins le privilège de parler des deux partis avec impartialité. Car, écoutez-moi bien, messieurs les grands logiciens, lorsque les prélatistes et les presbytériens d'autrefois étaient en guerre dans ce malheureux pays, mon ancêtre (honneur à sa mémoire!) était membre de la secte des Quakers, et souffrit les persécutions des deux côtés, jusqu'à l'épuisement de sa bourse et l'incarcération de sa personne.

Là-dessus, aimable lecteur, je te demande pardon de ce peu de mots sur moi et les miens, et me dis comme auparavant ton ami constant et obligé.

J. C.

Gander-Cleugh, le 1er avril 1818.

LA PRISON D'ÉDIMBOURG.

(The Heart of Mid-Lothian.)

CHAPITRE PREMIER

SERVANT D'INTRODUCTION.

> « Romantique Ashbourne, ainsi sur les hauteurs
> » Glisse la diligence avec six voyageurs. »
> FRERE.

Le temps n'a nulle part apporté plus de changemens (Nous suivons, selon notre habitude, le manuscrit de Pierre Pattieson.) que dans les moyens de transport et de communication entre les différentes parties de l'Écosse. Il n'y a pas plus de vingt ou trente années, si l'on en croit plusieurs témoins respectables encore vivans, qu'une misérable petite carriole, faisant, avec beaucoup de peine, trente milles à la journée, portait les dépêches de la capitale de l'Écosse à son extrémité; et l'Écosse n'était guère à cet égard plus mal servie que sa sœur plus opulente ne l'était il y a environ quatre-vingts ans. Fielding, dans son *Tom-Jones*, et Farquhar, dans une petite farce intitulée : *the Stage-Coach* (1), s'égaient sur la lenteur de ces voitures publiques. Au dire de ce dernier auteur, il fallait un pour-boire très-élevé pour arracher du cocher la promesse de devancer d'une demi-heure le moment de son arrivée au *Bull and Mouth* (2).

Mais ces carrosses antiques, lents et sûrs, ont maintenant entièrement disparu de l'une et de l'autre contrée : malles-postes et célérifères (3) rivalisent de toutes parts, et traversent la Grande-Bretagne en tous les sens; dans notre seul village, trois diligences en poste, quatre voitures avec leurs hommes armés, en casaque rouge (4), ébranlent les rues chaque jour, et le disputent par leur magnificence et leur vacarme à l'invention de ce tyran fameux

Demens ! qui nimbos et non imitabile fulmen ,
Ære et cornipedum pulsu simularat equorum (5).

(1) La diligence. — Éd.
(2) *Au taureau et à la bouche ;* enseigne d'auberge, et nom de l'auberge elle-même. — Éd.
(3) C'est traduire par un équivalent le mot *high flyer*. — Éd.
(4) Couleur de la livrée royale pour les malles-postes. — Éd.
(5) Insensé ! qui, en faisant rouler son char sur un pont d'airain, croyait imiter le bruit inimitable du choc des nuées et celui de la foudre. Virg., *En*. lib. vi, v. 590. — Éd.

Quelquefois même, pour compléter la ressemblance et pour corriger la présomption des postillons trop audacieux, la course rapide de ces impétueux rivaux de Salmonée est arrêtée par un événement non moins violent que celui qui causa la perte de leur prototype ; c'est alors que les voyageurs de *l'inside* et de *l'outside* (1), pour me servir de l'expression technique, ont raison de regretter la marche lente et sûre des anciens célérifères (2), qui, comparés aux chars modernes de M. Palmer, méritaient si peu leur nom. Ces anciennes voitures, aujourd'hui dédaignées, avaient coutume de cheminer tranquillement comme une barque abandonnée au cours progressif des eaux ; mais la moderne diligence brûle le pavé avec la vitesse du même navire poussé contre les brisans, ou plutôt avec la fureur d'une bombe qui éclate au terme de sa carrière au milieu des airs. L'ingénieux M. Pennant, qui s'était fait un rôle de combattre avec une vive opposition ces chars rapides, avait recueilli, m'a-t-on dit, un formidable catalogue des accidens qui, ajoutés à l'impôt des aubergistes dont le voyageur n'a guère le temps de discuter les comptes, à l'impertinence du cocher, et à la despotique et insolente autorité du tyran nommé conducteur, composaient un tableau d'horreur, auquel le vol, le meurtre, la fraude, le péculat prêtaient leurs couleurs sombres. Mais tout ce qui flatte l'impatience de l'homme sera toujours bien accueilli, malgré les périls et les avertissemens; en dépit de l'antiquaire Cambrien (3), les malles-postes

(1) Intérieur et extérieur ou impériale. — Éd.
(2) *Fly-Coaches.* — Éd.
(3) Pennant était de l'antique Cambrie ou pays de Galles. — Éd.

n'en font pas moins retentir la base de Penmen-Maur et de Cader-Edris (1); même déjà

> Le fier Skiddaw entend avec effroi
> Du char roulant la course encor lointaine.

et peut-être les échos de Ben-Nevis s'éveilleront bientôt au son du cor, non de quelque Chef guerrier, mais d'un conducteur de malle-poste.

C'était un beau jour d'été, et notre petite école avait obtenu un demi-congé par l'intercession d'un inspecteur de joyeuse humeur (2). J'attendais par la voiture un nouveau numéro d'une brochure périodique intéressante, et je me promenais sur la grande route, avec l'impatience de l'habitant de la campagne qui soupire après les nouvelles, impatience si bien décrite par Cowper :

« — Les grands débats, la harangue populaire, — la
» réplique, les raisonnemens, la motion sage ou ingé-
» nieuse, — le rire de l'assemblée, — il me tarde de
» tout savoir; je brûle de délivrer les disputeurs de leur
» prison de papier, et de leur rendre la voix et la pa-
» role. »

Tels étaient les sentimens qui m'agitaient tandis que j'avais les yeux fixés sur le chemin par où devait arriver la nouvelle diligence, connue sous le nom du *Somerset*, et qui, à dire vrai, ne m'est pas indifférente, même lorsqu'elle n'a rien de très-intéressant à m'apporter. Le bruit lointain des roues vint frapper mon oreille au mo-

---

(1) Montagnes du pays de Galles. — Éd.

(2) Son *Honneur* Gilbert Gosslin de Gandercleugh ; car j'aime à être exact dans les matières importantes. — J. C.

ment où j'atteignais le sommet de ce coteau appelé le Goslin-Brae, du haut duquel la vue domine toute la vallée qu'arrose le Gander. La voie publique qui aboutit à cette rivière, et la traverse sur un pont situé environ à un quart de mille du lieu où je me trouvais, se continue en partie au milieu d'un enclos planté d'arbres et en partie à travers une terre de dépaissance ; c'est un enfantillage peut-être ; — mais j'ai passé toute ma vie avec des enfans, pourquoi ne m'amuserais-je pas comme eux? ainsi donc enfantillage soit; mais je dois avouer que j'ai souvent pris le plus grand plaisir à observer l'approche de la voiture, d'aussi loin que les détours de la route me permettaient de l'apercevoir. La vue de l'équipage, son exiguité apparente, qui contraste avec la rapidité de sa course, ses apparitions et ses disparitions successives, le bruit toujours croissant dont il est précédé, tout enfin pour le spectateur oisif qui n'a rien de mieux à faire, a je ne sais quel intérêt secret. On peut rire de moi comme de tant d'honnêtes bourgeois qui chaque jour attendent régulièrement à la fenêtre de leur maison de campagne le passage de la diligence; mais n'importe, cet amusement en vaut bien un autre, et tel qui fait chorus avec les rieurs n'est peut-être pas fâché d'en jouir sans s'en vanter.

Cette fois cependant il était écrit que je n'aurais pas le plaisir de voir la voiture passer devant le gazon sur lequel j'étais assis, et d'entendre la voix enrouée du conducteur quand il laisserait glisser entre mes mains mon paquet, sans arrêter la voiture un seul instant. J'avais vu la diligence descendre la côte qui conduit au pont, avec plus de rapidité que d'ordinaire ; elle brillait par intervalle au milieu du tourbillon de poussière

qu'elle avait soulevé, et laissait derrière elle une longue
trainée, semblable aux légers nuages, reste des brouillards d'une matinée de printemps. Mais je ne la vis pas
reparaître sur l'autre rive après les trois minutes d'usage,
qu'une observation répétée m'avait appris être le temps
nécessaire pour traverser le pont et remonter la côte.
Quand il se fut écoulé plus du double du temps, je commençai à concevoir quelque inquiétude, et je m'avançai
rapidement; arrivé en vue du pont, la cause du délai
ne me fut que trop manifeste : le Somerset avait bien
mérité son nom (1), en faisant un saut périlleux. La
chute était si complète, que l'impériale était dessous et
les quatre roues en l'air. Le conducteur et le postillon,
qui obtinrent chacun une mention honorable dans les
papiers publics, après avoir réussi à relever les chevaux
en coupant les harnois, procédaient à une espèce d'opération césarienne pour délivrer les personnes de l'intérieur, en forçant les gonds d'une portière qu'ils ne pouvaient pas ouvrir autrement. C'est par ce moyen que
deux inconsolables demoiselles furent tirées de cette
prison de cuir; leur habillement, comme on le présume bien, avait été tant soit peu dérangé : leur premier soin fut de le rajuster; aussi je conclus qu'il ne
leur était arrivé aucun mal, et je ne me hasardai pas à
leur offrir mes services pour leur toilette; j'ai su depuis
que les belles infortunées m'en avaient voulu. Les voyageurs de l'extérieur, qui devaient avoir sauté de leur
poste élevé par un choc semblable à l'explosion d'une
mine, s'en tirèrent avec les bosses et les contusions
d'usage, excepté trois qui, ayant été jetés dans le Gan-

(1) Somerset en anglais veut dire *saut périlleux*. — Éd.

der, se débattaient contre le courant, semblables aux derniers naufragés de la flotte d'Énée,

Apparent rari nantes in gurgite vasto (1)

Je donnai mon petit coup de main là où il paraissait le plus nécessaire, et avec le secours d'une ou deux personnes de la compagnie, qui s'étaient échappées saines et sauves, nous vînmes facilement à bout de repêcher deux des pauvres voyageurs; c'étaient deux gaillards actifs et courageux; si ce n'eût été la longueur démesurée de leurs redingotes et l'ampleur également extraordinaire de leurs pantalons à la Wellington, ils n'auraient eu besoin du secours de personne. Le troisième était un vieillard infirme, et il eût infailliblement péri sans les efforts qu'on fit pour le sauver.

Lorsque nos deux gentlemen aux longues redingotes furent sortis de la rivière, et qu'ils eurent secoué leurs oreilles comme font les barbets, une violente altercation s'éleva entre eux et le cocher et le garde sur la cause de l'accident (1). Dans le cours de la dispute, je m'aperçus que mes nouvelles connaissances appartenaient au barreau, et que la subtilité habituelle de la chicane allait vraisemblablement rendre la partie inégale entre eux et les conducteurs de la voiture avec leur ton bourru et officiel.

La dispute se termina par l'assurance donnée aux voyageurs qu'ils seraient placés dans une lourde voi-

(1) Quelques-uns, mais en petit nombre, apparaissent encore nageant çà et là au-dessus du vaste abime. VIRG. *En.*, lib. I, v. 117.
TR.

(2) Les chevaux sont conduits par le cocher, et le garde ou conducteur est chargé plus spécialement de la voiture. — ÉD.

ture qui devait passer par là dans moins d'une demi-heure, pourvu qu'elle ne fût pas pleine. Le hasard sembla favoriser cet arrangement, car lorsque le véhicule si désiré arriva, il n'y avait que deux places prises sur six. Les deux dames qu'on avait exhumées du fond de la voiture renversée furent admises sans difficulté; mais les nouveaux voyageurs s'opposèrent formellement à l'admission des deux légistes, dont les vêtemens humides, assez semblables à des éponges trempées, paraissaient devoir rendre une partie de l'eau dont ils avaient été imbibés, à la grande incommodité de leurs compagnons de voyage. De l'autre côté, les légistes refusaient de monter sur l'impériale, alléguant qu'ils n'avaient pris cette place sur l'autre voiture que par goût, et qu'ils s'étaient réservé leur libre entrée dans l'intérieur, quand bon leur semblerait, ainsi que le portait spécialement leur contrat, auquel ils s'en référaient. Après une légère altercation, dans laquelle il fut dit quelques mots de l'édit *nautæ, caupones, stabularii* (1), la voiture se mit en marche, laissant là nos doctes voyageurs occupés de leurs actions en dommages-intérêts.

Ils me prièrent aussitôt de les guider au village voisin, et de leur indiquer la meilleure auberge; sur les renseignemens que je leur donnai des ARMES DE WALLACE, ils déclarèrent qu'ils préféraient s'arrêter là plutôt que de passer outre, d'après l'indication de cet imprudent conducteur du Somerset. Tout ce dont ils avaient besoin était un commissionnaire pour porter leur bagage : on leur en trouva facilement un dans une cabane voisine, et ils allaient se mettre en route, quand

---

(1) Sur les conducteurs de voitures d'eau, les aubergistes, etc.—Tr.

ils trouvèrent qu'il y avait un autre voyageur dans le même embarras, c'était le vieillard infirme qui avait été précipité dans la rivière avec eux. Il avait été trop modeste, à ce qu'il paraît, pour élever quelque réclamation contre le cocher, en voyant le résultat de celles de ses deux compagnons, plus hardis, et maintenant il restait en arrière avec un air d'inquiétude timide, laissant assez deviner qu'il était entièrement dépourvu de ces moyens de recommandation qui sont un passe-port indispensable pour recevoir l'hospitalité dans une auberge.

Je me hasardai à appeler l'attention de ces deux jeunes élégans (1), car ils paraissaient tels, sur la triste condition de leur compagnon de voyage ; ils reçurent cet avis de très-bonne humeur.

— Eh bien, M. Dunover, dit l'un de nos jouvenceaux, vous ne pouvez pas rester ici sur le pavé ; venez, vous dînerez avec nous, Halkit et moi nous allons prendre une chaise de poste, et à tout événement, nous vous conduirons partout où il vous conviendra.

Le pauvre homme, car son costume et sa modestie disaient assez qu'il était pauvre, répondit par ce salut de reconnaissance qui, chez les Écossais, veut dire : c'est trop d'honneur que vous faites à un homme comme moi, et il suivit humblement ses joyeux protecteurs ; ils arrosaient la poussière de la route de l'eau qui découlait de leurs habits trempés, et offraient le bizarre et risible spectacle de trois personnes souffrant d'un excès d'hu-

(1) *Dashing young blades*, jeunes lames éclatantes. Ces expressions appartiennent au langage de la mode moderne. Il y a plusieurs noms pour désigner les petits maîtres et les classes, suivant leur plus ou moins d'élégance et de fatuité. — Éd.

midité en plein midi, quand le soleil faisait éprouver à tout ce qui les entourait le tourment contraire de la sécheresse et de la chaleur. Ce ridicule fut observé par les jeunes gens eux-mêmes, et ils n'avaient pas fait quelques pas, que déjà il leur était échappé quelques plaisanteries passables sur leur situation.

— Nous n'avons pas à nous plaindre, comme Cowley (1) dit l'un d'eux, que la toison de Gédéon reste sèche tandis que tout est humide à l'entour : c'est le miracle renversé.

— Nous devons être reçus avec reconnaissance dans la ville : nous y apportons quelque chose dont les habitans paraissent avoir grand besoin, dit Halkit.

— Et nous le distribuons avec une générosité sans égale, répondit son compagnon; nous ferons ici l'office de trois tombereaux d'arrosage sur leur route poudreuse.

— Nous leur amenons aussi, dit Halkit, un bon renfort de gens du métier, un agent d'affaires (2) et un avocat.

— Et peut-être aussi un client, dit son compagnon en regardant derrière lui; puis il ajouta en baissant la voix : le camarade a bien l'air de n'avoir que trop fréquenté cette compagnie dangereuse.

Et dans le fait, il n'était que trop vrai que l'humble compagnon de nos gais jouvenceaux avait la triste apparence d'un plaideur ruiné; je ne pus m'empêcher de rire de l'allusion, quoique je prisse bien soin de cacher ma gaieté à celui qui en était l'objet.

(1) Expression dont Cowley se servait pour se plaindre que la *restauration* ne lui avait profité en rien. — ÉD.

(2) Un agent, mot qui répond à celui d'avoué. — ÉD.

Quand nous fûmes arrivés à l'auberge de WALLACE, le plus jeune de nos jeunes gens d'Édimbourg, qui était avocat plaidant, à ce que j'appris, insista pour que je prisse part à leur dîner ; leurs questions et leurs demandes mirent bientôt mon hôte et toute sa famille en mouvement pour leur offrir le meilleur repas que pouvaient fournir la cave et l'office, et l'accommoder selon les règles de l'art culinaire, auquel nos deux amphitryons (1) paraissaient n'être pas étrangers ; du reste, c'étaient deux jeunes gens qui, pleins de cette aimable gaieté que donnent leur âge et la bonne humeur, jouent un rôle assez fréquent dans la haute classe des hommes de loi d'Édimbourg, et qui ressemble assez à celui des jeunes Templiers (2), du temps de Steele et d'Adisson. Un air d'étourderie et de gaieté s'unissait chez eux à un fonds de bon sens, de goût et de connaissances que prouvait leur conversation. Ils semblaient avoir pour but d'associer les manières d'un homme du monde à celles d'un ami de la littérature et des arts. Un gentleman (3) accompli, élevé dans cette belle oisiveté qui, à mon sens, est indispensable pour former ce caractère à la perfection, aurait probablement remarqué une légère teinte de la pédanterie du métier dans l'avocat, en dépit de ses efforts pour la cacher, et un air trop affairé dans son compagnon ; sans doute qu'il eût décou-

(1) Le texte dit seulement *entertainers*, convives payans : le mot amphitryon est devenu sans prétention en français ; le traducteur a pu le mettre pour équivalent. — ÉD.

(2) Étudiant en droit, avocat stagiaire, habitant les *inns* ou hôtels du Temple à Londres. — ÉD.

(3) Dans le sens d'homme *comme il faut*, gentilhomme ou non.
ÉD.

vert aussi dans l'entretien de l'un et de l'autre plus d'érudition que n'en exige la mode; mais pour moi, qui ne me pique pas d'être si difficile, mes compagnons me parurent offrir l'heureux mélange d'une bonne éducation et d'une instruction solide, avec cet esprit de gaieté, de saillies et de bons mots, qui ne déplaît pas à un homme grave, parce que c'est celui qui lui est le moins familier.

L'homme au teint pâle, qu'ils avaient eu la bonté d'admettre dans leur société, semblait n'être pas à sa place, et ne point partager leur bonne humeur. Il était assis sur le bord de sa chaise, à trois pieds de distance de la table, se tenant ainsi dans une situation très-incommode pour porter les morceaux à la bouche, comme s'il eût voulu punir son audace de prendre part au repas de ses supérieurs. A la fin du dîner, il se refusa à toutes les instances qu'on lui fit de goûter le vin qui circulait à la ronde, demanda l'heure à laquelle la voiture devait se mettre en route, déclara qu'il voulait être prêt, de peur de la manquer, et sortit modestement de l'appartement.

— Jack, dit l'avocat à son compagnon, je me rappelle maintenant la figure de ce pauvre diable; tu disais plus vrai que tu ne croyais : c'est réellement un de mes cliens, le pauvre homme!

— Le pauvre homme! répondit Halkit, je suppose que vous voulez dire que c'est votre seul et unique client.

— Ce n'est pas ma faute, Jack, répondit l'autre, que j'appris se nommer Hardie, vous devez me donner toutes vos affaires, et si vous n'en avez pas, monsieur qui est ici présent sait bien qu'on ne peut rien tirer de rien.

— Mais vous paraissez avoir converti quelque chose en rien dans l'affaire de ce brave homme, dit l'Agent : il a l'air d'aller bientôt honorer de sa présence LE CŒUR DE MID-LOTHIAN (1).

— Vous vous trompez, car il ne fait que d'en sortir.
— Mais les regards de monsieur demandent une explication. — Dites-moi, M. Pattieson, êtes-vous jamais allé à Édimbourg ?

Je répondis affirmativement.

— Alors vous devez avoir passé, ne serait-ce que par hasard, quoique probablement ce ne soit pas aussi souvent que je suis condamné à le faire, par une allée étroite située à l'extrémité nord-ouest de Parliament-Square, et qui traverse un antique édifice avec des tours et des grilles de fer,

> Vieux monument qui réalise
> Un dicton connu dans ce lieu.
> Près de l'Église,
> Et loin de Dieu (2).

— Et dont l'enseigne est l'*homme rouge*, dit M. Halkit, en interrompant l'avocat pour être de moitié dans l'énigme.

— C'est en somme, répondit celui-ci en interrompant à son tour son ami, une espèce de lieu où l'infortune est heureusement confondue avec le crime; et d'où tous ceux qui y sont enfermés désirent sortir.

(1) *The Heart of Mid-Lothian.* — ÉD.
(2) *Making good the saying odd,*
  Near the church and far from God.
  ÉD.

— Et où aucun de ceux qui ont eu le bonheur d'en sortir ne désire rentrer, reprit son compagnon.

— J'entends, messieurs, répliquai-je, vous voulez dire la prison.

— La prison, ajouta le jeune avocat, — vous l'avez deviné : — c'est la vénérable *Tolbooth* elle-même ; — et permettez-moi de vous dire que vous nous avez des obligations pour la description courte et modeste que nous vous en avons donnée, car de quelque amplification que nous nous fussions servis pour embellir le sujet, vous étiez entièrement à notre discrétion ; puisque les pères conscrits de notre ville ont décrété que le vénérable édifice ne resterait pas debout pour confirmer notre récit ou pour le démentir.

— Ainsi donc, répondis-je, la Tolbooth d'Édimbourg est appelée le Cœur de Midlothian.

— Tel est son nom, je vous assure.

— Je pense, ajoutai-je avec la défiance d'un inférieur qui laisse échapper à demi-voix un calembourg en présence de son supérieur, je pense qu'on peut bien dire que le comté métropolitain a un triste cœur.

— Juste comme un gant, M. Pattieson, répliqua M. Hardie, et un cœur fermé, un cœur dur.—A vous Jack.

— Et un méchant cœur, un pauvre cœur, répondit Halkit, faisant de son mieux pour dire un bon mot.

— On pourrait dire aussi que c'est un cœur haut, un grand cœur, répondit l'avocat: vous voyez que lorsqu'il s'agit de cœur, je puis vous en montrer.

— Je suis au bout de toutes mes pointes sur le cœur, dit le plus jeune de ces messieurs.

—Alors il faudra choisir un autre sujet, répondit son compagnon ; et, quant à la vieille Tolbooth condamnée, quelle pitié de ne pas lui rendre les mêmes honneurs qu'on a rendus à plusieurs de ses locataires! Pourquoi Tolbooth n'aurait-elle pas aussi ses dernières exhortations, sa confession, ses prières des agonisans? Ses vieilles pierres seront à peu de chose près aussi sensibles à cet honneur que maints pauvres diables pendus du côté de sa façade occidentale, tandis que les colporteurs criaient une confession dont jamais le patient n'avait entendu parler.

— J'ai bien peur, répondis-je, si toutefois il n'y a pas trop de présomption à donner mon opinion, que l'histoire de cet édifice ne fût un tissu de crimes et de douleurs.

— Non pas tout-à-fait, mon ami, dit Hardie; une prison est un petit monde par elle-même : elle a ses affaires, ses chagrins, ses joies qui lui sont propres; ses habitans quelquefois n'ont que peu de jours à vivre; mais il en est de même des soldats au service : ils sont pauvres relativement au monde du dehors, mais il y a parmi eux des degrés de richesse et de pauvreté, et plusieurs d'entre eux jouissent d'une opulence relative. Ils n'ont pas grand espace pour se promener, mais la garnison d'un fort assiégé, l'équipage d'un navire en pleine mer, n'en ont pas davantage, et même à certains égards ils se trouvent dans une position plus avantageuse ; car ils peuvent acheter de quoi dîner tant qu'ils ont de l'argent, et ils ne sont pas obligés de travailler, qu'ils aient de quoi manger ou non.

— Mais, répondis-je (non sans penser secrètement à ma tâche actuelle), quelle variété d'incidens pourrait-on trouver dans un ouvrage comme celui dont vous venez de parler?

— Ils seraient à l'infini, répliqua le jeune avocat : tout ce qu'il y a de fautes, de crimes, d'impostures, de folies, d'infortunes inouies, de revers propres à jeter de la variété sur le cours de la vie, serait retracé dans les derniers aveux de la Tolbooth, et je trouverai assez d'exemples pour rassasier l'insatiable appétit du public pour l'horrible et le merveilleux. Les romanciers sont obligés de se creuser le cerveau pour diversifier leurs contes, et après tout, à peine peuvent-ils esquisser un caractère ou une situation qui ne soient usés et déjà familiers au lecteur, de sorte que leurs dénouemens, leurs enlèvemens, les blessures mortelles, dont leur héros ne meurt jamais, les fièvres dévorantes, dont leur héroïne peut être toujours certaine de guérir, sont devenus un véritable lieu commun. Moi je me joins à mon honnête ami Crabbe (1), j'ai un malheureux penchant à espérer quand il n'y a plus d'espoir, et je me fie toujours à la dernière planche qui doit soutenir le héros de roman au milieu de la tempête de l'adversité. A ces mots le jeune avocat se mit à déclamer avec emphase le passage suivant :

« J'ai eu jadis beaucoup de craintes (mais je n'en ai
» plus) lorsqu'une chaste beauté, trahie par quelque
» misérable, était enlevée avec tant de promptitude,
» qu'elle ne pouvait deviner par anticipation le sort cruel
» qui l'attendait. Aujourd'hui je ne m'effraie plus : —
» emprisonnez la belle dans des murs solides, creusez
» un fossé autour, mettez-y des serrures d'airain, des

---

(1) Ce poète, le doyen des poètes anglais actuels, était assez connu par des productions remarquables à l'époque où est censée se passer la scène de cette introduction. — Éd.

» verroux de fer et des geôliers impitoyables ; qu'elle
» n'ait pas un sou dans sa bourse, qu'elle éprouve les
» refus de tous ceux dont elle implorera la pitié ; que
» les fenêtres soient trop hautes pour oser les sauter ;
» que le secours soit si loin qu'on ne puisse entendre la
» voix qui l'appelle, quelque puissance secrète trouvera
» encore des moyens d'arracher sa proie au tyran déçu.»

Ce qui tue l'intérêt, dit-il en concluant, c'est la fin de l'incertitude, — voilà ce qui fait qu'on ne lit plus de romans.

— O dieux, écoutez ! reprit son compagnon. Je vous assure, M. Pattieson, que vous n'avez qu'à faire une visite à ce docte *gentleman*, et vous êtes sûr de trouver sur sa table les nouveaux romans à la mode, proprement retranchés toutefois sous les Institutes de Stair, et un volume ouvert des Décisions de Morison (1).

— Je ne le nie pas, dit notre jeune jurisconsulte, et pourquoi le nierais-je, lorsqu'il est maintenant bien connu que ces Dalilas (2) ont séduit nos plus fortes têtes ! Ne les trouve-t-on pas cachés parmi les mémoires de nos plus célèbres consultans, et on les voit sortir de dessous le coussin du fauteuil de nos juges ; nos anciens dans le barreau, et même sur les sièges de la magistrature, lisent des romans ; bien plus, si l'on ne les calomnie pas, plusieurs d'entre eux en ont composé par-dessus le marché. Je dirai seulement que je les lis par habitude et par indolence, et non que j'y prenne aucun intérêt ; comme le vieux Pistol en rongeant son porreau (3), je

---

(1) Éditeur d'un recueil de *cas décidés* ou jugés, *arrêts*, etc.—Éd.
(2) Expression de Dryden : *ces séductrices*. —Éd.
(3) Allusion à la scène d'*Henry V* où le capitaine Flueller force

lis et je jure jusqu'à ce que j'aie attrapé la fin. — Mais il n'en est pas ainsi dans l'histoire véritable des folies humaines, — dans les questions d'état ou dans le livre des ajournemens ; — c'est là qu'on rencontre à chaque instant quelque page nouvelle du cœur humain, et des coups de la fortune bien plus surprenans qu'aucun de ceux qu'inventa jamais le plus hardi romancier.

— Vous pensez, demandai-je, que l'histoire de la prison d'Édimbourg pourrait fournir des matériaux pour des nouvelles intéressantes.

— Certainement, mon cher monsieur, répondit Hardie, et une abondance prodigieuse ; — mais à propos, remplissez votre verre. — Cette prison n'a-t-elle pas été pendant plusieurs années le lieu où se réunissait le parlement d'Écosse ; n'a-t-elle pas servi d'asile au roi Jacques, quand la populace enflammée par un séditieux prédicateur se révolta contre lui, en criant : — L'épée du Seigneur et de Gédéon ! — que l'on nous amène ce misérable Aman ! — Depuis lors, que de cœurs ont palpité au sein de ses murailles, en entendant la cloche qui leur annonçait l'approche de l'heure fatale ; combien se sont laissé abattre par ce lugubre son, combien l'ont entendu avec une courageuse fierté et une mâle résignation ! — Combien ont dû leur consolation à la religion ; croyez-vous qu'il ne s'en est pas trouvé qui, jetant un regard sur ce qui les avait poussés au crime, pouvaient à peine comprendre qu'une aussi misérable tentation eût pu les détourner du sentier de la vertu ? Et ne s'en est-il pas peut-être rencontré d'autres qui,

---

Pistol de manger un porreau, sous peine de le faire mourir sous le bâton. Nous avons déjà eu l'occasion de citer cette scène. Voyez *Quentin Durward* (l'introduction). — Éᴅ.

pleins du sentiment de leur innocence, étaient partagés entre l'indignation que leur causait un châtiment injuste, la conscience de leur innocence, et le désir inquiet de se venger? Pouvez-vous supposer que des sentimens si profonds, si violens, pourraient être retracés sans exciter le plus puissant intérêt? — Oh! attendez que j'aie publié mon recueil de *Causes célèbres* de la Calédonie, et vous ne manquerez pas pour l'avenir de sujet de romans ou de tragédies. Le vrai triomphera des plus brillantes inventions d'une imagination ardente.

— *Magna est veritas, et prævalebit* (1).

— Il me semble, répliquai-je, encouragé par l'affabilité de mon conteur, que l'intérêt dont vous parlez doit être plus faible dans la jurisprudence écossaise que dans celle de tout autre pays : la moralité générale du peuple, ses habitudes sobres et sages...

— Le préservent bien, dit l'avocat, d'un plus grand nombre de voleurs et de brigands de profession, mais non des sauvages et bizarres écarts des passions qui enfantent des crimes accompagnés des plus extraordinaires circonstances; et ce sont précisément ceux dont le récit excite le plus vif intérêt. L'Angleterre est depuis très-long-temps un pays civilisé: ses sujets sont très-rigoureusement soumis à des lois appliquées avec impartialité; le travail s'est divisé et réparti entre tous les

---

(1) *La vérité est grande et elle prévaudra.* — On a souvent fait ressortir l'influence exercée par sir Walter Scott sur les nouvelles idées et aussi sur les nouvelles entreprises littéraires : nous ne saurions nous dispenser de faire observer ici que ce passage amplifié est devenu l'avant-propos d'un ouvrage récemment publié sous le titre de *Causes célèbres étrangères*, et auquel les éditeurs reconnaissent eux-mêmes que Walter Scott a fait penser. — Éd.

sujets, et les voleurs forment dans la société une classe à part, qui se subdivise ensuite, suivant le genre d'escroquerie de chacun d'eux et leur mode d'opérer; cette classe a ses habitudes et ses principes réguliers, que l'on peut calculer par anticipation à Bow-Street, Hatton-Garden, ou à Old-Bailey. — Ce royaume est comme une terre cultivée : le fermier sait que, malgré ses soins, un certain nombre d'herbes parasites doit croître avec son blé; il peut vous les nommer et vous les désigner par avance. Mais l'Écosse est comme le sol de ses montagnes : le moraliste qui consulterait les archives de la jurisprudence criminelle, trouverait autant de faits encore inconnus dans l'histoire de l'esprit humain, qu'un botaniste découvrirait de fleurs nouvelles dans ses vallons et sur ses rochers.

— Et c'est là tout le fruit que vous avez retiré de la triple lecture des — Commentaires sur la jurisprudence criminelle d'Écosse? — dit son compagnon. Je crois que son savant auteur pensait peu que les faits que son érudition et sa sagacité ont accumulés pour l'éclaircissement des doctrines légales, fourniraient un jour matière aux volumes en demi-reliure des cabinets de lecture.

— Je vous gage une bouteille de bordeaux, dit le jeune avocat, qu'ils ne perdent pas au change. Mais, comme on dit au barreau, je demande qu'on me laisse parler sans interruption. — J'en ai plus encore à dire sur mon recueil des *Causes célèbres* d'Écosse; veuillez seulement vous rappeler le but et le motif qui ont fait concevoir et exécuter tant de crimes si extraordinaires et si audacieux, les longues dissensions civiles de l'Écosse, — la juridiction héréditaire qui jusqu'en 1748 confiait la recherche des crimes à des juges ignorans ou intéressés, — les habitudes des nobles, vivant toujours dans leurs manoirs solitaires, et nourrissant des passions haineuses comme un aliment nécessaire à leur activité ; — pour ne pas parler ici de cette aimable qualification nationale appelée le *perfervidum ingenium Scotorum*, que nos légistes allèguent pour justifier la sévérité de quelques-unes de leurs ordonnances. Quand je traiterai un sujet aussi mystérieux, aussi profond, aussi dangereux que celui qui naquit de telles circonstances, il n'est pas de lecteur qui ne sente son sang se glacer et ses cheveux se dresser sur la tête ; — mais chut ! voici notre hôte qui vient nous apporter des nouvelles ; je suppose que notre voiture est prête.

Il n'en était pas ainsi : — l'hôte annonça qu'on ne pouvait pas avoir de voiture, car sir Peter Plyem avait loué les deux paires de chevaux de mon hôte, et les avait conduits le matin même au bourg royal de Bubbleburgh, pour son *affaire;* mais, comme Bubbleburgh n'est qu'un des cinq bourgs qui se réunissent pour nommer un membre du parlement (1), l'adversaire de sir Peter avait judicieusement profité de son départ pour intriguer dans Bitem, autre bourg royal, et qui, comme personne ne l'ignore, est situé au bout de l'avenue de sir Peter, et a été de temps immémorial sous l'influence de sir Peter et de ses ancêtres. Sir Peter était donc placé dans la situation d'un monarque ambitieux qui, après avoir fait une attaque sur le territoire ennemi, est rappelé subitement par une invasion sur ses

(1) Deux et plusieurs bourgs sont souvent obligés de réunir leurs votes pour avoir droit à un *représentant* commun au parlement. — Éd.

domaines héréditaires. Il fut obligé de quitter Bubbleburgh à demi gagné pour retourner à Bitem à demi perdu, et les deux paires de chevaux qui l'avaient conduit à Bubbleburgh furent par lui retenues pour transporter son agent, son valet, son bouffon, son buveur, et les ramener à Bitem. Le motif de ce contre-temps, qui m'était assez indifférent, comme il l'est probablement au lecteur, suffit pour consoler mes compagnons. Comme les aigles, ils sentaient de loin le prochain combat ; ils commandèrent donc un *magnum* (1) de Bordeaux et deux lits à l'auberge, et les voilà sur la politique de Bubbleburgh et de Bitem, calculant par avance toutes les pétitions et plaintes probables qui allaient en résulter.

Au milieu d'une très-vive et très-inintelligible discussion sur les prévôts, baillis, diacres-syndics, bourgs royaux, cours foncières, clercs-municipaux, bourgeois résidans et non résidans, l'avocat s'interrompit tout à coup : — Et ce pauvre *Dunover,* dit-il, il ne faut pas l'oublier. Aussitôt on dépêcha l'hôte à la recherche du *pauvre honteux,* avec une invitation très-pressante pour le reste de la soirée. Je ne pus m'empêcher de demander à ces jeunes messieurs s'ils connaissaient le pauvre homme ; l'avocat mit la main à la poche pour prendre le mémoire sur lequel il avait réglé sa cause.

— Ce pauvre homme a eu recours, dit M. Hardie, a notre *remedium miserabile*, vulgairement appelé une *cessio bonorum*, une cession de biens. De même que plusieurs gens d'église ont douté de l'éternité des châti-

---

(1) *Magnum bonum,* bouteille contenant deux mesures de vin.
ÉD.

mens à venir, ainsi les avocats d'Écosse ont pensé que le crime de pauvreté était suffisamment expié par quelques jours d'emprisonnement. Au bout d'une détention d'un mois, comme vous devez le savoir, un pauvre diable a le droit, après en avoir obtenu permission de la cour suprême, en dressant un état de son actif et un exposé de sa perte, et en abandonnant tous ses biens à ses créanciers, de demander à être mis en liberté (1).

— J'avais entendu parler de cette loi pleine d'humanité, dis-je au jeune avocat.

— Oui, reprit Halkit, et le plus beau de l'histoire, c'est, comme on dit, qu'on peut faire *cession* quand les *biens* sont dépensés ; — mais pourquoi fouiller dans votre poche pour chercher ce mémoire unique, parmi de vieux billets de spectacle, des lettres de convocation à la faculté, des réglemens de la Conférence Spéculative, extraits des leçons, et autres objets qui remplissent la poche d'un jeune avocat, dans laquelle il y a un peu de tout, hors des lettres de change et des billets de banque ; — ne pouvez-vous pas nous exposer une cession de biens sans votre *mémoire* : — on en fait tous les samedis ; la marche de ces affaires est régulière comme celle d'une horloge. — Toutes se ressemblent.

— Cela n'a aucun rapport avec les infortunes que probablement le brave homme exposa si souvent aux juges, répondis-je.

— Il est vrai, répondit Halkit ; mais Hardie parle de jurisprudence criminelle, et cette affaire est purement civile. Je pourrais plaider moi-même sur une cession de

(1) C'est la définition du *cessio bonorum*, expression de jurisprudence. — Éd.

biens sans être décoré du costume inspirateur de la toge et de la perruque à trois marteaux ; — mais écoutez : — mon client, ouvrier tisserand de son métier, avait gagné quelques écus ; il prit une ferme (il en est de l'art de conduire une ferme comme de celui de mener une voiture, c'est la nature qui le donne) : — les malheurs des derniers temps — l'engagèrent à signer des lettres de complaisance à un ami qui ne lui fit pas les fonds.— Sur ce, séquestre du propriétaire; les créanciers acceptent un arrangement. — Notre homme ouvre une auberge.—Seconde faillite ; — il est emprisonné pour une dette de 10 guinées 7 shillings, 6 pence. Son passif était zéro, ses pertes zéro, son actif zéro, — le tout formant en sa faveur une balance égale à zéro : — partant nulle opposition, et messieurs de la cour nommèrent une commission pour recevoir son serment.

Hardie renonça alors à son inutile recherche, à laquelle il avait peut-être mis un peu d'affectation, et il nous fit le récit des malheurs de ce pauvre Dunover, avec un accent de compassion et de sensibilité dont il semblait avoir honte comme indigne du métier, et qui, malgré ses prétentions à l'esprit, lui faisait cependant honneur; c'était une de ces histoires qui semblent prouver une espèce de fatalité attachée au sort du héros. Dunover était intelligent, industrieux et sans reproche, mais pauvre et timide; après avoir tenté vainement tous les moyens à l'aide desquels d'autres acquièrent l'indépendance, à peine avait-il réussi à se procurer de quoi vivre. Un rayon d'espérance plutôt qu'un bonheur réel ayant brillé un moment à ses yeux, il avait ajouté le souci d'une femme et d'une famille à ceux qu'il avait déjà ; mais bientôt cette lueur de prospérité s'évanouit;

tout semblait le pousser vers le bord de l'abîme qui appelle tous les débiteurs insolvables. Après s'être accroché à toutes les branches, et après les avoir vues toutes se dérober à ses efforts, il était enfin tombé dans la prison fatale, d'où Hardie l'avait retiré en sa qualité d'avocat.

— Et je suppose, dit Halkit, que, maintenant que vous avez mis ce pauvre diable à terre, vous le laisserez à demi nu sur le rivage, sauf à lui à s'en tirer comme il pourra : écoutez ; — et il lui murmura quelques mots à l'oreille ; *intéresser milord*, fut tout ce que je pus entendre.

— C'est en vérité *pessimi exempli*, dit Hardie en souriant, que de s'intéresser à des cliens ruinés ; cependant je pensais à ce dont vous me parlez, pourvu que cela puisse se faire ; — mais chut, le voici qui vient.

L'histoire récente des infortunes du pauvre homme lui attira (je me plaisais à l'observer) le respect et l'attention des jeunes gens, qui le traitèrent avec une grande civilité, et lièrent insensiblement une conversation qui, à ma grande satisfaction, roula de nouveau sur les causes célèbres d'Écosse. Encouragé par la bonté qu'on lui témoignait, M. Dunover commença à contribuer aux amusemens de la soirée : une prison, comme tout autre lieu, a ses anciennes traditions qui ne sont connues que de ses habitans, et qui se transmettent successivement de détenus en détenus. Une de celles que Dunover raconta était intéressante, et servit d'éclaircissemens à quelques jugemens remarquables que Hardie savait sur le bout du doigt, et que son compagnon connaissait aussi parfaitement. Ce genre d'entretien remplit toute la soirée, jusqu'à ce que M. Dunover se retirât pour aller se reposer ; et moi, de mon côté, je fis retraite pour aller mettre en note ce que j'avais appris, dans le dessein d'ajouter un nouveau conte à ceux dont je m'amusais à composer un recueil ; les deux jeunes gens firent venir des rôties, du *negus* (1) au vin de Madère, avec un jeu de cartes, et commencèrent un piquet.

Le lendemain les voyageurs quittèrent Gander-Cleugh ; j'appris depuis par les papiers publics qu'ils avaient figuré l'un et l'autre dans le grand procès politique qui s'éleva entre Bubbleburgh et Bitem. Cette cause aurait pu être expédiée promptement ; cependant on croit qu'elle peut durer plus long-temps que la session du parlement à laquelle elle se rapporte. M. Halkit figura en qualité d'agent ou Solliciteur (2), et M. Hardie débuta dans la cause de sir Peter Plyem avec un rare talent, de telle sorte que depuis il eut dans sa poche moins de billets de spectacle que de brefs (3). Ces deux jeunes gens méritèrent leur bonne fortune ; car Dunover, que je revis quelque temps après, me raconta, les larmes aux yeux, qu'à leur recommandation il avait obtenu une petite place qui donnait à sa famille une honnête aisance. C'est ainsi qu'après une suite non interrompue de malheurs, il dut ses nouvelles espérances à l'heureux accident qui l'avait fait tomber du haut d'une malle-poste dans le Gander, de compagnie avec

---

(1) Vin chaud au citron et aromatisé. — ÉD.

(2) Ces mots en français répondent à ceux de procureur (vieux style) et avoué (expression moderne). — ÉD.

(3) *Brief*: exposé d'une affaire, etc., etc. — ÉD.

un avocat et un écrivain du sceau (1); le lecteur ne croira peut-être pas avoir tant d'obligation à un accident qui lui procure le récit qui va suivre, et qui est fondé sur la conversation de la soirée.

(1) *Writer to the signet*, agent, solliciteur, mots synonymes d'avoué. — Éd.

CHAPITRE II.

> « Quiconque a vu Paris doit connaître la Grève,
> » Ce fatal rendez-vous des braves malheureux,
> » Où maint héros souvent à la potence achève
> » De ses nobles exploits le cours aventureux.
>
> » Ici le trépas brise une chaîne importune ;
> » Du juge le bourreau complète les travaux ;
> » L'écuyer du poète et celui des poteaux
> » Viennent pour y fixer l'inconstante fortune. »
>
> Paron.

Au temps jadis, l'Angleterre avait son Tyburn; c'était au lieu qu'on appelle aujourd'hui Oxford-Road (1), que l'on conduisait en procession solennelle les victimes que la justice avait condamnées. A Édimbourg, une grande rue, ou, pour mieux dire, une place en forme

(1) Dans Oxford-Street est encore Tyburn-Turnpike, la barrière de Tyburn. Aujourd'hui à Londres c'est devant la prison de Newgate qu'on exécute les condamnés. Voyez la note ci-après.
Éd.

de carré long, entourée de maisons fort élevées, et appelée Grassmarket, était consacrée au même usage lugubre. Le local étant d'une grande étendue, et pouvant contenir le nombre considérable de spectateurs qui ne manquent jamais de s'assembler en une telle occasion, n'était pas mal choisi. D'ailleurs, les maisons qui l'entouraient n'étaient, pour la plupart, habitées depuis bien long-temps que par le peuple, de manière que les gens du bon ton, à qui ce spectacle n'inspirait que du dégoût, ou qui en étaient trop vivement affectés, ne se trouvaient pas obligés d'y assister. L'architecture de ces maisons n'offre rien de remarquable; cependant cette place a bien aussi son caractère de grandeur, étant dominée du côté du sud par le rocher escarpé sur lequel s'élève le château, et par les remparts et les tours couvertes de mousse de cette antique citadelle (1).

C'était sur cette esplanade que se faisaient encore les exécutions il y a environ vingt-cinq ans. Un gibet peint en noir, élevé à l'extrémité orientale de la place, annonçait au public le jour fatal. Cet instrument de sinistre augure était d'une grande hauteur, et entouré d'un échafaud sur lequel étaient appuyées deux échelles destinées au malheureux criminel et à l'exécuteur. Tout l'appareil était disposé avant l'aurore; on eût dit que l'enfer l'avait fait sortir du sein de la terre pendant la nuit, et je me rappelle encore l'effroi avec lequel mes camarades et moi nous voyions ces funestes préparatifs lorsque nous traversions Grassmarket pour aller à l'école. Pendant la nuit qui suivait l'exécution, le gibet disparais-

(1) Le lecteur trouvera Grassmarket sur la carte d'Édimbourg. Grassmarket forme aussi une vue très-remarquable dans les *Provincial antiquities of Scotland*, by sir *Walter Scott*, in-4. — ÉD.

sait, et on le replaçait dans l'asile obscur et silencieux où il était ordinairement déposé, c'est-à-dire sous les voûtes souterraines de Parliament-House, où se tenaient les cours de justice. Aujourd'hui les exécutions se font à Édimbourg de la même manière qu'à Londres (1). Ce changement est-il avantageux ; c'est ce dont il est permis de douter. Il est bien vrai que les souffrances morales du condamné se trouvent abrégées. Il n'a plus à parcourir une grande partie de la ville, vêtu de ses habits de mort, entre les ministres qui l'exhortent, et semblable déjà à un cadavre ambulant, quoique encore habitant de ce monde ; mais, comme le principal but de la punition du crime est de le prévenir, il est à craindre qu'en abrégeant la durée de ce spectacle terrible, on n'ait diminué en partie l'impression qu'il produisait sur les spectateurs, seul résultat utile qui puisse, généralement parlant, justifier la peine capitale.

Le 7 septembre 1736, cet appareil sinistre était dressé sur la place dont nous venons de parler, et remplie de très-bonne heure de différens groupes. Tous les regards se dirigeaient vers le gibet avec cet air de satisfaction et de vengeance si rare parmi la populace, dont le bon naturel oublie le plus souvent le crime du condamné, pour ne plus s'occuper que de son infortune. L'histoire du fait qui avait donné lieu à la condamnation du cou-

(1) Un échafaud est dressé contre les murs de la prison de Newgate, en face d'une fenêtre par laquelle sort le condamné la corde au cou ; un bout de cette corde tient à la potence, et, à un signal donné, une trappe s'ouvre sous les pieds du malheureux, qui reste suspendu, livré à des convulsions plus ou moins longues. Voilà ce que les Anglais appellent un mode de pendaison *moins révoltant pour l'humanité* que celui qui était en usage en France avant la révolution — Éd.

pable dont le peuple attendait l'exécution est un peu longue; mais il est nécessaire d'en tracer au moins les principaux détails, qui ne seront peut-être pas sans quelque intérêt, même pour ceux qui en ont déjà entendu parler. D'ailleurs, ils sont indispensables pour l'intelligence des événemens subséquens.

Quoique la contrebande sape la base de tout gouvernement légitime en diminuant ses revenus, quoiqu'elle nuise au négociant honnête, et qu'elle corrompe souvent le cœur de ceux qui s'y livrent, elle n'est pourtant pas regardée sous un jour très-odieux ni par le peuple ni même par les gens d'une condition plus relevée. Dans les comtés d'Écosse où elle a principalement lieu, les paysans les plus hardis et les plus intelligens s'en occupent très-activement, et souvent même sont secrètement favorisés par les fermiers et par les petits gentilshommes de campagne. Elle était presque générale en Écosse sous les règnes de George Ier et de George II; le peuple n'étant pas accoutumé aux impôts, les regardait comme attentatoires à ses anciennes franchises, et ne se faisait pas scrupule d'en éluder le paiement par tous les moyens possibles.

Le comté de Fife, bordé par deux bras de mer au sud et au nord, et par la mer du côté de l'est, avec un grand nombre de petits ports, était un des cantons où la contrebande se faisait avec le plus de succès. Il s'y trouvait beaucoup de marins qui avaient été pirates ou boucaniers dans leur jeunesse; on n'y manquait donc pas d'aventuriers entreprenans qui s'occupaient de ce commerce. Les officiers de la douane avaient surtout les yeux ouverts sur un nommé André Wilson, autrefois boulanger dans le village de Pathhead. C'était un homme

4.

vigoureux, doué d'autant de courage que d'adresse, connaissant parfaitement toute la côte, et capable de conduire les entreprises les plus hasardeuses. Il avait souvent réussi à mettre en défaut la vigilance et les poursuites des officiers du roi ; mais il fut surveillé de si près, qu'il se trouva ruiné par plusieurs saisies successives. Cet homme devint désespéré.

Il se regarda comme volé et pillé, et il se mit dans la tête qu'il avait le droit d'user de représailles s'il en trouvait l'occasion. Celle de faire le mal ne manque jamais de se présenter quand on la cherche. Wilson apprit un jour que le receveur des douanes de Kirkaldy était en tournée à Pittenweem et qu'il avait en sa possession une somme assez considérable des deniers publics. Cette somme ne dépassait pas la valeur des marchandises qui lui avaient été saisies, et il forma le projet de s'en emparer pour s'indemniser de ses pertes aux dépens du receveur et de la douane. Il s'associa un nommé Robertson et deux autres jeunes gens qui faisaient le même métier que lui, et parvint à leur faire envisager son entreprise sous le même jour qu'il la voyait lui-même. Ils épièrent les mouvemens du receveur, forcèrent la maison où il logeait, — et Wilson monta dans la chambre avec deux de ses complices, tandis que le quatrième, Robertson, restait à la porte, avec un grand coutelas à la main, pour empêcher qu'on ne vînt à son secours. Le douanier, croyant sa vie menacée, n'eut que le temps de se sauver en chemise par une fenêtre. Wilson ne trouva donc aucune difficulté à s'emparer de près de deux cents livres sterling appartenant au trésor public. Ce vol fut commis avec une singulière audace, car plusieurs personnes passaient en ce moment dans la rue.

Mais Robertson leur disant que le bruit qu'elles entendaient venait d'une dispute entre le receveur et les gens de la maison, les honnêtes citoyens de Pittenweem ne se crurent pas appelés à se mêler des intérêts de l'officier de la douane, et, se contentant de ce récit superficiel de l'affaire, passèrent leur chemin comme le lévite de la parabole. L'alarme fut enfin donnée : un détachement de soldats fut appelé, se mit à la poursuite des voleurs, leur reprit le butin, et réussit à arrêter Wilson et Robertson, qui furent mis en jugement et condamnés à mort sur le témoignage d'un de leurs complices.

Bien des gens s'imaginaient qu'attendu que ces malheureux avaient envisagé sous un faux point de vue le crime qu'ils avaient commis, on ne les condamnerait pas à la peine capitale; mais le gouvernement jugea qu'un exemple de sévérité était indispensable. Quand on ne put douter que la condamnation à mort ne dût être exécutée, des amis trouvèrent moyen de faire passer une lime aux prisonniers. Ils scièrent un des barreaux de fer qui grillaient leur fenêtre, et ils se seraient échappés sans l'obstination de Wilson, dont le caractère était aussi opiniâtre que résolu. Son camarade Robertson, jeune homme d'une taille déliée, voulait passer le premier, et élargir la brèche à l'extérieur pour faciliter l'évasion de Wilson, qui était puissant et chargé d'embonpoint. Celui-ci n'y voulut jamais consentir, et s'engagea tellement entre les barreaux restans, qu'il lui devint impossible de sortir de la chambre et même d'y rentrer. Il en résulta que leur tentative d'évasion fut découverte, et que le geôlier prit des mesures pour qu'ils n'en pussent faire une seconde.

Robertson ne fit pas un reproche à son camarade,

mais Wilson s'en faisait assez à lui-même. Il savait que sans lui Robertson n'aurait pas commis l'action pour laquelle ils avaient été condamnés à mort, et que sans lui il se serait bien certainement échappé de prison. Des esprits comme celui de Wilson, quoique plus souvent occupés de projets criminels, sont quelquefois susceptibles de générosité. Il ne s'occupa plus que des moyens de sauver la vie de son compagnon, sans songer un instant à la sienne. Le plan qu'il adopta pour y parvenir, et la manière dont il l'exécuta, furent vraiment extraordinaires.

Près de la Tolbooth ou Prison municipale d'Édimbourg est une des trois églises qui forment aujourd'hui la division de la cathédrale de Saint-Giles, et qu'à cause de son voisinage on nomme l'église de la Tolbooth. C'était l'usage que le dimanche qui précédait le jour fixé pour l'exécution des criminels condamnés à mort, on les y conduisît sous bonne escorte pour les faire assister aux prières publiques. On supposait que ces malheureux, quelque endurcis qu'ils fussent dans le crime, pouvaient se laisser attendrir en se trouvant pour la dernière fois réunis avec leurs semblables pour offrir leurs hommages à leur Créateur, et l'on croyait aussi que la vue de gens qui étaient si près de paraître devant le tribunal de la justice divine pouvait inspirer des réflexions salutaires au reste de l'auditoire ; mais cette coutume a cessé d'être observée depuis l'événement que nous allons rapporter.

Le ministre qui prêchait ce jour-là dans l'église de la Tolbooth venait de finir un discours pathétique, adressé en grande partie aux deux malheureux, Wilson et Robertson, qui étaient assis sans être chargés de fers

dans un banc particulier, mais placés chacun entre deux soldats de la Garde de la Ville chargés de veiller sur eux. Il venait de leur rappeler que la prochaine assemblée où ils se trouveraient serait celle des justes ou des méchans, que les psaumes qu'ils entendaient aujourd'hui allaient dans deux jours être remplacés pour eux par d'éternels alleluia ou d'éternelles lamentations, et que cette terrible alternative dépendrait de l'état de leur ame au moment de paraître devant Dieu ; ils ne devaient pas se désespérer d'être appelés si soudainement, mais plutôt trouver dans leur malheur cette consolation, que tous ceux qui maintenant élevaient la voix ou fléchissaient le genou avec eux, étaient frappés de la même sentence d'une mort certaine, et qu'eux seuls avaient l'avantage d'en connaître le moment précis. « Ainsi donc, mes infortunés frères, ajouta le bon pré-
» dicateur, d'une voix tremblante d'émotion, rachetez
» le temps qui vous est laissé, et souvenez-vous qu'avec
» la grace de celui pour qui le temps et l'espace ne sont
» rien, le salut peut encore être assuré, même dans le
» court délai que vous accordent les lois de votre pays. »

On observa que Robertson versa quelques larmes ; mais Wilson semblait n'avoir pas complètement compris le sens de ces paroles, ou être distrait par une toute autre pensée. — Cette expression était si naturelle dans sa situation, que personne n'en conçut de soupçon, et personne n'en fut surpris.

Dès que le ministre eut prononcé la bénédiction d'usage, chacun se disposa à sortir de l'église, en jetant un regard de compassion sur les deux criminels, sans doute à cause des circonstances atténuantes de l'affaire. Ceux-ci se levèrent ainsi que les quatre soldats qui les gardaient.

Mais tout à coup Wilson, qui, comme je l'ai déjà dit, était un homme vigoureux, saisit au collet deux des soldats, en s'écriant : — cours vite, Geordy, cours ! et se jetant en même temps sur un troisième, il le retint par l'habit avec les dents. Robertson fut un instant immobile de surprise ; mais plusieurs autres voix ayant crié : — courez ! courez ! il terrassa le quatrième soldat, s'élança hors du banc et se confondit dans la foule, où il ne se trouva personne qui voulût, en arrêtant un malheureux, le priver de la dernière chance qui lui restât pour échapper à la mort. Il sortit promptement de l'église, et toutes les perquisitions qu'on fit ensuite furent inutiles.

L'intrépidité généreuse que Wilson avait déployée en cette circonstance augmenta la compassion qu'il avait déjà inspirée. L'esprit public, quand il est sans préventions, se déclare ordinairement pour le parti du désintéressement et de l'humanité : on admira donc la conduite de Wilson, et l'on se réjouit de l'évasion de Robertson. Ce sentiment était si général, qu'un bruit vague se répandit dans la ville qu'on tenterait de sauver Wilson de vive force au moment de l'exécution. Les magistrats crurent de leur devoir de prendre des mesures pour assurer le respect dû aux lois, et ils firent mettre sous les armes une compagnie de la Garde de la Ville, commandée par le capitaine Porteous, homme dont le nom ne devint que trop fameux par les malheureux événemens du jour et ceux qui en furent la suite. Il est peut-être nécessaire de dire un mot de sa personne et du corps qu'il commandait ; mais le sujet est assez important pour mériter un autre chapitre.

CHAPITRE III.

« O toi ! grand Dieu de l'eau-de-vie,
« Qui gouvernes cette cité
» Où l'on a vu parfois notre peuple agité,
» Protége-nous, je t'en supplie,
» Contre ces noirs bandits qu'on appelle le gué. »

FERGUSSON. *Les Jours de folie* (1).

Le capitaine John Porteous, nom mémorable dans les traditions d'Édimbourg comme dans les registres du tribunal criminel de cette ville, était fils d'un artisan qui n'avait d'autres vues sur son fils que de lui faire apprendre son métier ; mais ce jeune homme avait autant

(1) Robert Fergusson, né en 1750, mort en 1774 ; poète original dont Burns a emprunté quelques idées, et qui était un des auteurs favoris de sa jeunesse. Il était né à Édimbourg, où il menait une vie dissipée. Il perdit la raison, et mourut dans un hôpital de fous. Burns lui fit élever un monument à ses frais. — ÉD.

de goût pour la dissipation que d'aversion pour l'ouvrage; il s'enfuit de la maison paternelle, et s'engagea dans le corps écossais qui fut long-temps au service de la Hollande et appelé le corps Scoto-Hollandais (1). Il y apprit la discipline militaire, et étant revenu dans sa patrie en 1715, après une vie errante et oisive, il fut chargé par les magistrats d'Édimbourg, dans cette année de troubles, d'organiser la Garde de la Cité, dont il fut ensuite nommé capitaine. Il ne méritait cette promotion que par ses connaissances militaires, par un caractère intrépide et déterminé, car il passait pour un homme de mauvaise conduite, un fils dénaturé, et un mari brutal. Il se rendit pourtant utile dans sa place, et il était, par sa rudesse et sa sévérité, l'effroi des tapageurs et de tous ceux qui troublaient la tranquillité publique.

Le corps qu'il commandait, composé d'environ cent vingt hommes, en uniforme, est ou plutôt *était* divisé en trois compagnies, armées, vêtues et organisées régulièrement. La plupart étaient d'anciens soldats qui s'enrôlaient dans cette troupe, parce que, les jours où ils n'étaient pas de service, ils pouvaient travailler dans quelque métier. Ils étaient chargés de maintenir l'ordre, de réprimer le vol dans les rues, et de faire la police dans toutes les occasions où l'on pouvait craindre quelque trouble. Le pauvre Fergusson, à qui sa vie irrégulière procurait parfois de désagréables rencontres avec ces conservateurs militaires du repos public, dont il fait mention si souvent, qu'on pourrait le surnommer leur poète lauréat, avertit ainsi ses lecteurs, sans doute d'après sa propre expérience:

(1) *Scoth-Dutch*. — Éd.

LA PRISON D'ÉDIMBOURG.

> Bonnes gens, sur les grands chemins
> Évitez cette noire garde;
> Nulle part de pareils coquins
> N'ont jamais porté la cocarde.

Dans le fait, les soldats de la Garde de la Ville, étant généralement, comme nous l'avons dit, des vétérans réformés qui avaient encore assez de force pour ce service municipal, et de plus presque tous nés dans les Highlands, ni leur naissance, ni leur éducation, ni leurs premières habitudes, ne les rendaient propres à endurer avec patience les insultes de la canaille ou les provocations des jeunes étudians et des débauchés de toute espèce, avec lesquels leur emploi les mettait tous les jours en contact; au contraire, le caractère de ces vétérans était encore aigri par les nombreux affronts de la populace, et fréquemment il y avait des motifs pour leur adresser ces autres vers plus supplians du poète déjà cité :

> Soldats, pour l'amour de vous-mêmes,
> Pour l'Écosse, votre pays,
> N'en venez plus à ces moyens extrêmes,
> Épargnez le sang de ses fils;
> Laissez un peu dormir vos hallebardes;
> Épargnez-nous, valeureux gardes,
> Laissez un peu reposer vos fusils.

Une escarmouche avec ces vétérans était un des divertissemens favoris de la populace, les jours de fêtes ou de cérémonies publiques. Bien des gens qui liront peut-être ces pages pourront sans doute encore se rappeler qu'ils furent autrefois témoins de ces scènes. Mais ce corps vénérable peut être regardé maintenant comme n'existant plus. Il a disparu peu à peu, de même que les cent chevaliers du roi Lear. Les édits de chaque nouvelle série de magistrature, tels que ceux de Gonerille et de Regane, ont diminué cette troupe après une semblable question : — Qu'avons-nous besoin de cent vingt hommes? — Qu'avons-nous besoin de cent? — Qu'avons-nous besoin de quatre-vingts? — Enfin on en est presque venu à dire : qu'avons-nous besoin d'un seul (1)? — On voit bien encore çà et là le spectre d'un montagnard à cheveux gris, aux traits altérés et à la taille courbée par l'âge, couvert d'un antique chapeau à cornes bordé d'un ruban de fil blanc au lieu de galon d'argent; son manteau, son justaucorps et ses hauts-de-chausses sont d'un rouge sale; sa main flétrie soutient une arme des anciens temps, appelée *hache de Lochaber*, c'est-à-dire une longue perche terminée par un fer en forme de hache à croc. Tel est le fantôme qui se traîne, m'a-t-on dit (2), autour de la statue de Charles II, dans la place du Parlement, comme si l'image d'un Stuart était le dernier refuge de tout ce qui rappelle nos anciennes mœurs. Deux ou trois autres se glissent aussi, ajoute-t-on, près de la porte du corps-de-garde qui leur fut assigné dans les Luckenbooths, quand leur ancien abri de High-Street fut démoli; mais le destin des manuscrits légués à des amis et à des exécuteurs testamentaires est si incertain, que ces fragmens des annales de la vieille garde urbaine d'Édimbourg, qui, avec son farouche et vaillant ca-

(1) L'auteur fait ici allusion à la scène où, par le même raisonnement, le roi Lear se trouve réduit à n'avoir plus que son fou pour le servir. — Éd.

(2) L'auteur parle ici en la personne de Pierre Pattieson, qui *n'habitait* pas Édimbourg. — Éd.

poral John Dhu (le plus terrible visage que j'aie jamais vu), était dans ma jeunesse tour à tour la terreur et la dérision des pétulans écoliers de High-School, ne verront peut-être le jour que quand tout souvenir de l'institution sera effacé. Ils serviront tout au plus d'explication aux caricatures de Kay, par qui ont été conservés les traits de quelques-uns de ses héros. Dans la génération précédente, lorsque les complots et l'activité des jacobites excitaient une perpétuelle alarme, les magistrats d'Édimbourg s'occupaient de l'entretien de ce corps, malgré les élémens dont nous avons dit qu'il était composé, avec plus de zèle qu'on n'y en a mis depuis que leur service le plus dangereux n'est plus que des escarmouches avec la canaille, chaque anniversaire de la naissance du roi. Alors aussi ils étaient l'objet de plus de haine, mais de moins de mépris.

Le capitaine John Porteous attachait beaucoup d'importance à l'honneur du corps qu'il commandait. Il se trouva très-mortifié de l'affront dont Wilson avait couvert les soldats qui le gardaient, en facilitant l'évasion de Robertson, et il exprima de la manière la plus violente son ressentiment contre lui. Mais quand il entendit parler de la crainte qu'on ne tentât de le sauver au moment de l'exécution, sa fureur ne connut plus de bornes, et il s'emporta en menaces et en exécrations dont malheureusement on ne se souvint que trop. Dans le fait, si d'un côté l'activité et la résolution de Porteous le rendaient propre à commander des gardes destinés à étouffer les mouvemens populaires, il semblait en même temps peu fait pour une charge si délicate, tant à cause de son tempérament impétueux et farouche, toujours prêt à en venir aux coups et à la violence, que de son caractère sans principes. Il était d'ailleurs trop disposé à considérer la populace (qui manquait rarement de le maltraiter lui et ses soldats) comme un ennemi contre lequel il était juste de chercher une occasion de représailles ; mais, comme il était le plus actif et le plus dévoué des capitaines de son corps, ce fut lui que les magistrats chargèrent de commander les soldats appelés à veiller à l'ordre public pendant l'exécution de Wilson. Il fut donc mis à la tête de toute la force disponible, c'est-à-dire de quatre-vingts hommes, pour garder les alentours de l'échafaud.

Les magistrats prirent encore d'autres précautions qui blessèrent l'orgueil de Porteous : ils requirent un régiment d'infanterie régulière d'entrer dans la ville, et de se ranger en bataille, non sur le lieu de l'exécution, mais dans la principale rue, afin d'intimider la populace en déployant une force à laquelle on ne pouvait songer à résister. Considérant combien est déchu cet ancien corps municipal, on trouvera peut-être ridicule que son officier se montrât susceptible sur le point d'honneur ; cela fut cependant. Le capitaine Porteous ne put voir sans dépit une troupe de fusiliers gallois entrer dans une ville où aucun autre tambour que les siens n'avait le droit de battre sans la réquisition ou la permission des magistrats. Comme il ne pouvait faire tomber son humeur sur ceux-ci, sa rage contre le malheureux Wilson et tous ses partisans, et son désir de vengeance, ne firent qu'augmenter. Cette agitation intérieure opéra sur sa physionomie un changement dont s'aperçurent tous ceux qui le virent dans la matinée du jour de l'exécution de Wilson. Porteous était de moyenne taille, et bien fait ; il avait l'extérieur assez prévenant, la tournure militaire, et cependant un air de douceur ; son teint était basané, son visage marqué de quelques taches de petite vérole, ses yeux plutôt tendres que menaçans. Ce matin il semblait comme possédé de quelque mauvais génie : sa démarche était incertaine, sa voix rauque, sa figure pâle, ses yeux égarés, ses discours sans suite, et bien des gens remarquèrent ensuite qu'il avait l'air *fey*, expression écossaise pour désigner un homme entraîné vers sa destinée par une nécessité irrésistible.

Il faut convenir qu'il commença l'exercice de ses fonctions par un trait d'une grande inhumanité, s'il n'a pas été exagéré par l'animosité qu'on a conservée contre sa mémoire. Lorsque Wilson lui fut livré par le geôlier pour être conduit au lieu de l'exécution, il ne se contenta pas des précautions qu'on prenait ordinairement pour empêcher le criminel de s'échapper ; il ordonna qu'on lui mît les fers aux mains. Cette précaution pouvait se justifier d'après le caractère et la force du coupable, et par la crainte qu'on avait que le peuple ne fît un mouvement pour le sauver. Mais les menottes qu'on lui apporta étant trop étroites pour les poignets d'un homme aussi puissant que Wilson, Porteous employa toutes ses forces pour les serrer, et ne parvint à les faire servir qu'en soumettant le malheureux condamné à une espèce de torture. Wilson se récria contre cette barbarie, et lui représenta que la douleur qu'il lui faisait souffrir l'empêchait de se livrer aux réflexions sérieuses qu'exigeait sa situation.

— C'est bon, c'est bon ! répondit le capitaine ; vos souffrances ne dureront pas long-temps.

— Vous êtes bien cruel, répondit Wilson ; vous ne

savez pas si un jour vous n'aurez point à réclamer vous-même la pitié que vous me refusez. Que Dieu vous pardonne!

Ce peu de mots, qu'on répéta bien des fois par la suite, furent la seule conversation qui eut lieu entre le capitaine et son prisonnier pendant tout le chemin. Mais ils avaient été entendus; ils se répandirent parmi le peuple, augmentèrent l'intérêt qu'on prenait à Wilson, et excitèrent une indignation générale contre Porteous, qui, remplissant toujours avec rigueur et dureté les fonctions dont il était chargé, s'était déjà attiré la haine universelle, quelquefois à juste titre, plus souvent par suite des préventions conçues contre lui pour des torts imaginaires.

Lorsque cette marche pénible fut terminée, et que Wilson, avec l'escorte qui le conduisait, fut arrivé au pied de l'échafaud, dans Grassmarket, aucun symptôme d'insurrection ne se manifesta. Le peuple voyait ce spectacle avec plus d'intérêt qu'à l'ordinaire; on pouvait remarquer sur plusieurs visages cette expression farouche d'indignation qui devait animer les anciens Caméroniens témoins du supplice de leurs frères exécutés sur la même place en glorifiant le Covenant. Cependant on ne tenta aucune violence; Wilson lui-même paraissait disposé à franchir au plus tôt l'espace qui séparait pour lui le temps de l'éternité. A peine les prières d'usage furent-elles finies, qu'il se soumit à son sort, et la sentence de la loi fut accomplie.

Il était suspendu au gibet depuis plus d'une demi-heure, et ne donnait plus depuis long-temps aucun signe de vie, quand tout à coup une agitation soudaine se manifesta parmi le peuple, comme s'il venait de recevoir une nouvelle impulsion. On jeta des pierres contre Porteous et ses soldats, dont quelques-uns furent blessés, et la populace les entoura, avec des cris, des sifflets, des hurlemens et des exclamations. Au même instant un jeune homme, portant un bonnet de matelot qui lui couvrait la moitié du visage, s'élança sur l'échafaud, et coupa la corde à laquelle Wilson était encore suspendu. Plusieurs autres le suivirent, et s'emparèrent de son corps pour l'enterrer décemment, ou peut-être pour chercher à le rappeler à la vie. Cette espèce de rébellion contre l'autorité du capitaine Porteous le transporta d'une telle rage, qu'il oublia que, n'ayant été chargé que de veiller à l'exécution de la sentence, et cette sentence ayant été exécutée, il ne lui restait qu'à se retirer avec sa troupe, sans en venir à des hostilités contre le peuple. Aveuglé par la fureur, il commanda à ses soldats de faire feu, et saisissant le fusil de l'un d'eux, il leur donna en même temps l'ordre et l'exemple, et tua un homme sur la place. Une décharge générale s'ensuivit; six ou sept hommes furent tués, et un grand nombre blessés plus ou moins dangereusement.

Après cet acte de violence, le capitaine donna ordre à sa troupe de se retirer vers le corps-de-garde dans High-Street, et comme la populace le suivait en lui jetant de la boue et des pierres, et en le chargeant d'exécrations, la troupe fit une seconde décharge qui dispersa la multitude. Il n'est pas bien certain qu'il eût donné l'ordre de faire feu une seconde fois; mais on le supposa, et tout l'odieux en retomba encore sur lui. En arrivant au corps-de-garde, il renvoya ses soldats, et se rendit à l'hôtel-de-ville, pour faire aux magistrats le rapport des tristes événemens du jour.

Il avait eu le temps de réfléchir chemin faisant sur sa conduite, et il avait probablement reconnu que rien ne pouvait la justifier. Il s'en convainquit encore mieux par l'accueil qu'il reçut des magistrats. Il nia qu'il eût donné l'ordre de faire feu, et qu'il eût tiré lui-même sur le peuple; et, pour prouver ce dernier point, il fit examiner son fusil qui était encore chargé : on fit entrer un mouchoir blanc dans le canon, et on l'en retira sans qu'il fût noirci; mais des témoins déposèrent qu'il avait tiré avec le fusil d'un soldat à qui il l'avait rendu ensuite, et tous les soldats déclarèrent qu'ils n'avaient pas fait feu sans ordre. Parmi les personnes tuées ou blessées, il s'en trouvait qui n'appartenaient pas aux derniers rangs du peuple; car quelques soldats, par humanité, ayant voulu tirer par-dessus les têtes des mutins, leurs coups avaient porté dans les fenêtres du premier étage, où se trouvaient des citoyens paisibles; les réclamations devinrent donc générales, et le capitaine Porteous fut renvoyé devant la haute cour de justice criminelle (1).

La fermentation était encore au plus haut degré quand le procès commença, et le jury eut la tâche difficile de prononcer dans une affaire où il s'agissait de la vie d'un homme, sur des témoignages entièrement contra-

(1) *High court of justiciary*. La haute cour de justice criminelle est composée d'un lord juge général (titre purement nominal); d'un lord juge en second, qui est aujourd'hui le seul président titulaire; et de cinq lords commissaires : les causes sont examinées par un jury de quinze membres, sur la dénonciation et la poursuite du lord avocat général : le jury acquitte ou condamne à la *majorité*. Les mêmes lords-juges font partie de la cour des sessions. — Éd.

dictoires. Des témoins respectables déposaient qu'ils avaient entendu le capitaine donner à ses soldats l'ordre de faire feu, qu'ils l'avaient vu prendre le fusil d'un de ses soldats, et tirer sur un homme qu'ils avaient vu tomber; d'autres attestaient qu'ils étaient placés de manière à pouvoir entendre et voir le capitaine, qu'ils ne l'avaient ni entendu donner l'ordre de faire feu, ni vu tirer lui-même, et que le premier coup avait été tiré par un soldat qui était à côté de lui. Une partie de sa défense roulait sur l'attitude menaçante de la populace, et sur ce point les dépositions ne variaient pas moins. Suivant les uns, l'insurrection avait pris un caractère alarmant qu'on ne pouvait trop tôt réprimer; suivant les autres, ce n'était qu'un tumulte sans conséquence, tel qu'on en voyait tous les jours d'exécution, où l'exécuteur des hautes-œuvres et tous ceux qui étaient chargés de prêter main-forte à la justice, toujours assaillis par les cris et les imprécations de la populace, étaient même exposés à recevoir quelques coups de pierres. Le verdict des jurés prouve comment ils apprécièrent tous ces témoignages. Ils déclarèrent que le capitaine Porteous était convaincu d'avoir donné l'ordre de faire feu et tiré lui-même sur le peuple, mais qu'il avait été provoqué par les pierres lancées contre lui et sa troupe. Sur cette déclaration, les lords de la cour le condamnèrent à être pendu à un gibet sur la place ordinaire des exécutions, en arrêtant que tous ses biens meubles seraient confisqués au profit du roi conformément aux lois d'Écosse, en cas de meurtre volontaire.

CHAPITRE IV.

> « L'heure est sonnée, où donc est le coupable. »
>
> KELPIE.

LE jour que le malheureux Porteous devait subir sa sentence, le lieu de l'exécution, quelque spacieux qu'il fût, était rempli au point qu'on y étouffait. Il n'existait pas une fenêtre qui ne fût garnie d'un triple rang de spectateurs, dans tous les bâtimens qui en forment la circonférence, et dans ceux de la rue étroite de Bow (1), par laquelle la procession fatale devait passer en descendant de High-Street. L'élévation et la forme antique de ces maisons, dont quelques-unes, ayant appartenu aux Templiers et aux chevaliers de Saint-Jean, offraient encore sur leur façade et leurs pignons la croix de fer de ces ordres, ajoutaient un nouvel effet à une scène

(1) C'est-à-dire de l'Arche, du nom d'une ancienne porte. Cependant ce mot en écossais signifie aussi *Bœuf*. — ÉD.

si frappante par elle-même. La place de Grassmarket ressemblait à un grand lac couvert de têtes humaines, au milieu duquel s'élevait le long poteau noir et sinistre d'où pendait la corde fatale. L'intérêt qu'inspire un objet est proportionné à l'usage qu'il doit avoir, et aux idées qu'il rappelle : une pièce de bois élevée en l'air et un bout de corde, choses si simples en elles-mêmes, étaient en cette occasion les causes d'une espèce de terreur solennelle.

Le plus grand silence régnait dans une assemblée si nombreuse : si quelqu'un parlait, c'était à voix basse. La soif de la vengeance était devenue moins ardente par la certitude qu'on croyait avoir qu'elle allait être apaisée. La populace même, sans cesser d'être implacable, s'abstenait de toutes clameurs, et semblait disposée à jouir en silence et avec plus de modération que de coutume de la vue des terribles représailles qui allaient être exercées contre le criminel. On aurait dit que sa haine dédaignait de se montrer avec l'expression bruyante de ses sentimens habituels. Un étranger qui n'aurait consulté que le témoignage de ses oreilles, aurait cru que cette multitude immense était réunie pour une cause qui l'affectait de douleur et de regret, et qui remplaçait par un morne silence le tumulte qu'on entend toujours dans de semblables réunions ; mais s'il s'en était rapporté à l'évidence de ses yeux, — le froncement des sourcils, les lèvres comprimées, les yeux ardens de colère de chaque spectateur, lui auraient appris qu'ils n'étaient là que pour se repaître d'un spectacle de vengeance. Peut-être la vue du criminel aurait-elle changé les dispositions du peuple ; peut-être aurait-il pardonné, en le voyant mourir, à l'homme contre lequel il nourrissait un si cruel ressentiment ; mais l'instabilité de ces sentimens ne devait pas être mise à cette épreuve.

L'heure indiquée pour l'exécution était déjà passée depuis quelque temps, et cependant le condamné n'arrivait point. — Oserait-on manquer à la justice publique ? se demandait-on de toutes parts, et la première réponse fut : — On ne l'oserait. Cependant, en y réfléchissant mieux, on trouva des motifs de doute. Porteous avait toujours été le favori des magistrats, qui n'étaient pas fâchés de trouver un certain degré d'énergie dans les fonctionnaires qu'ils employaient. On se rappela que dans la défense de Porteous on avait fait valoir que c'était un homme sur lequel on pouvait toujours compter dans les occasions qui exigeaient de la force et de la résolution ; qu'on avait prétendu que sa conduite lors de l'exécution de Wilson ne devait être attribuée qu'à un excès de zèle imprudent pour assurer l'exécution des lois. Et si ces considérations pouvaient faire voir aux magistrats l'affaire de Porteous sous un jour favorable, ils n'en manqueraient pas d'autres pour le servir auprès du gouvernement.

La populace d'Édimbourg, quand elle se soulève, est la plus formidable de l'Europe. Elle s'était insurgée à plusieurs reprises, depuis quelques années, contre le gouvernement, et souvent même avec succès. Le peuple savait donc qu'il n'était pas en bonne odeur à la cour, et que si elle n'approuvait pas tout-à-fait la conduite du capitaine Porteous, elle pouvait craindre, en la punissant de la peine capitale, de rendre les officiers publics de cette ville à l'avenir moins fermes et moins zélés pour réprimer toute tentative de sédition. On sentait aussi que tout gouvernement a une tendance naturelle à soutenir les autorités qui émanent de lui, et il n'était pas impossible que ce qui paraissait aux parens et aux amis de ceux qui avaient été victimes des ordres sanguinaires du capitaine, un attentat abominable, un meurtre sans provocation, fût considéré sous un autre point de vue dans le cabinet de Saint-James. On pouvait y représenter que Porteous était dans l'exercice d'une fonction à lui confiée par une autorité légale; enfin qu'assailli, ainsi que sa troupe, par la populace, obligé de repousser la force par la force, il n'avait agi que par le principe d'une défense personnelle et en accomplissant son devoir.

Ces considérations, très-puissantes en elles-mêmes, finirent par faire penser qu'il pouvait bien avoir obtenu sa grace. Aux différens motifs qui pouvaient avoir contribué à intéresser en sa faveur le gouvernement, les derniers rangs du peuple en ajoutaient un autre qui n'était pas le moins important à leurs yeux. On disait que, tandis qu'il punissait avec la dernière sévérité les moindres écarts du pauvre, non-seulement il fermait les yeux sur la licence des jeunes nobles et des riches, mais qu'il les favorisait encore de toute son autorité.

Ce soupçon, peut-être fort exagéré, fit une profonde impression sur l'esprit de la populace, et comme plusieurs personnes de la haute classe avaient signé une pétition pour recommander Porteous à la clémence du roi, on supposa qu'elles avaient agi non dans la conviction qu'il fût injustement condamné, mais par crainte de perdre un complice commode de leurs désordres. On pense bien que cette idée ne put qu'augmenter la haine du peuple pour le coupable, et sa crainte de le voir échapper à la sentence prononcée contre lui.

Pendant que ces questions se discutaient ainsi parmi le peuple, le sombre silence qui avait régné jusqu'alors avait fait place à ce murmure sourd qui est, sur l'Océan, le précurseur d'une tempête ; et cette foule naguère si tranquille offrait à présent la même agitation que les flots de la mer avant que les vents se soient déchaînés. Enfin la nouvelle que les magistrats avaient presque hésité à rendre publique fut annoncée, et se répandit parmi les spectateurs avec la rapidité de l'éclair. On venait de recevoir un ordre signé par le duc de Newcastle, secrétaire d'état, portant que la reine Caroline, régente du royaume pendant que George II était sur le continent, avait ordonné qu'il fût sursis à l'exécution de John Porteous pendant six semaines, à compter du jour fixé pour son exécution.

Alors des cris horribles d'indignation et de rage éclatèrent de toutes parts, semblables aux rugissemens d'un tigre que son gardien prive de sa proie au moment où il allait la dévorer. Cette terrible clameur semblait le présage d'une explosion soudaine de la fureur populaire, et les magistrats, qui s'y attendaient, avaient pris les mesures nécessaires pour la réprimer. Mais ces cris ne furent pas répétés, et il ne s'ensuivit nullement le tumulte qu'ils avaient annoncé. Le peuple parut comme honteux d'avoir exprimé sa colère par une vaine clameur. Le silence qui avait précédé l'arrivée de cette nouvelle outrageante pour lui fut remplacé par les murmures étouffés de chaque groupe, qui s'élevaient comme un bruit sourd au-dessus de l'assemblée. Cependant la populace, au lieu de se séparer, resta immobile, les yeux fixés sur l'appareil inutile du supplice, et excitant ses ressentimens en rappelant les droits que Wilson aurait eus à la clémence royale, si l'on avait fait valoir l'erreur qui l'avait entraîné, et sa générosité envers son complice.

— Cet homme, disait-on, si brave, si résolu, si généreux, a été exécuté pour avoir volé une somme qu'il pouvait en quelque sorte regarder comme un recouvrement, et l'on fait grace à un scélérat qui a profité d'un léger tumulte inséparable d'un semblable événement pour répandre le sang de vingt de ses concitoyens! cela peut-il se souffrir? nos pères l'auraient-ils souffert? ne sommes-nous pas comme eux Écossais, citoyens d'Édimbourg?

Les officiers de justice commencèrent alors à enlever l'échafaud, dans l'espoir de décider par-là le peuple à se disperser plus vite. En effet, dès qu'on vit tomber le fatal gibet, la populace, après avoir exprimé par une nouvelle clameur sa rage et sa mortification, se sépara peu à peu, et chacun retourna à ses occupations et à sa demeure.

Les fenêtres se dégarnirent de même insensiblement, et il se forma bientôt de nouveaux groupes de la classe plus aisée des citoyens, qui semblaient attendre pour rentrer chez eux que les rues fussent plus libres. Contre l'usage presque général, ces personnes étaient presque toutes de la même opinion que leurs inférieurs, dont ils considéraient la cause comme celle de tous les rangs. En effet, comme nous l'avons dit, ce n'était nullement parmi la dernière classe des spectateurs ou parmi ceux qui avaient eu part à l'émeute lors de l'exécution de Wilson, que les soldats de Porteous avaient fait des victimes. Plusieurs personnes avaient été tuées aux fenêtres. Aussi les bourgeois, jaloux et fiers de leurs droits comme le furent toujours les citoyens d'Édimbourg, étaient très-exaspérés du sursis inattendu accordé à Porteous.

On remarqua en ce moment, et l'on se souvint encore mieux par la suite, que tandis que le peuple se dispersait, divers individus couraient de groupe en groupe, ne s'arrêtant long-temps nulle part, mais disant quelques mots à ceux qui déclamaient avec le plus de violence contre la conduite du gouvernement. Ces hommes si actifs avaient l'air d'être des paysans, et par conséquent pouvaient passer pour d'anciens associés de Wilson, qui n'étaient pas les moins animés contre le capitaine Porteous.

Si pourtant leur intention était d'exciter une insurrection parmi le peuple, ils n'y réussirent pas, au moins pour le moment. Les spectateurs se dispersèrent paisiblement, et ce n'était qu'en voyant l'indignation peinte sur leurs physionomies, et en écoutant leurs discours, qu'on pouvait juger de leur mécontentement. Pour en donner une idée au lecteur, nous allons rapporter la conversation de quelques personnes qui gravissaient péniblement la rue montante de West-Bow pour retourner à leur domicile dans Lawnmarket (1).

— N'est-il pas abominable, ma voisine, disait le vieux Plumdamas, marchand épicier, à mistress Howden, marchande de modes, en lui offrant le bras, de voir les gens en place à Londres contrevenir aux lois

(1) Partie de la rue d'High-Street qui se divise en trois dans sa longueur. — Éd.

et à l'Évangile en lâchant un réprouvé comme ce Porteous contre une ville paisible?

— Et de penser à tout le chemin qu'ils nous ont fait faire pour rien! dit mistress Howden en gémissant. J'avais une si bonne place à une fenêtre juste au-dessus de l'échafaud! Et il m'en coûte douze sous, mon voisin!

— Je crois, reprit M. Plumdamas, que ce sursis n'aurait pu avoir lieu sous les anciennes lois de l'Écosse, quand le royaume *était* un royaume.

— Je ne connais pas beaucoup les lois, mon voisin; mais je sais que quand nous avions un roi, un chancelier et un parlement à nous, on pouvait leur jeter des pierres s'ils ne se conduisaient pas en bons garçons; mais qui a les ongles assez longs pour atteindre jusqu'à Londres?

— Ne me parlez pas de Londres ni de ce qui en vient, s'écria miss Grizell Damahoy, vieille couturière. C'est de là qu'est venue la ruine de notre commerce. Nos gens à la mode ne croient pas aujourd'hui qu'une aiguille écossaise soit digne de coudre des manchettes à une chemise, ou de la dentelle à une cravate.

— Vous avez raison, miss Damahoy, dit Plumdamas. J'en connais qui tirent de Londres des raisins par pleines corbeilles en une fois. C'est de là que nous est venue cette armée de paresseux jaugeurs et de commis de l'excise anglais pour nous vexer et nous tourmenter, au point qu'un honnête homme ne peut porter une petite mesure d'eau-de-vie de Leith à Lawnmarket sans s'exposer à voir saisir ce qu'il a acheté et bien payé. Je ne veux pas excuser Wilson d'avoir mis la main sur ce qui n'était pas à lui; mais enfin, s'il n'a pas pris plus qu'on ne lui avait pris, cela doit faire aux yeux de la loi une grande différence entre son cas et celui de cet autre.

— Si vous parlez des lois, dit mistress Howden, voilà M. Saddletree qui peut en parler aussi savamment qu'aucun homme de robe d'Édimbourg.

Ce M. Saddletree qu'elle nommait survint à ces mots, et offrit le bras à miss Damahoy. C'était un homme d'une cinquantaine d'années, vêtu d'un habit noir fort propre, et couvert d'une perruque superbe. Il faut dire que M. Bartholin Saddletree avait la boutique la plus achalandée d'Édimbourg en fait de selles et de harnois, à l'enseigne *du Cheval d'or*, en entrant dans Bess-Wynd (1); mais son génie (comme il le disait, et comme le pensaient la plupart de ses voisins) le portait vers la jurisprudence, et on le trouvait moins souvent dans sa boutique que dans les cours de justice de *Parliament-Square* et dans le voisinage, pour y suivre les plaidoiries et les jugemens. Cette assiduité aurait fait un grand tort à son commerce, s'il n'avait eu une femme laborieuse et intelligente; mais celle-ci, en permettant à son mari de se livrer à son goût pour le barreau, avait exigé qu'il la laissât absolument maîtresse du département commercial et domestique, et elle savait mieux que personne au monde gronder ses garçons et flatter ses pratiques. M. Bartholin Saddletree avait une abondance de paroles qu'il prenait pour de l'éloquence, et qu'il prodiguait quelquefois à sa société habituelle jusqu'à faire naître l'ennui. Aussi courait-il un bruit avec

(1) *Wynd*, allée; *Bess*, Élisabeth, c'est-à-dire allée d'Élisabeth; espèce de rue étroite. — Éd.

lequel les plaisans interrompaient parfois sa rhétorique : on disait que s'il avait un cheval d'or à sa porte, il tenait une jument grise dans sa boutique (1). Ce reproche engageait quelquefois M. Saddletree à élever le ton en parlant à sa chère moitié, qui lui laissait volontiers cette petite satisfaction ; mais s'il voulait exercer quelque acte d'autorité réelle, elle se mettait en insurrection ouverte : rarement avait-elle besoin d'en venir à cette extrémité, Saddletree, comme le bon roi Jacques, étant alors plus jaloux de parler autorité que de l'exercer. Heureux du reste de ce caractère ; car il devenait riche sans se donner la moindre peine, et sans interrompre ses études favorites.

Pendant que je donne au lecteur ce mot d'explication sur ce personnage, M. Bartholin Saddletree faisait avec précision l'application des lois au cas du capitaine Porteous, et il arrivait à cette conclusion « que si Porteous avait ordonné de faire feu trois minutes plus tôt, avant que la corde eût été coupée, il aurait été *versans in licito*, » c'est-à-dire qu'il aurait tout au plus mérité une punition légère *propter excessum*, pour manque de prudence, ce qui réduisait son affaire à une peine ordinaire.

— Pour manque de prudence! s'écria mistress Howden, qui n'entendait rien à cette distinction : quand est-ce donc que le capitaine Porteous a montré de la prudence ou de bonnes manières? — Je me rappelle que son père...

(1) Jument grise. On dit d'une femme qui gouverne et gronde son mari que c'est une jument grise ou blanche. Ici l'opposition est entre la couleur d'or du *cheval*, et la couleur blanc d'argent de la *jument*. — ÉD.

— Mistress Howden! dit l'orateur interrompu...

— Avez-vous oublié, dit miss Damahoy, que lorsque sa mère...

— Miss Damahoy, de grace!...

— Et moi je vous dirai, dit Plumdamas, que quand sa femme...

— M. Plumdamas, mistress Howden, miss Damahoy, mais écoutez donc ma distinction! comme dit l'avocat Crossmyloof. Je vous dis donc que, le criminel étant mort, l'exécution terminée, le capitaine Porteous n'avait plus de fonctions officielles à remplir, il n'était pas plus que *cuivis ex populo* (1).

— *Quivis*, M. Saddletree, *quivis!* s'écria M. Butler, sous-maître d'école dans un village voisin d'Édimbourg, qui venait d'entendre ce mauvais latin.

— Pourquoi m'interrompre, M. Butler? Ce n'est pas que je ne sois charmé de vous voir... Mais je parle d'après l'avocat Crossmyloof, et je l'ai entendu dire *cuivis*.

— Eh bien, l'avocat Crossmyloof mériterait de sentir la férule pour employer l'ablatif au lieu du nominatif. Il n'y a pas d'enfant des dernières classes qui ne fût châtié pour un tel solécisme.

— Je parle latin en légiste, M. Butler, et non en maître d'école.

— A peine en écolier, M. Saddletree.

— N'importe : tout ce que je veux dire, c'est que Porteous a mérité *pœna extra ordinem* ou la peine capitale, en bon écossais la potence, simplement parce qu'au lieu de faire faire feu quand il était en fonctions,

---

(1) Que qui que ce soit du peuple. — Tr.

il attendit que le corps fût descendu, que l'exécution fût terminée, et que lui-même fût dépouillé par le fait de la charge qui lui avait été confiée.

— Et vous croyez vraiment, M. Saddletree, dit Plumdamas, que si Porteous avait donné l'ordre de faire feu avant qu'on lui eût jeté des pierres, son cas aurait été meilleur.

— Je n'en fais nul doute, voisin, je n'en fais nul doute, reprit Bartholin avec assurance; — il était alors dans ses fonctions légales, l'exécution ne faisait que de commencer, ou du moins n'était pas finie; mais une fois Wilson pendu, il était hors d'autorité, il n'avait plus qu'à filer avec sa garde en remontant cette rue de West-Bow aussi vite que s'il eût été poursuivi par un arrêt; car c'est la loi, je l'ai entendu exposer à lord Vincovincentem.

— A lord Vincovincentem? est-ce un lord de l'État ou un lord de siège? demanda mistress Howden.

— Un lord de siège, un lord de la cour des sessions; je n'aime guère les lords de l'État : ils m'ennuient de leurs questions sur leurs selles, leurs croupières, leurs palefreniers et leurs harnais, le prix de ce qu'ils commandent, le jour où tout sera prêt. — Oh! ce sont de vrais oisons à cheval; — ma femme est bonne pour les servir.

— Et de son temps elle eût servi le premier lord du royaume, quoi que vous en disiez, M. Saddletree, répondit mistress Howden un peu irritée du mépris avec lequel il citait sa commère. — Lorsqu'elle et moi nous étions jeunes filles, nous ne pensions guère être un jour les femmes de gens comme mon vieux David Howden, ou comme vous, M. Saddletree.

Pendant que Saddletree, qui n'était pas fort pour la réplique, se creusait la tête pour repousser cette attaque dirigée contre sa vie domestique, miss Damahoy s'en prit à lui à son tour.

— Quant aux lords de l'État, dit-elle, vous devriez vous souvenir des attelages du parlement, M. Saddletree, au bon temps, avant l'*Union*. La rente d'une année de maint bon domaine passait en harnais et autres objets d'équipement, sans compter les robes brodées, les manteaux à brocards d'or et autres objets qui étaient de mon commerce.

— Oui, dit Plumdamas (1), et le grand banquet! que de confitures fraiches ou sèches, que de fruits secs de toute espèce; mais l'Écosse alors était l'Écosse.

— Je vous dis ce qui en est, voisin, dit mistress Howden; je ne croirai jamais que l'Écosse soit encore l'Écosse si nos bons Écossais digèrent tranquillement l'affront qu'ils viennent de recevoir. Ce n'est pas seulement le sang qui a été versé, c'est celui qui aurait pu l'être qui crie vengeance. Savez-vous que le fils de ma fille, le petit Eppie Daidle, — mon bijou, vous savez, miss Grizell, — savez-vous, dis-je, que Daidle avait fait l'école buissonnière le jour que Wilson fut pendu, comme font les enfans.

— Savez-vous ce qui devrait lui attirer une bonne correction? dit M. Butler.

— Il était allé voir pendre Wilson, comme c'est bien naturel. Ne pouvait-il pas attraper quelque dragée

---

(1) Le nom de M. *Plumdamas* (pruneau de Tours ou pruneau de Damas) annonce qu'il est épicier, marchand de comestibles, etc.
Ed.

comme les autres? Je voudrais savoir ce qu'aurait dit votre reine Carline si elle avait eu un de ses enfans dans cette scène.

— Rien, probablement, répondit Butler.

— Eh bien! si j'étais homme, je voudrais avoir vengeance de Porteous, en dépit de toutes les Carlines du monde.

— J'arracherais la porte de la prison avec mes ongles, dit miss Grizell.

— Mesdames, mesdames, dit Butler, je vous conseille de ne point parler si haut.

— De ne point parler si haut! s'écria mistress Howden. Ah! cela fera assez de bruit d'un bout à l'autre d'Édimbourg, du Weigh-House à Water-Port, jusqu'à ce qu'on en ait eu raison.

Les dames rentrèrent alors chacune dans son domicile. Plumdamas se réunit à M. Saddletree et à Butler pour prendre leur *méridienne* (un verre de brandevin), dans la taverne bien connue de Lawnmarket. Après quoi M. Plumdamas se rendit à sa boutique, et M. Butler, qui avait besoin de faire réparer une vieille courroie qui lui servait de martinet, accompagna M. Saddletree, parlant l'un des lois de l'état, et l'autre de celles de la syntaxe, sans écouter son compagnon.

CHAPITRE V.

> « Il se fait en tous lieux craindre comme un lion ;
> » Rentré chez lui, ce n'est plus qu'un mouton. »
>
> Sir David Lindsay.

— Jock Driver, le voiturier, est venu chercher ses nouveaux harnais, dit mistress Saddletree dès qu'elle vit entrer son mari, non pour lui rendre compte de ce qui s'était passé en son absence, mais pour lui récapituler doucement tout ce qu'elle avait fait sans lui.

— Fort bien ! répondit Bartholin sans daigner ajouter un mot de plus.

— Et le laird de Girdingburst (un fort beau jeune homme) a envoyé son coureur, et puis est venu lui-même pour savoir si sa selle brodée était prête, car il désire l'avoir pour les courses de Kelso.

— Fort bien! fort bien! dit encore Bartholin toujours aussi laconique.

— Et Sa Seigneurie le comte de Blazonbury, lord Flash et Flame (1), va devenir fou si on ne lui envoie pas comme on le lui a promis les harnais pour six jumens de Flandre avec les cimiers, les couronnes d'armoiries, les housses et les caparaçons assortis.

— Bien! fort bien! ma femme, dit Saddletree, s'il devient fou, on l'interdira (2); c'est bien, très-bien.

— Oui, c'est très-bien que vous pensiez ainsi, M. Saddletree, reprit la ménagère un peu piquée de son indifférence; il y a bien des gens qui se seraient crus offensés de voir tant de pratiques venir à la boutique, et rien que des femmes pour leur répondre; car, comme vous ne pouvez en douter, tous les garçons sont partis, dès que vous avez eu le dos tourné, pour aller voir pendre Porteous; ainsi, vous n'y étant pas...

— Chut! silence! mistress Saddletree, répondit son mari d'un air important. J'avais affaire ailleurs : *non omnia possumus omnes*, comme disait l'avocat Crosmyloof quand il fut appelé par deux massiers à la fois : — *possumus — possimus — possimis —*. Je sais que notre latin de jurisprudence blesse les oreilles de M. Butler;

(1) Lord Éclair et Flamme. — ÉD.

(2) Le lecteur français doit bien s'apercevoir que M. Bartholin Saddletree a une passion véritable pour les termes de droit : ces termes, empruntés à la jurisprudence écossaise, n'ont pas toujours leurs correspondans en français ; mais cependant le traducteur a cherché à les remplacer au moins par des équivalens. Les phrases de M. Saddletree sont comiques dans l'original par l'alliance continuelle des mots familiers et des mots savans plus ou moins mal appliqués. — ÉD.

mais il n'est au pouvoir de personne, pas même du lord président, d'être à la fois dans deux endroits différens.

— Et croyez-vous, M. Saddletree, dit sa prudente moitié avec un sourire ironique, qu'il soit raisonnable de laisser ici votre femme veiller aux selles et aux brides des jeunes gentilshommes, tandis que vous allez voir un homme qui ne vous a jamais fait de mal tendre un licou.

— Femme, dit Saddletree avec un ton élevé auquel *la méridienne* contribuait un peu, désistez-vous ; — cessez, veux-je dire, de vous mêler d'affaires que vous ne pouvez comprendre. Pensez-vous que je sois né pour guider une aiguille à travers du cuir, quand des hommes comme Duncan-Forbes et cet autre nommé Arniston (1), sans beaucoup plus de talens que moi, peuvent être présidens et avocats du roi? Tandis que si les faveurs étaient également distribuées, comme du temps de Wallace...

— Je ne sais si nous aurions beaucoup gagné à vivre sous ce Wallace, dit mistress Saddletree. On se battait alors, il est vrai, avec des fusils à bretelles de cuir, mais encore y avait-il la chance que ce grand guerrier achetât et oubliât de payer. Quant à vos talens, les hommes de loi doivent en faire plus de cas que moi pour les mettre si haut, Bartholin.

— Je vous dis, femme, reprit Bartholin avec un vrai dépit, que vous n'entendez rien à ces choses-là. Du temps de Wallace, il n'y avait pas d'homme cloué sur une chaise aussi vile que celle d'un sellier, car les har-

(1) Magistrats de ce temps-là. — Éd.

nais dont on avait besoin étaient tirés tout faits de Hollande.

— Eh bien, dit Butler, qui, comme plusieurs membres de sa profession, visait parfois à un bon mot; si cela est, M. Saddletree, tout n'en va que mieux, puisque nous faisons nous-mêmes nos harnais et ne tirons plus que nos avocats de Hollande.

— Cela n'est que trop vrai, répondit celui-ci en soupirant; plût au ciel que mon père eût eu assez de bon sens pour m'envoyer à Leyde ou à Utrecht, étudier *les Substitutes* et le *Pandex*.

— Vous voulez dire les Institutes de Justinien, M. Saddletree.

— *Institutes, substitutes*, sont deux mots synonymes, M. Butler; on les emploie indifféremment l'un ou l'autre dans les actes de substitution, comme vous pouvez le voir dans les *Practiques* de Balfour ou *le Style des lois* de Dallas Saint-Martin. J'entends tout cela assez bien, grace à Dieu. Mais je n'en regrette pas moins de ne pas avoir étudié en Hollande.

— Pour vous consoler, reprit M. Butler, souvenez-vous que vous ne seriez guère plus avancé que vous l'êtes aujourd'hui, M. Saddletree, car nos avocats d'Écosse sont une race aristocratique, — leur métal est du vrai Corinthe, *et non cuivis contigit adire Corinthum*. — Ah! ah! M. Saddletree?

— Et ah! ah! M. Butler, reprit Bartholin, qui, comme on le pense bien, n'entendit de cette citation plaisante que le son des mots; il y a quelque temps vous me disiez qu'il fallait *quivis*, et je viens d'entendre de mes oreilles que vous avez dit *cuivis*, aussi clairement que j'ai jamais entendu un mot au tribunal.

—Un peu de patience, M. Saddletree, et je vous expliquerai la différence de ces deux termes, dit Butler, qui, avec plus de jugement et de connaissance, était tout aussi pédantesque dans son département de magister, que Bartholin dans sa prétendue science de légiste. — Un moment de patience, — vous conviendrez que le *nominatif* est le *cas* par lequel une personne ou une chose est nommée ou désignée, et qu'on peut appeler le cas primitif, tous les autres étant formés de celui-ci par les changemens de terminaison dans les langues savantes, et par les prépositions dans nos jargons modernes, dignes de la tour de Babel;—vous m'accorderez cela, je suppose M. Saddletree ?

Saddletree, eut l'air ou voulut avoir l'air de comprendre ce qu'il entendait. — Je ne sais si je vous l'accorderai, ou non, dit-il; — vous savez que c'est à savoir — *ad avisandum.* — Personne ne doit se presser d'admettre une assertion, soit en point de droit, soit en point de fait.

— Et le *datif*, continua Butler.

— Je sais ce qu'est un tuteur datif (1), reprit vivement Saddletree.

— Le datif, dit le grammairien, est celui par lequel une chose est donnée ou assignée, comme appartenant à une personne, ou à une chose. — Vous ne pouvez nier cela, certainement.

---

(1) On appelle, en terme de loi d'Écosse, un tuteur ou un administrateur datif, le tuteur ou l'administrateur nommé d'office par les juges.

Dans un autre sens, *datif* signifie *héréditaire,* non révocable, etc. — Éd.

— Certainement que je ne l'accorderai pas, répondit Saddletree.

— Alors, que *diable* (1) croyez-vous que sont les cas *nominatif* et *datif?* reprit Butler, à qui la surprise et l'impatience firent oublier sa réserve habituelle d'expression, et la véritable prononciation des mots.

— Je vous dirai cela à loisir, M. Butler, répliqua Saddletree avec un air de malice, — je prendrai un jour pour examiner et résoudre chaque article de vos concessions, et je vous ferai ensuite nier ou confesser ce dont il faut convenir.

— Allons, allons, M. Saddletree, dit sa femme, nous ne voulons ici ni confession, ni concession, laissez ces marchandises à ceux qui sont payés pour les faire ; — elles nous vont à nous, comme une selle de cavalerie légère irait à un bœuf de labour.

— Ah! ah! dit M. Butler, « *optat ephippia bos piger* (2). » Rien de nouveau sous le soleil, — mais l'allusion de mistress Saddletree n'en est pas moins fort bonne.

— Et il vous conviendrait bien mieux, M. Saddletree, continua la dame, puisque vous êtes si savant dans les lois, de chercher si vous ne pouvez en faire pour Effie Deans, la pauvre fille, qui est dans la Tolbooth, mourant de froid, de faim et de privations, — une servante

---

(1) *Deevil* pour *devil*. — Éd.

(2) C'est le premier hémistiche de ce vers d'Horace :

Optat ephippia bos piger, optat arare caballus.
(Epist. I, 14, 43.)

Le bœuf lourd demande une selle, le cheval veut labourer.

Butler est enchanté de retrouver la même idée dans le langage trivial de mistress Saddletree. — Éd.

à nous, M. Butler, et aussi innocente, selon moi, qu'utile dans la boutique; — quand M. Saddletree sortait, — et soyez sûr qu'il est rarement au logis quand il y a une seule de ces maisons à procès ouverte, — la pauvre Effie m'aidait à remuer les pièces de cuir, à ranger les marchandises, et à chercher le goût du monde; — et vraiment, elle plaisait aux pratiques avec ses réponses, car elle était toujours polie, et jamais plus jolie fille ne servit dans Auld-Reekie. Puis quand les gens étaient impatiens et déraisonnables, elle les servait mieux que moi, qui ne suis plus aussi jeune que je l'ai été, M. Butler, et un peu vive de mon naturel par-dessus le marché; car lorsqu'il y a plusieurs personnes qui vous crient ensemble, et qu'on n'a qu'une langue pour leur répondre, il faut aller vite, ou jamais on ne finirait. — De sorte que tous les jours je m'aperçois qu'Effie me manque.

— *De die in diem*, ajouta Saddletree.

— Je crois, dit Butler après avoir hésité un instant, que j'ai vu cette fille, — une fille à l'air modeste, une blonde!

— C'est Effie elle-même, M. Butler! dit mistress Saddletree. Est-elle coupable ou innocente du crime dont on l'accuse? je n'en sais rien; Dieu le sait. Mais si elle l'a commis, je ferais bien serment sur la Bible qu'elle n'avait pas la tête à elle dans ce moment.

Cependant M. Butler était devenu très-ému; il allait et venait dans la boutique avec toute l'agitation que peut montrer une personne obligée par état à beaucoup de réserve. — Cette Effie n'était-elle pas fille, dit-il enfin, de David Deans, qui a pris la ferme du parc à Saint-Léonard? n'a-t-elle pas une sœur?

— Oui, sans doute. La pauvre Jeannie Deans, qui est plus âgée de dix ans. Elle était ici à pleurer sur sa sœur il n'y a qu'un moment. Et qu'y pouvais-je faire ? je lui ai dit de revenir quand M. Saddletree y serait, afin de le consulter. Ce n'est pas que je croie qu'il y puisse plus que moi, mais c'était pour consoler le cœur de la pauvre fille, et lui donner un peu d'espérance. Le malheur arrive assez vite.

— Vous vous trompez, femme, dit Saddletree d'un air dédaigneux, je lui aurais donné beaucoup de satisfaction, je lui aurais prouvé que sa sœur est en jugement en vertu du statut 690, chapitre Ier, comme prévenue d'infanticide, pour avoir caché sa grossesse, et ne pouvant représenter l'enfant qu'elle a mis au monde.

— J'espère, dit Butler en balbutiant, je me flatte par ma confiance au Dieu de miséricorde, qu'elle pourra prouver son innocence.

— Je le désire aussi, M. Butler, dit mistress Saddletree. J'aurais répondu d'elle comme de ma propre fille, si j'en avais une. Mais malheureusement j'ai été malade tout l'été, je ne suis presque pas sortie de ma chambre pendant deux semaines. Quant à M. Saddletree, il serait au milieu d'un hôpital de femmes en couches, qu'il ne se douterait pas de la raison qui y a fait entrer une seule d'entre elles. Si j'avais eu le moindre soupçon de sa situation, je vous promets que... mais nous pensons tous que sa sœur doit être à même de dire quelque chose pour prouver son innocence.

— On ne parlait pas d'autre chose dans Parliament-House, dit Saddletree, avant que cette affaire de Porteous eût fait oublier Effie. — C'est un superbe cas de meurtre présumé, comme il n'y en a pas eu dans la haute cour criminelle depuis le cas de la mère Smith l'accoucheuse, qui fut exécutée en 1679.

— Mais qu'avez-vous, M. Butler? dit mistress Saddletree; vous êtes pâle comme un linceul : voulez-vous prendre une goutte de liqueur ?

— Nullement, répondit Butler en faisant un effort pour parler: je suis venu de Dumfries à pied, hier, et il fait bien chaud.

— Asseyez-vous, dit mistress Saddletree en ajoutant à ces paroles un geste amical pour le faire asseoir, — et reposez-vous. Vous vous tuerez à cette vie-là, M. Butler.

— Et faut-il vous faire notre compliment? aurez-vous l'école, M. Butler ?

— Oui... Non... Je n'en sais rien.

— Vous ne savez pas si vous aurez l'école de Dumfries après y avoir été enseigner tout l'été ?

— Je crois que je ne l'aurai pas, mistress Saddletree, reprit Buttler. Le laird de Black-at-the-Bane avait un fils naturel qu'il destinait à l'Église, mais le presbytère refuse de lui donner une licence, et ainsi...

— Ah! vous n'avez pas besoin de m'en dire davantage. S'il y a un laird qui ait un bâtard à qui la place convienne, il est bien sûr que... Ainsi donc vous retournez à Libberton ? tout frêle qu'est M. Whackbairn, dont vous êtes l'aide, et à qui vous devez succéder, il vivra aussi long-temps que vous.

— Cela est probable, répondit Butler en soupirant, et je ne sais si je ne dois pas le désirer.

— Sans doute que c'est une chose vexante, continua la bonne femme, d'être dans cet état de dépendance; et vous qui pourriez prétendre beaucoup plus haut, je m'étonne comme vous supportez toutes ces croix-là.

— *Quos diligit castigat* (1), répondit Butler. Le païen Sénèque lui-même voyait un avantage dans l'affliction ; les païens avaient leur philosophie, et les juifs leur morale révélée, mistress Saddletree, et ils savaient supporter leurs infortunes. Les chrétiens ont quelque chose de plus qu'eux. — Mais sans doute...

Il s'interrompit en soupirant.

— Je vous entends, dit mistress Saddletree en tournant les yeux vers son mari : il est des momens où nous perdons patience malgré le livre de prières et la Bible. — Mais, M. Butler, vous ne vous en irez pas ainsi ; restez pour prendre un peu de soupe aux choux avec nous.

M. Saddletree quitta *les Practiques de Balfour* (sa lecture favorite, et grand bien lui fasse!) pour joindre ses instances à celles de sa femme. Tout fut inutile; Butler leur dit qu'il était obligé de partir, et prit congé d'eux à l'instant même.

— Il y a quelque chose là-dessous, dit mistress Saddletree en le voyant s'en aller ; je ne sais pourquoi le malheur d'Effie semble donner tant de tintoin à M. Butler. Je n'ai jamais entendu dire qu'ils se connussent. Il est vrai qu'ils étaient voisins quand David Deans demeurait sur les terres du laird de Dumbidikes. Peut-être connaît-il son père ou quelqu'un de sa famille. Levez-vous donc, M. Saddletree, vous êtes justement assis sur le coussin qui a besoin d'être recousu. Ah! voilà enfin le petit Willie, notre apprenti. Eh bien, petit vaurien, vous allez donc aussi courir les rues pour voir pendre les autres? Seriez-vous bien aise qu'on en fît au-

---

(1) Il châtie ceux qu'il aime. — Tr.

tant pour vous? Votre tour viendra pourtant si vous ne changez de conduite. Allons, allez à votre ouvrage; dites à Peggy de vous donner d'abord une assiette de bouillon, car vous êtes sec comme un coucou. C'est un orphelin, M. Saddletree, sans père ni mère; nous devons avoir soin de lui, c'est un devoir de chrétien.

— Vous avez raison, ma femme, reprit Saddletree; nous sommes pour lui *in loco parentis* pendant sa minorité, et j'avais eu la pensée de présenter une requête à la cour pour être nommé son curateur, *loco tutoris*, puisqu'il n'a aucun tuteur nominal, et que le subrogé tuteur ne veut pas agir en cette qualité; mais je crains que les frais de la procédure ne se retrouvent pas *in rem versam* (1); car je ne sais trop si Willie a des biens qu'on puisse administrer.

M. Saddletree termina cette phrase par une petite toux qui exprimait son contentement de lui-même, après avoir ainsi, croyait-il, exposé la loi d'une manière complète.

— Ses biens! dit mistress Saddletree; et quels biens a-t-il, s'il vous plaît? Le pauvre diable était en guenilles quand sa mère mourut, et la première polonaise qu'il ait eue sur le corps, est celle qu'Effie lui a faite avec ma vieille mante bleue! Cette pauvre Effie! Mais avec toutes vos lois, M. Saddletree, ne pouvez-vous donc me dire s'il y a du danger pour elle quand on ne peut prouver qu'elle ait fait périr son enfant?

— Comment! dit Saddletree enchanté d'avoir une fois dans sa vie fixé l'attention de sa femme sur une dis-

---

(1) Que les frais de la procédure ne se retrouvent pas dans la valeur des biens du pupille. — T_R.

cussion de jurisprudence. — Comment! il y a deux sortes de *murdrum* ou *murdragium*, ou de ce que vous appelez *populariter* et *vulgariter* meurtre : je dis qu'il y en a de plusieurs sortes; car il y a votre *murthrum per vigilias et insidias*, et votre *murthrum* par abus de confiance.

— Je suis sûre que c'est là le meurtre que les riches nous font subir, à nous marchands, et qui nous fait fermer boutique;—mais cela n'a rien de commun avec le malheur d'Effie.

— Le cas d'Effie, ou Euphémie Deans, reprit Saddletree, est un cas de présomption de meurtre, c'est-à-dire que la loi présume le meurtre commis d'après certains *indicia* ou motifs de présomption.

— Ainsi donc, à moins qu'Effie ait révélé sa situation, il faut qu'elle soit pendue, quand même elle serait accouchée d'un enfant mort, quand même cet enfant vivrait encore!

— Assurément! c'est une loi rendue par nos souverains maîtres le roi et la reine, pour prévenir le crime horrible de faire des enfans en secret. — Le crime est au mieux avec la loi, cette espèce de meurtre étant de sa création.

— Eh bien, dit mistress Saddletree, si la loi crée des meurtres, c'est la loi qu'il faut pendre! ou si l'on voulait pendre un homme de loi à la place; ce ne sera pas une grande perte pour le pays.

On avertit M. et mistress Saddletree que le dîner les attendait, ce qui interrompit une conversation qui prenait un tour moins favorable à la jurisprudence et à ceux qui l'exercent, que ne l'avait espéré M. Bartholin Saddletree, leur admirateur dévoué.

CHAPITRE VI.

> « Le peuple a pris les armes,
> » Édimbourg est en proie au tumulte, aux alarmes. »
>
> *Les adieux de Johnie Armstrong.*

Butler, en sortant de la boutique du *Cheval d'or*, se rendit chez un de ses amis qui appartenait au barreau, afin de lui faire quelques questions sur l'affaire dont il venait d'entendre parler. Le lecteur a sans doute déjà conjecturé qu'il prenait au sort d'Effie Deans un intérêt plus particulier que celui que lui eût inspiré la seule humanité. Malheureusement il ne trouva pas son ami chez lui, et il ne fut pas plus heureux dans les visites qu'il fit chez deux ou trois autres personnes qu'il espérait intéresser à son histoire; mais tout le monde était occupé ce jour-là de l'affaire Porteous à en perdre la tête : chacun blâmait ou défendait les affaires du gouvernement, et l'ardeur de la dispute avait excité une soif si universelle, que le débat avait été ajourné dans quelque taverne favorite, par la moitié des jeunes avocats et des procureurs, et leurs clercs avec eux. Or c'était parmi ces derniers que Butler allait chercher conseil. Un habile arithméticien calcula qu'il se but ce jour-là dans Édimbourg une quantité de bière suffisante pour mettre à flot un vaisseau de ligne de première classe.

Butler s'en alla de côté et d'autre jusqu'à la nuit close, résolu de profiter de cette occasion pour visiter la pauvre jeune fille, lorsqu'il pourrait le faire avec le moins de risque d'être observé; car il avait ses raisons pour désirer que mistress Saddletree ne le vît pas; la porte de sa boutique était à peu de distance de la prison, quoique de l'autre côté de la rue, et un peu plus haut. Il passa donc par la galerie étroite et couverte en partie qui y conduit, de l'extrémité nord-ouest de Parliament-Square.

Il arriva devant l'entrée gothique de l'ancienne prison, qui, comme chacun sait, présente son antique façade au milieu de High-Street, et forme, pour ainsi dire, le dernier mur d'une masse de bâtimens appelés *les Luckenbooths*, entassés par quelque inconcevable motif de nos ancêtres au milieu de la principale rue de la ville; une autre rue étroite est le seul passage qu'ils laissent au nord et au midi où s'ouvre la porte de la prison. Les sombres murs de la Tolbooth et les maisons adjacentes d'un côté, et de l'autre les arcs-boutans de l'antique cathédrale, forment une allée étroite et tortueuse. Pour donner quelque gaieté à cet obscur passage (bien connu sous le nom du *Krames*), de petites boutiques, à la façon des échoppes des savetiers, sont comme appliquées contre les aboutissans et les saillies des murailles gothiques, de manière qu'on dirait que les marchands ont formé des espèces de nids semblables à ceux des martinets au château de Macbeth. Plus récemment, ces petits magasins ont dégénéré en simples boutiques de joujoux, où les marmots intéressés à ce commerce sont tentés de s'arrêter, enchantés par le riche étalage de chevaux de bois, de poupées et d'autres jouets de Hollande, disposés avec un désordre qui n'est pas sans art ; mais ils reculent parfois, effrayés des regards de travers du vieux marchand ou de la femme en lunettes, par qui sont gardés ces trésors séduisans. Du temps dont nous parlons, les bonnetiers, les gantiers, les chapeliers, les merciers et les marchandes de modes occupaient cet étroit passage.

Mais, pour terminer cette digression, Butler trouva le geôlier, homme grand et maigre, à cheveux blancs, occupé à fermer la porte extérieure de la prison : il s'adressa à lui pour demander à voir Effie Deans, accusée d'infanticide.

— Personne ne peut entrer maintenant, répondit le geôlier en portant la main à son chapeau par respect pour l'habit noir de Butler.

— Mais vous fermez les portes plus tôt qu'à l'ordinaire, dit Butler : c'est peut-être à cause de l'affaire du capitaine Porteous?

Le geôlier cligna un œil en hochant la tête d'un air de mystère, comme le fait un homme en place qui veut bien laisser soupçonner ce qu'il ne veut pas dire, et continua son opération. Il baissa sur la serrure une forte plaque en fer qui la recouvrait en entier, et attachée par un ressort et des écrous ; ensuite prenant une grosse clef qui avait près de deux pieds de longueur, il ferma le dernier guichet. Butler resta un moment immobile devant la porte, et puis regardant sa montre descendit la rue, en murmurant à voix basse, presque sans y penser :

> *Porta adversa, ingens, solidoque adamante columnæ,*
> *Vis ut nulla virum, non ipsi exscindere ferro*
> *Cælicolæ valeant. Stat ferrea turris ad auras*, etc. (1).

Butler, ayant encore une fois perdu du temps à aller chercher inutilement son ami le légiste, à qui il voulait demander conseil, pensa qu'il lui fallait enfin quitter la ville pour retourner au lieu de sa résidence, village à deux milles et demi au sud d'Édimbourg.

La métropole était alors entourée de hautes murailles garnies de créneaux à divers intervalles, et avait des portes qui se fermaient régulièrement tous les soirs (2). Cependant un faible don offert aux gardiens permettait d'entrer et de sortir à toute heure de la nuit, un guichet étant pratiqué à cet effet dans la grande porte. Ce don était peu de chose en lui-même; mais ce peu de chose était beaucoup pour Butler, qui était pauvre. Il

---

(1) L'auteur cite ici en note la traduction de ces vers par Dryden : nous y substituerons celle de Delille.

> La porte inébranlable est digne de ces murs :
> Vulcain la composa des métaux les plus durs.
> Le diamant massif en colonnes s'élance ;
> Une tour jusqu'aux cieux lève son front immense ;
> Les mortels conjurés, les Dieux et Jupiter,
> Attaqueraient en vain ses murailles de fer.
>   Virgil. AEneid., liv. vi, v. 551—553.
>   Éd.

(2) L'auteur ajoute que ces portes (*gates*) étaient appelées *ports* en écossais. — Éd.

vit que l'heure de la fermeture des portes approchait, et, voulant tâcher d'éviter le paiement de cette contribution, il résolut de sortir par celle dont il se voyait le plus près, quoique cela dût l'obliger à faire un détour assez considérable.

Sa route directe était par Bristo-Port; mais West-Port, du côté de Grassmarket, était la porte la plus voisine du lieu où il était. Ce fut vers West-Port qu'il dirigea ses pas. Il y arriva assez à temps pour franchir les murs de la ville et entrer dans un faubourg appelé Portsburgh, habité principalement par des citoyens et des ouvriers de la dernière classe. Là, sa marche fut interrompue d'une manière à laquelle il ne s'attendait point.

Quelques instans après avoir passé la porte, il entendit le son du tambour, et, à sa grande surprise, il aperçut une foule considérable. Elle remplissait toute la rue, et s'avançait vers la ville à grands pas, précédée d'un tambour qui battait un appel. Butler cherchait le moyen d'éviter une troupe qui ne paraissait pas rassemblée pour un motif légitime, quand deux hommes s'avancèrent vers lui et l'arrêtèrent.

— Êtez-vous ecclésiastique? lui demanda l'un d'eux.

— Je suis dans les ordres, répondit Butler, mais je ne suis point placé.

— C'est M. Butler de Libberton, dit le second : il s'acquittera de cet office aussi bien que qui que ce soit.

— Il faut que vous nous suiviez, monsieur, lui dit d'un ton civil, mais impératif, le premier qui lui avait parlé.

— Et pourquoi, messieurs? dit Butler; je demeure à quelque distance de la ville; vous me portez préjudice en m'arrêtant.... Les routes ne sont pas sûres pendant la nuit.

—On vous reconduira sain et sauf... Vous ne perdrez pas un cheveu de votre tête, mais vous viendrez, et il faut que vous nous suiviez.

— Mais, messieurs, quel besoin pouvez-vous avoir de moi? J'espère que vous serez assez honnêtes pour me l'apprendre.

—Vous le saurez en temps et lieu, mais de gré ou de force vous nous suivrez. Je vous avertis de ne regarder ni à droite ni à gauche, et de ne chercher à reconnaître personne. Considérez comme un rêve tout ce qui se passe devant vous.

—Plût à Dieu que ce fût un rêve! pensa Butler. Mais n'ayant aucun moyen de résister à la violence dont on le menaçait, il se résigna à son sort. On le plaça en tête de la troupe, derrière le tambour, entre deux hommes qui avaient l'air de le soutenir pour l'aider à marcher, mais qui réellement le tenaient chacun par un bras, afin qu'il ne pût songer à leur échapper.

Pendant ce pourparler, les insurgés avaient couru à West-Port, et fondant sur les Waiters, comme on appelait les gardiens de la porte, ils s'étaient emparés des clefs. Ils fermèrent les battans aux verroux et avec des barres; puis, comme ils ne savaient comment s'assurer du guichet, ils commandèrent à celui qui en avait habituellement le soin de le fermer pour eux. Cet homme tremblant perdit la tête, et n'en put venir à bout; mais les insurgés, qui semblaient avoir tout prévu, ayant fait approcher des torches, fixèrent eux-mêmes le guichet avec de longs clous dont ils s'étaient munis, probablement dans ce dessein.

8.

Pendant que ces choses se passaient, Butler n'avait pu s'empêcher de remarquer, même malgré lui, quelques-uns des individus au milieu desquels le hasard l'avait jeté. La lumière des torches tombait sur eux en le laissant dans l'ombre, ce qui lui donnait le moyen de les voir sans être vu. La plupart étaient vêtus en marins, quelques-uns portaient de grandes redingotes et un chapeau à larges bords; on voyait des femmes parmi eux, mais, quand ces amazones venaient à parler, on reconnaissait à leur voix, comme on aurait pu s'en douter à leur taille, qu'elles n'avaient du sexe féminin que les habillemens. L'une d'elles répondit au nom de Wildfire, et ce nom était souvent prononcé. Du reste on semblait agir d'après un plan convenu et bien concerté. On avait des signaux, des mots de ralliement, et de faux noms par lesquels on se reconnaissait.

Les insurgés laissèrent quelques-uns d'entre eux pour observer West-Port, en menaçant les gardiens de les tuer s'ils tentaient de sortir de leur loge et de s'emparer de nouveau de la porte pendant cette nuit. Ils coururent ensuite rapidement dans la rue basse, appelée Cowgate, la populace se rendant de toutes parts au bruit du tambour, et se joignant à eux. Ils assurèrent la porte de Cowgate aussi facilement que la première, et y laissèrent encore un détachement pour s'y tenir en faction. On remarqua ensuite, comme un trait de prudence et d'audace singulièrement combinées, que ces hommes, chargés de veiller aux portes, ne restèrent pas stationnaires à leur poste; ils allaient et revenaient, à quelque distance les uns des autres, se tenant assez près pour veiller à ce que personne ne pût tenter d'ouvrir;

mais en même temps sans s'exposer à être eux-mêmes observés et reconnus.

Cet attroupement, composé d'abord de cent hommes, s'éleva peu à peu à des milliers, et il augmentait toujours. Ils se divisèrent pour gravir plus rapidement les divers passages étroits qui conduisent de Cowgate à High-Street ; ne cessant pas de battre le tambour et d'appeler à eux tous les vrais Écossais, ils remplirent toute la principale rue de la ville.

La porte de Netherbow pourrait être nommée le *Temple-Bar* d'Édimbourg, puisque, coupant High-Street à son extrémité, elle séparait Édimbourg proprement dit du faubourg de Canongate, comme Temple-Bar sépare Londres de Westminster. Il était de la dernière importance pour ces hommes en insurrection de s'emparer de cette porte. Un régiment d'infanterie, commandé par le colonel Moyle, était caserné dans ce faubourg, et en entrant par cette porte, il aurait pu facilement mettre un obstacle insurmontable à l'accomplissement du plan des insurgés. Les chefs de l'émeute marchèrent donc sur-le-champ à Netherbow, et fermèrent cette porte comme les autres en y laissant un détachement proportionné à l'importance de ce poste.

Il s'agissait alors pour ces hardis insurgés de désarmer la Garde de la Ville et de se procurer en même temps des armes pour eux-mêmes ; car ils n'avaient encore que des bâtons. Le corps-de-garde (guard house) était un bâtiment long, bas et informe (démoli en 1787) qu'une imagination capricieuse aurait pu comparer à un long limaçon noir rampant au milieu d'High-Street et nuisant au coup d'œil de sa belle esplanade. Cette formidable insurrection était si inattendue, qu'il ne s'y trouva que l'escouade ordinaire de six hommes commandés par un sergent ; il était impossible de supposer qu'une troupe si peu nombreuse pût opposer quelque résistance à une multitude si décidée.

Il y avait en sentinelle un soldat qui (afin qu'il fût dit qu'un soldat de la garde avait fait son devoir dans cette nuit mémorable) mit son fusil en joue, et cria au plus avancé des mutins de ne pas approcher. La jeune amazone dont Butler avait remarqué l'activité particulière, s'élança sur le factionnaire, le terrassa, et lui arracha son fusil. Un ou deux soldats qui voulaient venir au secours de leur camarade furent de même désarmés, et la populace se mit en possession du corps-de-garde sans coup férir. Il est à remarquer que, quoique ces soldats de la Garde de la Ville fussent ceux qui avaient tiré sur le peuple le jour de l'exécution de Wilson, aucun d'eux n'éprouva ni mauvais traitement ni insulte. Il semblait que la vengeance des insurgés dédaignât de s'exercer sur tout ce qui n'avait servi que d'instrument à cet acte arbitraire.

Dès qu'ils furent maîtres du corps-de-garde, ils crevèrent tous les tambours qui s'y trouvaient, de peur qu'on ne s'en servît pour donner l'alarme à la garnison du château ; et, pour la même raison, ils firent cesser le bruit du leur, que battait un jeune homme, fils du tambour de Portsburgh, qu'ils avaient emmené de force ; ensuite ils distribuèrent aux plus déterminés d'entre eux les fusils, les cartouches, les baïonnettes, les sabres, les pertuisanes et les haches d'armes, dites haches de *Lochaber*.

Jusqu'à ce moment, les principaux insurgés avaient gardé le silence sur le but de l'insurrection. Tous le connaissaient, le soupçonnaient au moins, aucun n'en parlait. Mais, dès que toutes ces opérations préliminaires furent terminées, on entendit s'élever un cri épouvantable : — Porteous ! Porteous ! à la Tolbooth ! à la prison !

Ils étaient au moment d'atteindre leur but; cependant ils continuèrent à agir avec la même prudence qu'ils avaient montrée lorsque le succès était plus douteux : un détachement nombreux des insurgés se rangea devant les Luckenbooths, et, faisant face à la partie inférieure de la rue, barrait tout accès du côté du levant, tandis que la partie occidentale du défilé formé par les Luckenbooths était gardée de la même manière : par ce moyen, la Tolbooth étant complètement entourée de toutes parts, ceux qui devaient enfoncer les portes ne couraient aucun risque d'être interrompus.

Cependant les magistrats avaient pris l'alarme, s'étaient assemblés dans une taverne, et cherchaient les moyens de lever une force suffisante pour réprimer l'insurrection. Les diacres ou présidens des corps des métiers, auxquels on s'adressa, déclarèrent qu'ils ne pouvaient espérer d'être utiles lorsqu'il s'agissait de sauver un homme si odieux. M. Lindsay, membre du parlement pour la ville d'Édimbourg, offrit de se charger de la tâche périlleuse de porter au colonel Moyle, commandant du régiment en quartier à Canongate, un message verbal du lord prévôt, en le requérant de forcer la porte de Netherbow, d'entrer dans la ville, et d'y rétablir le calme. Mais il refusa de se charger d'ordres par écrit, de crainte que la populace furieuse ne lui ôtât la vie si elle venait à les découvrir sur sa personne. Le résultat de cette démarche fut que le colonel, n'ayant pas de réquisition écrite des autorités civiles, et instruit par l'exemple de Porteous du danger que courait devant un jury un chef militaire qui agissait sur sa seule responsabilité, refusa de s'exposer au risque que lui ferait courir le message du prévôt.

On envoya aussi plusieurs messages à l'officier qui commandait dans le château pour le requérir de faire marcher ses troupes, de tirer quelques coups de canon, et même de jeter une ou deux bombes dans la ville pour nettoyer les rues. Mais toutes les avenues qui pouvaient y conduire étaient si bien gardées par les insurgés, que pas un des exprès ne put arriver à sa destination. Ils furent tous arrêtés et relâchés sans avoir reçu aucun mauvais traitement, et sans d'autres menaces que celles qui étaient nécessaires pour les détourner de se charger une seconde fois d'un pareil message.

On prit les mêmes précautions pour empêcher aucune personne des classes supérieures de la société, et qui par là même étaient suspectes à la populace, de paraître dans les rues où elles auraient pu observer les mouvemens des insurgés, et chercher à les reconnaitre. Tout homme qu'on apercevait avec un costume d'homme comme il faut était arrêté sur-le-champ; on le priait et au besoin on l'obligeait de retourner sur ses pas. Plus d'une partie de quadrille fut manquée en cette nuit mémorable, car les chaises à porteur des dames et même de celles du plus haut rang furent interceptées malgré les laquais en livrée dorée et leurs brillans flambeaux. Cela se faisait généralement avec des égards pour les dames et une déférence qu'on ne pouvait guère attendre des éclaireurs d'une populace indisciplinée. Ceux qui arrêtaient une chaise disaient ordinairement pour s'excuser qu'il régnait en ce moment trop de trouble dans les rues pour qu'une dame pût s'y montrer sans danger. Ils offraient même de l'escorter jusqu'à la maison d'où elle sortait, sans doute de crainte que quelques-uns des insurgés ne déshonorassent leur plan systématique de vengeance, en se livrant à quelques-uns des excès communs en pareils cas.

Des gens qui vivent encore ont entendu des dames raconter qu'elles avaient été ainsi arrêtées et reconduites chez elles par des jeunes gens qui leur offraient même la main quand elles sortaient de leur chaise, avec une politesse qu'on n'aurait pas dû espérer de trouver sous les habits qui les couvraient et qui étaient ceux de simples ouvriers. On eût dit que les conspirateurs, de même que ceux qui avaient assassiné autrefois le cardinal Beatoun, s'imaginaient qu'ils exécutaient un jugement du ciel, auquel on devait procéder avec ordre et solennité, quoiqu'il ne fût pas sanctionné par l'autorité civile.

Tandis que les corps détachés exerçaient ainsi une surveillance active, sans que la crainte ou la curiosité de voir ce qui se passait ailleurs leur fissent rien négliger de ce qui leur était prescrit, une troupe d'élite se présentait à la porte de la prison et y frappait avec violence, en demandant à grands cris qu'on la lui ouvrît sans délai. Personne ne répondit, car le concierge de la première porte avait prudemment pris la fuite avec les clefs dès le commencement de l'émeute, et ne fut trouvé nulle part. Cette porte fut immédiatement attaquée avec des marteaux d'enclume, des barres de fer et des leviers; mais elle était en chêne doublé, garnie partout de gros et longs clous à tête ronde; les gonds et les ferrures étaient d'une solidité à toute épreuve, et elle résistait à tous les efforts. Les insurgés ne se rebutaient pourtant pas, et comme peu de personnes pouvaient travailler en même temps, dès qu'une bande était fatiguée elle était relevée par une autre, mais sans beaucoup avancer.

Butler avait été conduit sur la scène principale de l'action; et si près de la prison, qu'il était assourdi par le choc continuel des marteaux contre les battans ferrés de la porte. Il commençait à espérer que la populace, désespérant d'y réussir, renoncerait à son dessein, ou qu'il arriverait enfin une force suffisante pour la disperser. Il y eut même un instant où cette dernière chance parut probable.

Les magistrats ayant rassemblé les officiers de leur police et un certain nombre de citoyens qui consentirent à risquer leurs jours pour rétablir la tranquillité publique, sortirent de la taverne où ils s'étaient réunis, et se mirent en marche vers la scène du plus grand danger. Ils étaient précédés de leurs officiers civils portant des torches, et d'un héraut qui devait faire lecture de la loi contre les rassemblemens (1), si cela devenait nécessaire. Ils firent reculer aisément les avant-postes et les sentinelles avancées des insurgés; mais quand ils approchèrent de cette ligne de défense que la populace ou pour mieux dire les conspirateurs avaient disposée en travers de la rue vis-à-vis les Luckenbooths, ils furent assaillis d'une grêle de pierres qu'on leur lança du plus loin qu'on les aperçut, et quand ils furent plus près, les piques, les baïonnettes et les haches de Lochaber

---

(1) *Riot act.* — Ed.

dont la populace s'était armée furent tournées contre eux. Un officier de police, homme robuste et déterminé, arrêta pourtant un des factieux, et se saisit de son mousquet. Mais à l'instant même on tomba sur lui; on le terrassa et on le désarma à son tour, sans se porter à aucune autre violence contre lui, ce qui offre une nouvelle preuve du système de modération qu'avaient adopté des hommes si opiniâtres dans leur projet exclusif de vengeance contre l'objet de leur ressentiment. Les magistrats, après avoir tenté de vains efforts pour faire entendre leur voix et se faire obéir, n'ayant plus les moyens nécessaires pour faire respecter leur autorité, furent obligés de se retirer promptement, afin d'éviter les pierres qui leur sifflaient aux oreilles, et ils laissèrent la populace maîtresse du champ de bataille.

La résistance passive qu'opposait la prison semblait devoir être plus nuisible aux projets des conjurés que l'intervention active des magistrats. Les pesans marteaux continuaient à battre la porte, et avec un bruit suffisant pour donner l'alarme à la garnison du château. Le bruit se répandit même qu'elle prenait les armes pour descendre dans la ville, et que si l'on ne réussissait à forcer promptement l'entrée de la prison, il faudrait renoncer à tout projet de vengeance; d'autant plus qu'une bombe ou deux jetées dans la rue étaient un moyen suffisant de répression.

On redoubla donc d'ardeur, mais sans obtenir plus de succès. Enfin une voix s'écria : — Il faut y mettre le feu! Des acclamations unanimes s'élevèrent; on se procura quelques vieux tonneaux qui avaient contenu de la poix, on les brisa, on les amoncela contre la porte, on y mit le feu, on l'entretint avec tous les combustibles qu'on put se procurer. Le feu ainsi alimenté vomit bientôt une colonne de flamme ; les reflets éclairaient les figures farouches des factieux et le visage pâle des citoyens inquiets, qui des fenêtres du voisinage observaient avec terreur cette scène alarmante. La populace entretint le feu avec tout ce qu'elle put trouver sous sa main : les flammes firent entendre leurs craquemens, et une acclamation de joie annonça bientôt que la porte allait être détruite ; alors on laissa le feu mourir de lui-même ; mais avant qu'il fût entièrement éteint, les plus impatiens des conjurés s'élancèrent l'un après l'autre à travers les débris encore enflammés, et pénétrèrent dans la prison. Des nuages d'étincelles voltigèrent dans les airs, éparpillées sous les pieds de ceux qui foulaient les tisons. Butler et tous les autres témoins ne purent plus douter que les insurgens ne se rendissent bientôt maîtres de leur victime, pour en faire tout ce que bon leur semblerait, quoi que ce pût être.

CHAPITRE VII.

« Nous ferons tout le mal que vous ordonnerez ;
« Peut-être même encore davantage. »
SHAKSPEARE. *Le Marchand de Venise.*

Le malheureux qui se trouvait l'objet de cette insurrection populaire avait été, dans la matinée, délivré de la crainte d'un supplice public. Sa joie en fut d'autant plus grande, qu'il avait quelque sujet de craindre que le gouvernement ne voulût pas heurter l'opinion publique en épargnant un homme coupable d'un crime si odieux, et qui avait été condamné à mort d'après le *verdict* d'un jury. Délivré de cette incertitude, son cœur s'ouvrit à l'espérance, et il crut, selon l'expression de l'Écriture dans une occasion semblable, que sûrement l'amertume de la mort était passée pour lui. Quelques-uns de ceux qui s'intéressaient à lui, et qui avaient été témoins de la manière dont le peuple avait appris la nouvelle du sursis, pensaient différemment. Ce silence farouche de la populace leur fit craindre qu'elle ne formât quelque projet secret de vengeance. Ils conseillèrent donc à Porteous de ne pas perdre de temps, et d'adresser aux magistrats une pétition pour demander à être transféré dans le château, où il resterait jusqu'à ce que le gouvernement eût prononcé définitivement sur son sort. Habitué depuis long-temps à mépriser la canaille et à lui imposer, Porteous ne fit que rire de leurs inquiétudes, et ne put s'imaginer que l'on conçût jamais le projet d'enfoncer une prison aussi forte que l'était celle d'Édimbourg. Dédaignant l'avis qui aurait pu le sauver, il passa l'après-midi de ce jour mémorable à se réjouir avec plusieurs amis qui l'avaient visité dans la Tolbooth, et dont quelques-uns restèrent à souper avec lui, quoique ce fût contraire au réglement; mais grace à la complaisance du capitaine de la prison (1) avec qui Porteous avait des rapports d'intimité.

Ce fut donc au milieu de la joie du festin et d'une confiance peu fondée, que ce malheureux entendit les premières clameurs lointaines de l'attroupement se mêler aux chants joyeux de son intempérance; soudain le geôlier tout troublé vient appeler ses hôtes, leur crie de se retirer au plus tôt, et leur apprend à la hâte qu'une multitude déterminée s'est emparée des portes de la ville et du corps-de-garde. Telle fut pour eux la

---

(1) *Capitain of the Tolbooth.* — Éd.

première explication de ces effrayantes clameurs. Porteous aurait pu encore échapper à la fureur populaire contre laquelle les magistrats ne pouvaient le protéger, s'il eût pensé à se déguiser et à sortir de la prison avec ses amis; il est probable que le geôlier aurait favorisé son évasion ou ne s'en serait pas aperçu dans ces momens de désordre. Mais ni Porteous ni ses amis n'eurent assez de présence d'esprit pour songer à ce plan de fuite, ou pour l'exécuter. Ceux-ci se retirèrent à la hâte d'un lieu où leur propre sûreté semblait compromise, et Porteous, dans une sorte de stupéfaction, attendit dans sa chambre quelle serait l'issue de l'entreprise des révoltés. La cessation du bruit des instrumens avec lesquels ils avaient essayé d'abord d'enfoncer la porte lui rendit un moment l'espérance. Il pensa que la garnison du château ou le régiment du colonel Moyle était entré dans la ville et avait dissipé le rassemblement. Mais bientôt de nouveaux cris et la lueur des flammes qui éclairaient ses fenêtres lui apprirent que la populace n'avait pas renoncé à ses projets, mais avait seulement adopté un mode d'exécution plus prompt et plus certain.

Comment fuir? comment se cacher? l'un et l'autre paraissait impossible. Le seul moyen qui lui sembla praticable fut de tâcher de monter par la cheminée, dût-il étouffer en essayant d'y passer. Mais à peine était-il parvenu à la hauteur de quelques pieds, qu'il se trouva arrêté par ces barres de fer qu'on y place dans tous les édifices qui servent à renfermer des prisonniers. Elles servirent du moins à le soutenir à l'élévation où il était arrivé, et il les saisit avec l'ardeur d'un homme tenant le dernier fil qui l'attache à l'existence. La clarté répandue dans l'appartement par la lueur des flammes diminua graduellement et finit par s'évanouir. De grands cris se firent entendre dans l'intérieur de la prison. Ceux qui y étaient détenus, et qui voyaient arriver l'instant de leur délivrance, y répondirent par des acclamations de joie, et quelques-uns d'entre eux indiquèrent aux chefs des factieux la chambre où devait se trouver la victime qu'ils cherchaient. Porteous entendit les pas de ses bourreaux dans l'escalier : les verroux s'ouvrirent ; la porte, dont ils n'avaient pas la clef, fut bientôt enfoncée, et ils entrèrent en proférant des sermens et des exécrations que nous n'osons rapporter, mais qui prouvaient évidemment les intentions horribles qui les amenaient, s'il avait pu en rester quelque doute.

L'endroit où Porteous s'était caché, faute d'en trouver un meilleur, ne pouvait échapper aux soupçons ; on l'y chercha naturellement, on l'y découvrit et il en fut arraché avec une violence qui faisait croire qu'on voulait le massacrer sur-le-champ. Dix baïonnettes furent dirigées contre lui, mais le jeune homme dont Butler avait remarqué le costume de femme, s'interposa d'un ton d'autorité. — Êtes-vous fous? leur dit-il; voulez-vous exécuter un acte de justice comme si c'était un crime ou une barbarie? Le sacrifice doit être offert sur l'autel, ou il perdrait la moitié de son prix. Il faut que cet homme meure comme doit mourir un assassin, sur le gibet. Il faut qu'il périsse dans l'endroit où il a fait périr tant d'innocens.

De grands cris d'approbation partirent de toutes parts. — Au gibet le meurtrier, au gibet! à la place de

Grassmarket! Et les mêmes acclamations furent répétées au loin.

— Que personne ne le touche! s'écria le même orateur. Qu'il tâche de faire sa paix avec Dieu, s'il le peut. Nous ne voulons pas tuer son ame avec son corps.

— Quel temps a-t-il donné aux autres pour se préparer à la mort? il faut le traiter comme il a traité les autres! s'écria-t-on.

Mais l'opinion du harangueur était plus d'accord avec le caractère de ceux à qui il s'adressait, caractère plus opiniâtre qu'impétueux, et ils avaient résolu de donner une apparence de justice et de modération à un acte de vengeance et de cruauté. Pour un moment ce chef laissa le prisonnier, dont il confia la garde à des hommes dont il était sûr; et après avoir dit que Porteous pouvait remettre à qui bon lui semblerait son argent et ses autres effets. Un prisonnier pour dettes reçut ce dernier dépôt de la main tremblante de la victime, à qui l'on permit même de faire quelques courtes dispositions avant sa mort prochaine. Les criminels et tous ceux qui voulurent déserter la prison se virent alors libres de le faire. Ce n'est pas que leur délivrance fût entrée pour quelque chose dans le projet des factieux, mais les portes se trouvant brisées, elle en était la conséquence nécessaire, et presque tous se hâtèrent d'en profiter. Il ne resta dans la prison qu'un homme d'environ cinquante ans, une fille de dix-huit ans, et deux ou trois prisonniers pour dettes, qui probablement ne voyaient aucun avantage à tenter de s'échapper. Les personnes que nous avons mentionnées restèrent alors dans la salle de la prison que tous les autres détenus avaient quittée. Quelqu'un qui avait été leur compagnon d'infortune, s'adressant à l'homme de cinquante ans, d'un ton de connaissance, l'invitait à s'échapper.

— Eh bien, Ratcliffe, prends donc le large, la route est libre.

— Cela se peut bien, Willie, répondit Ratcliffe avec calme, mais j'ai une idée de quitter le métier, de devenir homme de bien.

—Eh bien, reste, vieux fou! s'écria l'autre, reste pour te faire pendre comme un vieux diable imbécile! et au même instant il descendit l'escalier de la prison.

Pendant ce temps, la personne que nous avons distinguée comme un des plus actifs conspirateurs s'était rendu dans la chambre de la jeune fille. Il n'eut que le temps de lui dire : — Fuyez donc, Effie, fuyez donc! elle se retourna vers lui, et le regarda d'un air de crainte, de tendresse et de reproche, mêlé de surprise et de stupeur.

— Fuyez, répéta-t-il, au nom de tout ce qui vous est cher!

Elle jeta les yeux sur lui sans avoir la force de lui répondre.

En ce moment un grand bruit éclata, et l'on entendit appeler Wildfire à plusieurs reprises.

— Je viens, je viens! répondit celui qui était désigné par ce nom.—Effie, dit-il encore, pour l'amour du ciel, par pitié pour vous, pour moi, fuyez, ou vous êtes perdue! et au même instant il se précipita hors de la chambre.

Elle le suivit des yeux un moment, et puis murmura à demi-voix. — Mieux vaut perdre la vie, puisque l'honneur est perdu ! Et elle resta aussi insensible, en apparence, qu'une statue, au milieu du tumulte qui avait lieu autour d'elle.

Ce tumulte passa alors de la prison au dehors. La populace avait déjà fait descendre la victime jusqu'à la porte, et n'attendait plus que son chef pour la conduire au lieu où l'on avait décidé de consommer le sacrifice ; c'était pour cela que les cris impatiens de ses compagnons l'avaient appelé.

Dès qu'il arriva près de Porteous : — Je vous promets cinq cents livres, lui dit celui-ci à voix basse en lui serrant la main, cinq cents livres sterling, si vous me sauvez la vie.

L'autre répondit sur le même ton de voix et en serrant sa main avec une étreinte également convulsive : — Cinq quintaux d'or monnayé ne vous sauveraient pas. — Souvenez-vous de Wilson. Après cinq minutes de silence, Wildfire ajouta d'un ton plus calme : — Faites votre paix avec Dieu ; où est l'ecclésiastique ?

On amena Butler, pâle, tremblant et interdit, qu'on avait retenu près de la porte de la prison, tandis qu'on cherchait Porteous dans l'intérieur. On lui donna ordre de marcher à côté du prisonnier et de le préparer à la mort. Il supplia les factieux de considérer ce qu'ils allaient faire. — Vous n'êtes ni juges ni jurés, leur dit-il ; ni les lois de Dieu, ni celles des hommes, ne vous donnent le droit d'ôter la vie à un de vos semblables, quelque digne qu'il fût de la mort. Un magistrat légal lui-même est coupable de meurtre, s'il exécute un condamné autrement qu'au lieu, au temps et de la manière que prescrit la sentence ; à plus forte raison vous autres qui n'avez d'autre mandat que votre volonté. Au nom de celui qui est tout miséricorde, épargnez cet infortuné, et ne souillez pas vos mains de son sang; ne commettez pas le crime que vous avez l'intention de punir.

— Abrégez votre sermon! s'écria un des conjurés, vous n'êtes point ici dans votre chaire.

— Si vous bavardez davantage, lui dit un autre, nous vous pendrons avec lui.

— Paix! dit Wildfire, paix! n'insultez pas ce brave homme. Il obéit à sa conscience, et je ne l'en estime que davantage. A présent, monsieur, dit-il à Butler, nous vous avons écouté avec patience, mais il faut que vous compreniez bien que rien ne peut changer notre résolution, et qu'en nous parlant c'est comme si vous parliez aux verrous et aux barres de fer de la Tolbooth. Le sang demande du sang : nous nous sommes promis par le serment le plus solennel que Porteous périrait du supplice qu'il a si bien mérité et auquel il a été justement condamné; ainsi donc ne nous parlez plus, et préparez-le à la mort aussi bien que le permettent le peu d'instans qu'il lui reste à vivre.

Le malheureux Porteous avait ôté son habit et ses souliers pour monter plus facilement dans la cheminée: quand on l'en avait tiré, on lui avait mis sa robe de chambre et ses pantoufles. Dans cet état, on le fit asseoir sur les mains entrelacées de deux conjurés, de manière à former ce qu'on appelle en Écosse le *coussin du Roi*. Butler fut placé à sa droite, et on lui réitéra l'ordre de s'acquitter de son devoir, le devoir le plus pénible qu'on puisse imposer à un prêtre digne de ce nom, et qui le devenait doublement dans la circonstance particulière où se trouvaient Butler et l'infortuné qu'il était chargé d'exhorter. Porteous fit encore un appel à la pitié de ses bourreaux; mais, voyant que les prières étaient inutiles, il se résigna à son sort avec la fermeté que lui inspiraient son éducation militaire et son caractère fier et intrépide.

— Êtes-vous préparé pour ce terrible moment? lui demanda Butler d'une voix presque défaillante. Tournez-vous vers celui près duquel le temps et l'espace ne sont rien; aux yeux de qui quelques instans de vrai repentir valent la plus longue vie d'un juste.

— Je crois que je sais ce que vous voulez dire, répondit Porteous d'un air sombre. J'ai mené la vie d'un soldat. Si l'on m'assassine, que mes fautes retombent, comme mon sang, sur la tête de mes bourreaux!

— Qui est-ce s'écria Wildfire; qui était à sa gauche, qui est-ce qui, à cette même place, dit à Wilson, quand il se plaignait que la douleur que lui causaient ses fers l'empêchait de prier, que ses souffrances ne dureraient pas long-temps?... On pourrait aujourd'hui vous payer de la même monnaie. Si donc vous ne profitez pas des exhortations de ce digne homme, n'en accusez pas ceux qui ont pour vous plus de compassion que vous n'en avez montré pour les autres.

Le cortège se mit alors en marche d'un pas lent et solennel, à la lueur d'un grand nombre de torches et de flambeaux, car les acteurs de cette scène tragique n'affectaient pas de la couvrir des ombres du mystère, et semblaient au contraire vouloir lui donner de la publicité. Les principaux chefs entouraient le prisonnier, dont on pouvait distinguer, à la clarté des torches, les traits pâles et l'air déterminé, car on le portait de manière que sa tête était élevée au-dessus de tous ceux qui se pressaient autour de lui. Ceux des factieux qui étaient armés d'épées, de fusils et de haches d'armes, etc., marchaient sur deux files de chaque côté, comme la garde régulière de la procession. Dans toutes les rues, les fenêtres étaient garnies d'une foule d'habitans dont le sommeil avait été troublé par le tumulte de cette nuit. Presque tous semblaient frappés de surprise et de terreur à la vue de ce spectacle étrange; quelques-uns firent entendre quelques cris d'encouragement, mais pas un n'osait se permettre un mot, un geste d'improbation.

Les conjurés, de leur côté, agissaient toujours avec cet air de confiance et de sécurité qui avait marqué toutes leurs démarches. Une des pantoufles de Porteous s'étant détachée de son pied, on s'arrêta pour la ramasser, on la lui remit, et l'on continua de marcher. Quand ils descendirent la rue de Bow pour se rendre au lieu fatal où ils voulaient compléter leur projet, quelqu'un dit qu'il serait bon de se pourvoir d'une corde. Aussitôt on força la porte de la boutique d'un cordier, on y choisit une corde convenable à l'usage auquel on la destinait, et le lendemain le marchand trouva une guinée sur son comptoir, tant les auteurs de cette entreprise hardie avaient à cœur de prouver qu'ils ne voulaient contrevenir à aucune loi, et que la mort de Porteous était l'unique but du soulèvement.

Conduisant, ou pour mieux dire portant avec eux l'objet sur lequel ils voulaient assouvir leur vengeance, ils arrivèrent enfin sur la place de Grassmarket, lieu ordinaire des exécutions, théâtre du crime de Porteous, et qui devait l'être de son supplice. Plusieurs des conspirateurs, car on peut bien les nommer ainsi, s'occupèrent à lever la pierre qui couvrait le creux dans lequel on assujettissait le fatal gibet chaque fois qu'on devait en faire usage, et d'autres cherchèrent les moyens de construire une espèce de potence temporaire, car l'endroit où était déposée celle qui servait aux exécutions était situé dans un quartier trop éloigné pour qu'on pût songer à aller la chercher sans perdre beaucoup de temps et sans risque. Butler profita de ce délai pour tâcher de détourner de nouveau le peuple de ses projets sanguinaires.

— Pour l'amour du ciel! s'écria-t-il, souvenez-vous que c'est l'image de votre Créateur que vous voulez détruire dans la personne de cet infortuné! Misérable comme il est, quelque coupable qu'il puisse être, il a sa part des promesses de l'Écriture, et vous ne pouvez le mettre à mort dans son impénitence, sans effacer son nom du Livre de Vie. Ne détruisez pas son ame avec son corps, — donnez-lui le temps de se préparer.

— Quel temps a-t-il donné, s'écria une voix farouche, à ceux qu'il a assassinés dans ce même lieu? Les lois divines et humaines commandent sa mort.

— Mais, mes chers amis, reprit Butler, oubliant généreusement les risques qu'il courait lui-même, — mes chers amis, qui vous a établis ses juges?

— Nous ne sommes pas ses juges, répondit la même voix. Ses juges légitimes l'ont déjà condamné. Nous sommes ceux que le ciel et notre juste colère ont suscités pour mettre à exécution un jugement légal contre un meurtrier qu'un gouvernement corrompu aurait voulu protéger.

— Je ne le suis point! s'écria le malheureux Porteous : l'acte que vous me reprochez a eu lieu pour ma propre défense, tandis que j'étais attaqué en exerçant légalement mes fonctions.

— Qu'il périsse! s'écria-t-on de toutes parts, qu'il périsse!... A quoi bon perdre son temps pour faire un gibet!... Cette poutre de teinturier suffira pour l'homicide.

Le malheureux fut livré à son sort avec une précipitation sans remords; Butler s'en trouvant séparé, par les flots de la presse, évita l'horrible spectacle de ses derniers momens. N'étant plus surveillé par ceux qui le retenaient prisonnier, il se mit à fuir du lieu fatal sans trop s'inquiéter dans quelle direction. Une bruyante acclamation proclama le plaisir avec lequel les instigateurs de ce supplice en saluaient la consommation. Ce fut alors que Butler, à l'entrée de la rue appelée Cowgate, se détourna avec terreur, et, à la lueur rouge et sombre des torches il distingua une figure qui s'agitait suspendue au-dessus des têtes de la multitude; cette vue était de nature à redoubler son horreur et à hâter sa fuite. La rue dans laquelle il courait aboutit à l'une des portes de la cité du côté du couchant. Butler ne s'arrêta qu'à cette porte, mais il la trouva fermée; il attendit en se promenant près d'une heure en long et en large, dans un trouble inexprimable. Enfin il prit le parti d'appeler les gardiens épouvantés. Ceux-ci furent alors libres de reprendre tranquillement leurs fonctions. Butler leur demanda d'ouvrir; ils hésitaient, Butler leur dit son nom et son état.

— C'est un prédicateur, dit l'un, je l'ai entendu prêcher dans le trou de Haddo (1).

(1) Une des divisions de l'église de Saint-Giles. Voyez la note de *Waverley*, tome II, page 202. — Éd.

— Il a été cette nuit d'un fameux sermon! dit l'autre ; mais moins on parle, moins on risque.

Lui ouvrant alors le guichet, ils lui permirent de passer.

Butler alla porter son horreur hors des murs d'Édimbourg. Son premier dessein était de se rendre chez lui directement; mais d'autres craintes et d'autres inquiétudes relatives à ce qu'il avait appris ce jour-là chez mistress Saddletree le déterminèrent à attendre le retour du jour dans le voisinage de la ville. Il eut soin de se tenir un peu à l'écart, et vit passer non loin de lui divers groupes qui marchaient à grands pas, en paraissant causer avec chaleur, mais à voix basse ; circonstances qui, jointes à l'heure qu'ils choisissaient pour voyager, lui firent penser qu'ils avaient pris une part active à l'acte sanguinaire qui venait d'avoir lieu.

Il est certain que la dispersion totale et soudaine des factieux, quand ils eurent assouvi leur soif de vengeance, fut un des traits les plus remarquables de cette singulière insurrection. En général, quel que soit le motif d'un soulèvement du peuple, il en résulte toujours divers désordres qui ne faisaient point d'abord partie des projets des séditieux, mais auxquels le cours des événemens les entraine. Il n'en fut pas de même à cette occasion. La vengeance que ces hommes avaient exercée semblait les avoir complètement rassasiés. Dès qu'ils furent assurés que leur victime avait perdu la vie, ils se séparèrent, et abandonnèrent même les armes dont ils ne s'étaient emparés que pour parvenir à l'exécution de leur projet. A la pointe du jour, il ne restait dans la ville d'autres traces du mouvement populaire qui avait eu lieu pendant la nuit que le corps du malheureux Porteous, encore suspendu à la poutre qui avait servi de gibet, et les armes qui avaient été prises dans le corps-de-garde de la ville, dispersées çà et là dans les rues.

Les magistrats reprirent leur autorité, non sans reconnaître en tremblant qu'elle tenait à un fil bien léger. Les premières marques qu'ils donnèrent du retour de leur énergie furent de faire entrer des troupes dans Édimbourg, et de commencer une enquête sévère sur les événemens qui avaient eu lieu pendant la nuit. Mais ils avaient été conduits avec tant de secret, et d'après un plan si bien calculé, qu'on ne put obtenir que bien peu de renseignemens sur les auteurs de ce complot audacieux. Un exprès fut dépêché à Londres pour en porter la nouvelle, qui excita la surprise et l'indignation du conseil de régence et surtout de la reine Caroline; elle regarda le succès de cette conspiration extraordinaire comme une insulte faite à son autorité. Pendant quelque temps il ne fut question que de projets de vengeance, non-seulement contre ceux qui avaient joué un rôle dans cette tragédie, dès qu'on les aurait découverts, mais contre les magistrats qui ne l'avaient pas empêchée, et contre la ville où elle avait eu lieu. La tradition rapporte encore une réponse hardie que fit en cette occasion, à la reine, le célèbre John, duc d'Argyle. Elle lui disait que, plutôt que de souffrir qu'un tel outrage restât impuni, elle irait faire la chasse aux Écossais comme à des bêtes farouches. — En ce cas, madame, répondit ce fier seigneur avec un salut profond, il faut que je prenne congé de Votre Majesté pour aller préparer mes chiens.

Le sens que couvraient ces mots était assez clair, et

comme toute la noblesse écossaise était animée du même esprit national, on crut devoir adopter des mesures moins violentes; nous aurons peut-être occasion d'en parler par la suite.

CHAPITRE VIII.

« Le mont Arthur sera ma couche,
» Il n'en est plus d'autre pour moi.
» L'eau de Saint-Antony rafraîchira ma bouche,
» Puisque celui que j'aime a pu trahir ma foi! »

Ancienne chanson (1).

Si j'avais à choisir un lieu pour admirer le lever ou le coucher du soleil, ce serait ce sentier sauvage qui serpente autour de la ceinture de rochers demi-circulaires appelés les rochers de Salisbury, et qui borne la pente rapide par laquelle on descend dans le vallon au sud-est de la ville d'Édimbourg. De là l'œil domine les édifices élevés d'une cité dont une imagination roman-

(1) C'est une ancienne mélodie écossaise très-populaire à Édimbourg, et qu'on attribue à un ermite qui s'était fixé près de la chapelle Saint-Antoine. Voyez les *Vues pittoresques d'Écosse*.

Éd.

tique pourrait comparer la forme à celle d'un dragon ; on aperçoit tantôt un vaste bras de mer avec ses rochers, ses îles, ses rivages lointains, et l'horizon de montagnes qui les termine, tantôt une belle et fertile campagne que varient les collines, les vallons, et la chaîne pittoresque des monts Pentlands, mais à mesure que le sentier tourne insensiblement autour de la base des rochers, la perspective composée de ce mélange d'objets enchanteurs et sublimes change à chaque pas, et les offre confondus ou divisés avec toute la variété capable de ravir la vue et l'imagination. Quand un tableau si beau et si vrai, — si séduisant par l'espèce de dédale qu'il présente, et cependant si sublime, — est éclairé des teintes du matin ou du soir, et déploie toute cette richesse d'ombres nuancées par des accidens de lumière qui donnent un caractère au plus modeste paysage, l'effet qu'il produit approche de l'enchantement. Ce sentier était ma promenade préférée du soir et du matin, quand j'étais occupé d'un auteur savant ou d'une nouvelle étude. Il est devenu maintenant, m'a-t-on dit, impraticable, ce qui, si l'on m'a dit vrai, fait peu d'honneur au goût de la bonne ville d'Édimbourg ou de ses magistrats (1).

Ce fut dans ce lieu ravissant — que je n'ai pu nommer sans une description épisodique, en me souvenant qu'il a été le théâtre de mes plus délicieuses rêveries, au temps où la jeunesse remplissait pour moi l'avenir d'espérance et de bonheur (2); ce fut, dis-je, dans ce

(1) Un sentier solide a été construit depuis autour de ces rochers romantiques. 1820.

(2) C'est ici Pierre Pattieson qui parle. Walter Scott a décrit les mêmes sensations en vers dans un des débuts de son *Marmion*. La comparaison mérite d'être faite. — Éd.

romantique sentier que Butler vit le lever du soleil le lendemain du meurtre de Porteous. Il était encore trop matin pour qu'il pût se rendre dans la maison où il avait dessein d'aller, et tandis qu'il est assis sur un des nombreux fragmens détachés par les orages du haut des rochers qui s'élevaient sur sa tête, réfléchissant tantôt sur les circonstances de l'horrible catastrophe dont il avait été le témoin, tantôt sur la triste nouvelle, bien autrement intéressante pour lui, qu'il avait apprise chez M. Saddletree, nous allons faire savoir au lecteur qui était Butler, et quels étaient ses rapports avec Effie Deans, la malheureuse fille de boutique de la diligente mistress Saddletree.

Reuben Butler était né en Écosse, mais d'extraction anglaise. Son aïeul, Étienne Butler, servait dans l'armée de Monk, et faisait partie du corps de dragons qui prit d'assaut la ville de Dundee en 1651. On le surnommait l'Écriture Étienne et Bible Butler (1) à cause de son talent pour lire et commenter le texte saint. C'était un indépendant déclaré qui reçut dans son acception la plus large la promesse faite aux saints d'hériter de la terre. Comme de bons horions étaient tout ce qui lui était tombé en partage jusque-là dans la division de la propriété commune, il ne manqua pas de profiter de l'occasion que lui offrait le pillage d'une ville riche et commerçante, pour s'en assurer une part plus raisonnable. Il paraît qu'il y avait passablement réussi, car depuis

(1) C'était la mode chrétienne de se donner alors des prénoms mystiques et allégoriques : les fameux frères *Barebone*, par exemple, s'appelaient, l'un, *Loué soit Dieu Barebone*, l'autre *si Dieu n'était venu sur la terre, l'homme serait damné Barebone*. Par abréviation, on disait Damné-Barebone. — Éd.

cette époque sa fortune parut sensiblement améliorée.

La troupe dont il faisait partie fut mise en quartier d'hiver dans le village de Dalkeith. Elle formait les gardes de Monk, qui, en qualité de général des forces de la république, résidait dans un château voisin. A la veille de la restauration de Charles II, quand Monk fut sur le point d'entrer en Angleterre, il réorganisa toute son armée, et mit un soin tout particulier à la composition du corps spécialement attaché à sa personne, afin qu'il ne s'y trouvât que des gens qui lui fussent entièrement dévoués. Bible Butler, pesé dans la balance, fut trouvé trop léger. On savait qu'il professait les principes des Indépendans, et qu'il ne coopérerait pas de bon cœur au rétablissement de Charles II sur le trône de ses pères. On lui donna donc le conseil amical de céder son cheval et ses armes à un des vieux dragons de Middleton, qui avait la conscience accommodante d'un militaire, et dont les principes ne consistaient qu'à se modeler exactement sur ceux de son colonel. Comme cet avis fut accompagné de l'offre de lui payer comptant tout l'arriéré de la solde, il eut assez de sagesse humaine pour accepter cette proposition, et il vit sans regret son ancien corps se rendre à Coldstream dans sa marche vers le sud, pour rétablir sur de nouvelles bases le gouvernement chancelant d'Angleterre.

La *ceinture* de l'ex-troupier (1), pour me servir de l'expression d'Horace, était assez pesante pour lui fournir les moyens d'acquérir une petite propriété, et il acheta une maison et quelques pièces de terre qui portent encore le nom de Bersheba, à environ un mille de Dal-

---

(1) *Ex-trooper*. — Éd.

keith, où il s'établit avec une compagne choisie parmi les jeunes filles du village, qui, désirant former dans ce monde un établissement confortable, se réconcilia avec les mœurs un peu rudes, le caractère sérieux et la figure hâlée du guerrier enthousiaste. Etienne ne survécut pas long-temps au — malheur de tomber dans les mauvais jours, et d'être livré à ces langues mauvaises — dont Milton se plaignait si amèrement dans la même situation : il laissa à la jeune veuve un fils de trois ans, dont l'air, les traits et la tournure faisaient honneur à sa mère, en le proclamant le digne rejeton de Bible Butler.

Les principes du défunt ne s'étaient propagés ni dans sa famille ni parmi ses voisins; l'air de l'Écosse n'était pas favorable à l'indépendance, quoiqu'il le fût au fanatisme; mais ils n'étaient pas oubliés. Un laird du voisinage, qui se vantait de ses principes de Loyalisme (1), quoiqu'il n'en eût jamais donné d'autre preuve que je sache que de s'exposer à se faire casser la tête à coups de poing dans quelques querelles, quand il était échauffé par le vin et le cavaliérisme (2), avait trouvé à propos de ramasser toutes les accusations qu'on pouvait porter contre les principes religieux et politiques du défunt, et il fit prononcer tant d'amendes contre la malheureuse veuve, comme étant non conformiste, et par tous les autres prétextes qu'on trouvait si aisément à cette époque, qu'il s'appropria enfin tout ce qu'elle possédait. Il eut pourtant alors assez de remords ou de modération pour lui permettre d'habiter la maison et de cultiver les champs de son mari, à la charge de lui en payer une redevance à des termes assez raisonnables

---

(1) Fidélité au gouvernement royal. — Éd.
(2) Esprit brouillon du Cavalier. — Éd.

Son fils Benjamin grandit, et, s'étant marié, eut un fils nommé Reuben, qui est celui que nous avons vu figurer dans le chapitre précédent, et qui vint partager et augmenter la pauvreté de Bersheba.

Le laird de Dumbiedikes avait jusqu'alors été modéré dans ses exactions, peut-être parce qu'il aurait eu honte de taxer trop haut les faibles moyens d'existence qui restaient à la veuve Butler. Mais quand il vit ses travaux partagés par un gaillard actif et vigoureux, Dumbiedikes commença à penser qu'une paire de si larges épaules pourrait porter un fardeau additionnel. Il réglait en effet la conduite de ses vassaux (heureusement ils étaient en petit nombre) d'après le principe des voituriers qu'il voyait charger leurs charrettes à une mine de charbon voisine; ces gens-là ne manquaient jamais d'ajouter quelques quintaux à la charge ordinaire, dès qu'ils avaient, par un moyen ou un autre, acquis un nouveau cheval plus fort que celui qu'ils avaient crevé la veille. Quelque raisonnable que parût cette méthode au laird de Dumbiedikes, il aurait dû observer qu'elle mène souvent à la perte du cheval, de la voiture et de la charge. C'est ce qu'il éprouva quand il augmenta la redevance de sa ferme. Benjamin Butler était un homme de peu de paroles et de peu d'idées, mais attaché au sol de Bersheba, à peu près comme le sont certains végétaux aux lieux où on les transplante. Loin de faire aucune remontrance au laird ou de chercher à éluder ses demandes, il travailla nuit et jour pour le satisfaire, et mourut d'une maladie occasionée par la fatigue et l'épuisement : sa femme le suivit de près au tombeau, et Reuben Butler, en 1705, se trouva, comme l'avait été son père, et au même âge que lui, orphelin et confié aux soins de son aïeule, la veuve de l'ancien troupier de Monk.

La même perspective de misère menaçait un autre fermier de ce seigneur à cœur dur. C'était un déterminé presbytérien nommé Deans, qui, quoiqu'en mauvaise odeur auprès du laird par ses principes religieux et politiques, se maintenait dans le domaine par sa régularité à payer le fermage, redevances en nature, arrérages, transport, mouture sèche, privilèges, service et dons de coutume, et autres exactions aujourd'hui converties en argent et comprises dans le mot emphatique de RENTES. Mais les années 1700 et 1701, accompagnées d'une disette qu'on n'a pas encore oubliée en Écosse, épuisèrent les moyens du fier presbytérien, et, après avoir encore lutté quelque temps, il entendit siffler à ses oreilles les citations faites par l'agent des redevances, les décrets de la cour-baron, les séquestres, les saisies de récolte et de semences, comme les balles des Torys avaient sifflé à celles des Covenantaires aux journées de Pentland et du pont de Bothwell ou d'Airdmoss ; enfin Douce David Deans eut beau résister, et il résista beaucoup, il fut battu à pied et à cheval, et resta à la merci d'un seigneur avare, à l'instant où Benjamin Butler venait de mourir.

Chacun prévoyait quel serait le destin de ces deux malheureuses familles : on croyait les voir chasser de leur demeure au premier instant ; mais un événement inattendu dérangea ces calculs.

Le jour même où leur expulsion devait avoir lieu, tandis que tous leurs voisins se préparaient à leur accorder toute leur compassion, et que pas un ne se disposait à leur donner le moindre secours, le ministre de

LA PRISON D'ÉDIMBOURG.

la paroisse et un médecin d'Édimbourg reçurent une invitation de se rendre en toute hâte près du laird de Dumbiedikes. Tous deux en furent très-surpris, car plus d'une fois en vidant sa bouteille il avait témoigné le peu de cas qu'il faisait de l'une et de l'autre profession.

Le médecin de l'ame et celui du corps arrivèrent en même temps dans la cour du vieux manoir. Ils se regardèrent tous deux d'un air d'étonnement, et conclurent qu'il fallait que Dumbiedikes se crût bien mal pour les avoir ainsi fait appeler en même temps. Avant que le domestique eût le temps de les annoncer, ils furent joints par un homme de loi, Nicol Novit, soi-disant *procurateur* devant la cour des sheriffs (1), car à cette époque il n'y avait pas de solliciteur (2).

(1 La charge de *sheriff* remonte à la plus haute antiquité féodale, et ses attributions ont varié avec le temps.

Le principal sheriff d'un comté n'est plus qu'un magistrat administratif. Ses attributions judiciaires sont dévolues au sheriff-deputy (vice-sheriff), juge indépendant, nommé à vie. Le sheriff deputy a un ou plusieurs substituts : il tient son tribunal dans le *head-borough* (chef-lieu du canton), d'où il peut le transporter en divers lieux, après un avis publié dans les églises. Le sheriff-deputy exerce sa juridiction dans une foule d'affaires civiles, telles que procès pour dettes, discussions entre propriétaires et fermiers, etc. Il peut condamner pour vol, viol, meurtre et incendie, — dans les cas graves avec l'aide d'un jury, dans une procédure plus simple, seul. On peut appeler de la cour du sheriff aux cours supérieures d'Écosse.

L'office de grand-sheriff était autrefois héréditaire ; le gouvernement a obtenu la nomination de ces places, et en a modifié les attributions. Le sheriff nommait lui-même ses sous-sheriffs (sheriff-deputy) ; le gouvernement les nomme directement ; l'usage est de les prendre dans la classe des avocats. — Éd.

(2) *Procurator, sollicitor*. Ces mots n'étaient pas alors syno-

Ce dernier personnage fut introduit dans la chambre du laird, où peu de temps après le médecin de l'ame et celui du corps furent aussi invités à se rendre.

Dumbiedikes s'était fait transporter dans son plus bel appartement. C'était une chambre dans laquelle tous ses ancêtres étaient morts successivement, et qu'on nommait pour cette raison the Dead-room (*la Chambre des morts*). Outre le malade et M. Novit, il s'y trouvait encore le fils et unique héritier du laird, grand garçon d'environ quatorze ans, à l'air un peu niais, et la femme de charge, âgée d'environ quarante-cinq ans, à teint couleur de buis, et qui avait été chargée de la conduite de la maison depuis la mort de lady Dumbiedikes. Le laird, dont la tête, qui n'avait jamais été bien saine, était en ce moment plus dérangée que jamais, s'adressa à peu près en ces termes à ses conseillers spirituels et temporels.

— Ça va mal, messieurs mes voisins, ça va mal pour moi, presque aussi mal qu'en 1689, quand je fus poursuivi par les collégiens (1). Ils se trompaient bien pourtant sur mon compte. —.... Ils m'appelaient papiste; mais il n'y a jamais eu une parcelle de papiste dans tout mon individu, entendez-vous, ministre? —.... Jean, prenez exemple sur moi, mon fils, c'est une dette qu'il faut que nous payions tous. —....Et voilà Nicol Novit qui vous dira que je ne fus jamais bon dans ma vie quand il s'agissait de payer des dettes. —.... M. Novit, vous n'oublierez pas de retenir la rente annuelle qui est due

nymes; aujourd'hui ils doivent également être traduits par notre mot procureur. (Procureur près d'un tribunal inférieur.) — Éd.

(1) *Collegeaners*, les membres du collège de justice ou cour des sessions. — Éd.

par le billet du comte.—.... Si je paie aux autres, je pense qu'il faut que les autres me paient à leur tour. —.... Ce n'est que justice. Jean, quand vous n'aurez rien autre à faire, plantez un arbre, il poussera pendant que vous dormirez. Mon père me le disait il y a quarante ans, je n'ai jamais eu le temps d'y faire attention. —.... Ne buvez jamais d'eau-de-vie le matin, mon fils, prenez plutôt de *l'eau admirable*. Jenny en fait d'excellente. Docteur, j'ai la respiration aussi pénible qu'un joueur de cornemuse qui a joué vingt-quatre heures de suite à une noce payante (1). —.... Eh bien, ministre, récitez-moi quelques petites prières, cela me fera peut-être du bien, cela me distraira de mes pensées. Allons, quelques prières, mon brave homme.

— Je ne puis réciter une prière comme on chante une chanson, répondit l'honnête ministre, faites-moi connaître l'état de votre ame, et nous prierons Dieu de lui faire miséricorde.

— Est-ce que vous ne devez pas le savoir? Vous ai-je payé les émolumens et les dimes du vicariat et de la cure depuis 1689, pour ne pas avoir un petit bout de prière la première fois que je vous en demande? Décampez avec toute votre *whiguerie*, si c'est comme cela. Le vieux desservant Kilstoup m'aurait déjà lu la moitié du livre de prières. Allez-vous-en, je n'ai que faire de vous. Allons, docteur, voyons, que pouvez-vous faire pour moi?

Le docteur avait pris des informations pendant ce temps de la femme de charge, et ne voulant pas le flatter de vaines espérances, il lui avoua que tous les se-

---

(1) Noce où chacun se cotise pour payer la musique. — Éd.

cours de la médecine ne pouvaient prolonger ses jours que de quelques heures.

—Oui-dà! Eh bien, allez-vous-en au diable avec le ministre! N'êtes-vous venus ici que pour me dire que vous ne pouvez m'être bons à rien? Hors d'ici! Jenny, mettez-les à la porte! Mon fils, je vous laisse ma malédiction et la malédiction de Cromwell, si vous leur donnez argent ou cadeaux, — si peu même qu'une bride.

Le docteur et le ministre se retirèrent à l'instant, pendant que Dumbiedikes se livrait à un de ces accès de langage profane qui lui avaient procuré le surnom de Damn-me Dikes (1).

—Donnez-moi la bouteille d'eau-de-vie, Jenny, criat-il d'une voix qui annonçait la colère et la souffrance : je puis bien mourir sans eux comme j'ai vécu. J'ai pourtant quelque chose sur le cœur, voisin Novit, quelque chose qu'une pinte d'eau-de-vie n'en chasserait pas. Les Deans de Woodend et cette vieille veuve du dragon de Bersheba, ils mourront de faim! — Regardez un peu, Jean, quel temps fait-il?

—Il neige, mon père, répondit Jean après avoir ouvert la fenêtre et regardé avec le plus grand sang-froid.

— Ils mourront dans les neiges! ils mourront de froid! dit le pécheur mourant; quant à moi j'aurai assez chaud peut-être, si tout ce qu'on dit est vrai.

Cette dernière observation fut faite à demi-voix, et d'un ton qui fit frémir même le procureur. Il essaya, probablement pour la première fois de sa vie, de glisser un mot d'avis spirituel, et de verser un baume sur les plaies de l'ame du vieux laird, en lui conseillant la

---

(1) *Damne-moi Dikes*, mots qui se rapprochent de Dumbiedikes.
Éd.

réparation des injures et la restitution des biens dont il avait dépouillé deux familles à force d'exactions, *restitutio in integrum*, dit-il, d'après les lois civiles. Mais Mammon combattait vigoureusement pour conserver la place que le remords voulait occuper dans son cœur, et ce démon de l'avarice y réussit en partie, comme un ancien tyran l'emporte sur une troupe d'insurgés.

— Ça ne se peut pas! ça ne se peut pas! ça me tuerait! Pouvez-vous me dire de rendre de l'argent, quand vous savez que j'en ai tellement besoin! Et, quant à Bersheba, ce bien est au milieu de mes domaines; il ne peut pas s'en séparer. Non, Novit, non, ça ne se peut pas; ce serait me tuer que de les abandonner.

— Il faut pourtant mourir, Laird, et peut-être mourrez-vous plus content. Si vous le voulez, je vais dresser les actes, c'est l'affaire d'un instant.

— Ne me parlez pas ainsi, dit le moribond en s'appuyant pour se soulever, ne me parlez pas ainsi, ou je vous jette la bouteille à la tête! Jean, mon garçon, soyez humain avec ces pauvres gens, les Deans et les Butler. Ne souffrez pas qu'on empiète sur vos droits, mais soyez humain. Surtout conservez Bersheba. Laissez-y les Butler, ne chassez pas les Deans, faites-leur payer une rente modérée...., c'est-à-dire qu'ils puissent avoir la soupe et le pain, votre père s'en trouvera peut-être mieux là où il va.

Après avoir donné ces instructions contradictoires, le laird se trouva l'esprit tellement soulagé, qu'il but trois verres d'eau-de-vie coup sur coup, et il rendit le dernier soupir en essayant de chanter la chanson qui commence par

Que le diable emporte le ministre.

Cette mort opéra une révolution favorable aux deux familles malheureuses. John Dumbie, devenu Dumbiedikes en son propre nom, paraissait être assez égoïste et serré ; mais il n'avait pas l'esprit de rapine et de cupidité de son père. Son tuteur pensa comme lui qu'il devait exécuter le désir que le défunt avait manifesté à son lit de mort. Les deux tenanciers ne furent donc pas immédiatement mis à la porte avec la neige ; on leur permit de se procurer du beurre et des galettes à la farine de pois, qu'ils mangèrent sous le poids tout entier de la malédiction prononcée contre notre premier père. Le *cottage* de Deans, appelé Woodend, n'était pas très-éloigné de Bersheba. Il y avait eu autrefois peu de liaison entre les deux familles. Deans était un franc Écossais, remplis de préjugés contre les gens du Sud et la race du Sud (1). D'ailleurs, Deans, avons-nous dit, était un presbytérien déclaré, suivant avec une rigueur sententieuse ce qu'il appelait la seule ligne directe entre les excès de la droite et les défections de la gauche. Il détestait donc et avait en horreur tous les Indépendans et quiconque il supposait tenir à eux.

Mais, malgré ces préjugés nationaux et ce zèle religieux, Deans et la veuve étaient dans une situation qui devait faire naitre quelque intimité entre les deux familles. Ils avaient partagé le même danger et la même délivrance. Ils avaient besoin d'une aide mutuelle comme ces voyageurs qui, traversant un torrent, sont forcés de se tenir serrés les uns contre les autres, de peur que le courant n'emporte celui d'entre eux qui ne serait pas ainsi soutenu par les autres.

(1) L'Angleterre par rapport à l'Éc ssc. — Éd.

Peu à peu, Deans laissa tomber quelques-unes de ses préventions ; il trouva que mistress Butler, sans être bien solide dans le vrai témoignage contre les défections du temps, n'avait aucune opinion en faveur du parti indépendant, et n'était pas non plus une anglaise. On pouvait donc espérer que, quoiqu'elle fût la veuve d'un enthousiaste sous-officier des dragons de Cromwell, il était possible que son petit-fils ne fût ni schismatique ni anti-national, deux titres qui causaient au fermier Deans autant de terreur que les Papistes et les Malveillans (1). Par-dessus tout (car Douce Davie Deans avait son côté faible) il s'aperçut que la veuve Butler le regardait avec respect, écoutait ses avis, et tolérait une allusion par-ci par-là contre les doctrines de son défunt mari (doctrines auxquelles, avons-nous dit, elle n'était nullement attachée avec chaleur), en considération des utiles conseils que le presbytérien lui donnait pour l'exploitation de sa petite ferme. Ces conseils, Deans les terminait habituellement par — on fait peut-être autrement en Angleterre, voisine Butler, que je sache !—ou, — c'est peut-être différent dans les pays étrangers, — ou,—ceux qui pensent différemment sur le grand fondement de notre réformation par le Covenant, bouleversant et troublant le gouvernement et la discipline de l'Église, et brisant les ciselures du temple de notre Sion, sont peut-être pour semer le clos d'avoine; mais je dis qu'il faut semer des pois, moi, des pois ! — Et, comme son avis était sensé, quoique donné sous cette forme

---

(1) *Malignant.* Voir les notes de *Waverley* sur ce mot, qui dans la bouche des républicains était synonyme de *royaliste*. L'auteur emploie ici lui-même le style des sectaires comme Deans. — ÉD.

bizarre, il était reçu avec reconnaissance et respectueusement suivi.

La liaison des deux familles de Bersheba et de Woodend devint bientôt encore plus intime entre Reuben Butler, que le lecteur connaît déjà, et Jeanie Deans, la seule fille qu'eût Douce Davie Deans de sa première femme : — Cette chrétienne parfaite, disait-il souvent, dont le nom était plein de douceur pour tous ceux qui la connaissaient comme digne d'un tel nom, Chrétienne Menzies de Hochmagirdle.

Nous allons maintenant raconter la source de cette liaison et ses conséquences.

CHAPITRE IX.

> « S'aimant tous deux comme des tourterelles,
> « Reuben, Rachel étaient pourtant discrets ;
> « L'amour en vain les couvrait de ses ailes,
> « Ils refusaient ses dons les plus secrets.
> « Tous deux, hélas ! étaient dans l'indigence :
> « L'amour est loin de donner l'opulence.
>
> CRABBE. *Le Registre de Paroisse.*

PENDANT que la veuve Butler et le veuf Deans luttaient contre la pauvreté et le sol stérile de « ces lots et portions » du domaine de Dumbiedikes qu'ils cultivaient, on s'apercevait que peu à peu Deans sortait de cette lutte avec avantage, tandis que la veuve était sur le point de succomber. Il est vrai que le premier était un homme dans l'âge mûr ; mistress Butler était une femme, et sur le déclin de la vie. Ce désavantage aurait dû être balancé avec le temps, puisque Reuben grandissait pour aider sa grand'mère, et Jeanie Deans, la pauvre fille, ne pouvait qu'ajouter aux charges de son père. Mais Douce David Deans avait tout prévu : il éleva si bien sa jeune favorite, comme il l'appelait, que, depuis qu'elle était en état de marcher, elle s'occupait journellement à quelque emploi conforme à son âge et à sa capacité, circonstance qui, jointe aux leçons et aux lectures de son père, contribua à lui donner de bonne heure un caractère grave, sérieux, ferme et réfléchi;—un tempérament robuste, exempt de toute affection nerveuse et autres infirmités qui, attaquant le corps dans ses plus nobles fonctions, exercent si souvent leur influence sur l'esprit, contribuait aussi à la simplicité et à la résolution de ce caractère.

Au contraire, Reuben était d'une constitution faible et d'un caractère timide; il pouvait passer pour inquiet, indécis et craintif; il avait le caractère de sa mère, qui était morte de la consomption, jeune encore. Il était pâle, grêle, faible, maladif, et un peu boiteux par suite d'un accident dans son bas âge. C'était d'ailleurs l'enfant gâté d'une grand'mère, dont la sollicitude trop attentive lui inspira de bonne heure une sorte de méfiance de lui-même et une disposition à s'exagérer sa propre importance, ce qui est une des conséquences d'un excès d'indulgence pour les enfans.

Cependant Reuben et Jeanie se plaisaient l'un avec l'autre autant par goût que par habitude. Ils gardaient ensemble quelques moutons et deux ou trois vaches, que leurs parens envoyaient chercher leur maigre pâture dans les terrains communaux de Dumbiedikes. C'était là qu'on rencontrait les deux enfans, assis sous une touffe de genêt fleuri, rapprochant l'une de l'autre leurs joues vermeilles sous l'abri du même plaid, lorsque l'horizon s'obscurcissait autour d'eux, et qu'un nuage menaçait de la pluie (1).

En d'autres occasions, ils allaient ensemble à l'école, et, quand ils rencontraient en chemin des ruisseaux à franchir, ou des bœufs, des chiens et d'autres dangers, le petit garçon recevait de sa compagne ces encouragemens que son sexe considère ordinairement comme son privilège d'accorder au sexe plus faible. Mais, une fois assis sur les bancs du pédagogue, et étudiant leurs leçons, Reuben, qui, pour l'intelligence, était aussi supérieur à Jeanie qu'il lui était inférieur du côté de la force du corps et de ce courage à braver la fatigue et le péril, qui est le résultat du tempérament, Reuben pouvait s'acquitter envers elle de ses bons offices dans d'autres circonstances. Il était décidément le meilleur élève de l'école de la paroisse, et son humeur était si douce qu'il

(1) « Un jour que je descendais du sommet de cette montagne, j'aperçus à l'extrémité du jardin Virginie qui accourait vers la maison, la tête couverte de son jupon, qu'elle avait relevé par derrière pour se mettre à l'abri d'une ondée de pluie. De loin je la crus seule; et m'étant avancé vers elle pour l'aider à marcher, je vis qu'elle tenait Paul par le bras, enveloppé presque en entier de la même couverture, riant l'un et l'autre d'être ensemble à l'abri sous un parapluie de leur invention. Ces deux têtes charmantes, renfermées sous ce jupon bouffant, me rappelèrent les enfans de Léda enclos dans la même coquille. »

(*Paul et Virginie*.)

Bernardin de Saint-Pierre n'a oublié aucun détail de ce charmant tableau; Walter Scott n'a fait qu'indiquer les accessoires du sien. L'un déploie un véritable luxe de couleur; chez l'autre, le groupe peut-être ressort davantage, parce que tout le reste n'est guère qu'esquissé....... Enfin, ce sont deux pendans par deux peintres également admirables chacun dans son école. (Extrait de la Notice.) — Éd.

était plutôt admiré qu'envié par le petit peuple qui occupait la bruyante maison, quoiqu'il fût le favori du maître. Plusieurs jeunes filles, en particulier (car en Écosse on les élève avec les garçons), eussent volontiers accablé de leurs petits soins et consolé le pauvre enfant qui était plus savant que ses condisciples. Il y avait dans le caractère de Reuben de quoi exciter à la fois leur sympathie et leur admiration, sentimens par lesquels les femmes (ou du moins la partie la plus méritante du sexe) sont le plus aisément séduites; mais Reuben, naturellement retenu et timide, ne profitait d'aucun de ces avantages, et n'en devenait que plus attaché à Jeanie Deans, à mesure que l'approbation emphatique de son maître l'assurait d'un brillant avenir et éveillait son ambition. En même temps, chaque progrès que Reuben faisait (et, relativement au maître, ils étaient grands) le rendait de plus en plus incapable d'être utile à sa grand'mère dans les travaux de la ferme. Un jour qu'il étudiait le *Pons asinorum* d'Euclide, il laissa entrer ses moutons dans un champ de pois appartenant au laird; et, sans la promptitude de Jeanie et les efforts de son petit chien Dustyfoot, il aurait reçu une punition sévère, sans parler de ce qu'il en aurait coûté à sa mère; d'autres mécomptes signalèrent ses études classiques : il comprenait parfaitement les Géorgiques de Virgile, et ne savait pas distinguer l'orge de l'avoine; aussi il faillit perdre toutes les récoltes de Bersheba pour s'être opiniâtré à cultiver la terre d'après les principes de Columelle et de Caton le censeur.

Ces bévues chagrinaient son aïeule, et déconcertaient la bonne opinion que Deans avait d'abord conçue de Reuben.

— Je ne vois pas ce que vous pourrez faire de ce pauvre garçon, dit-il un jour à la veuve, à moins que vous ne le destiniez à l'œuvre du ministère ; et jamais on n'eut plus besoin de pauvres prédicateurs qu'aujourd'hui, époque de froideur, où les cœurs des hommes sont durs comme des meules de moulins, jusqu'à ce qu'ils en viennent au point de ne plus faire attention à aucune de ces choses. Il est évident que ce pauvre enfant ne pourra jamais faire un seul jour de bonne besogne, si ce n'est comme ambassadeur de notre Maître ; je me chargerai de lui procurer une licence (1) quand il en sera digne ; j'espère qu'il restera sans tache et fidèle à l'Église ; il ne se jettera pas comme une truie immonde dans le bourbier des hérésies extrêmes et des défections ; Reuben aura les ailes de la colombe, quoiqu'il soit né parmi les oiseaux de basse-cour.

La pauvre veuve dévora l'affront que Deans faisait ainsi indirectement aux principes de son mari. Elle se hâta de retirer Butler de High-school, pour lui faire étudier les mathématiques et la théologie, seules sciences qui fussent de mode en ce temps-là.

Jeanie Deans fut alors obligée de se séparer du compagnon de ses travaux, de ses études et de ses jeux, et ce fut avec des regrets au-dessus de leur âge que les deux enfans se quittèrent. Mais ils étaient jeunes, pleins d'espérance, et ils se dirent adieu en se flattant de se revoir dans un temps plus propice.

Tandis que Reuben acquérait à l'université de Saint-André les connaissances nécessaires pour devenir ministre, et qu'il imposait à son corps toutes les privations

(1) Licence ou droit de prêcher. — Éd.

nécessaires pour procurer la nourriture à son esprit, son aïeule devenait tous les jours moins en état de faire valoir sa petite ferme, et elle fut enfin obligée d'en faire la remise au nouveau laird de Dumbiedikes. Ce grand personnage n'était pas tout-à-fait un juif, et il lui accorda un marché à peu près raisonnable; il poussa même la générosité jusqu'à lui permettre d'habiter gratis la maison qu'elle avait occupée avec son mari; mais il protesta qu'il n'y ferait jamais pour un farthing (1) de réparations, toute sa bienveillance étant purement passive.

Cependant, à force de travail, d'industrie et de talent, grace aussi à quelques circonstances heureuses, David Deans parvint à être sur un bon pied dans le monde; il eut quelque fortune, avec la réputation d'en avoir davantage, et se sentit de plus en plus d'humeur d'épargner et de thésauriser, disposition qu'il était tenté de se reprocher même quand il y pensait sérieusement. Ses connaissances en agriculture, au point où en était alors cette science, en avaient fait une espèce de favori du laird, qui, n'étant ni homme de société, ni ami des exercices actifs, ne passait pas une seule journée sans rendre une visite au cottage de Woodend.

Là, n'étant pas riche en idées, et encore moins en moyens de les exprimer, il passait une heure ou deux assis au coin du feu, ou debout près de la porte, suivant les saisons, ayant à la bouche une pipe vide, et sur la tête un vieux chapeau galonné qui avait appartenu à son père, suivant des yeux Jeanie Deans, — la jeune fille, — comme il l'appelait, qui s'occupait des af-

(1) Un liard. — Éd.

faires du ménage ; ou bien il écoutait les discussions théologiques auxquelles se livrait le vieux presbytérien quand il avait épuisé le texte ordinaire du beau et du mauvais temps, de ses champs et de ses bestiaux; il l'écoutait, disons-nous, avec une grande patience en apparence, mais sans rien répliquer, et même, croyait-on généralement, sans comprendre un seul mot de ce que disait l'orateur. Deans, il est vrai, niait cela obstinément, comme un double outrage pour son talent à expliquer les vérités cachées, talent dont il était passablement vain, et pour la capacité intellectuelle du laird. Il disait que — Dumbiedikes n'était pas un de ces brillans messieurs avec des dorures à leurs habits et des épées au derrière, qui étaient plutôt faits pour galoper jusqu'en enfer que pour aller pieds nus au ciel. — Il était bien différent de son père. — Il ne fréquentait point de compagnies profanes. — Il n'était pas jureur, — pas buveur, — n'allait ni au spectacle, ni au concert, ni au bal. — Ce n'était pas un perturbateur du jour du sabbat, — un de ces hommes qui exigent des sermens, ou des engagemens signés, et qui dénient la liberté au troupeau. — Il tenait au monde, et aux biens du monde ; mais c'est qu'alors un vent soufflait sur son esprit. — Voilà ce que disait et croyait l'honnête David.

L'attention avec laquelle le laird Dumbiedikes suivait tous les mouvemens de Jeanie n'avait pas échappé à la pénétration du père. Mais il existait dans la famille une autre personne qui s'en était aussi aperçue. C'était la seconde femme de Deans, qu'il avait épousée six ans après la mort de la première, ce dont nous avons négligé jusqu'ici d'instruire nos lecteurs. Cette circonstance avait surpris tous les voisins, car Deans n'était point partisan du mariage. Il disait souvent que cet état était un mal nécessaire, une chose tolérable dans l'état imparfait de notre nature, mais qui coupait les ailes à l'aide desquelles l'ame devait s'élever vers les choses d'en haut; une chose qui l'enchaînait dans sa prison d'argile, et l'abaissait vers des affections terrestres. Sa conduite sur ce point n'avait pourtant pas été d'accord avec ses principes, puisque nous avons vu qu'il s'était laissé lier deux fois par ces nœuds dangereux et séduisans.

Son épouse Rebecca n'avait pas la même horreur du mariage. Son imagination en trouvait pour tous les jeunes gens et toutes les jeunes filles du voisinage, et ne manquait pas d'en prévoir un entre Dumbiedikes et sa belle-fille Jeanie. Deans levait les épaules toutes les fois que sa femme lui parlait de ses espérances à ce sujet; il prenait sa toque, sortait de la maison, mais c'était pour cacher un air de satisfaction qui se peignait alors involontairement sur ses traits austères.

Mes plus jeunes lecteurs me demanderont sans doute si Jeanie Deans méritait par ses charmes les attentions muettes de son seigneur: en historien véridique je suis forcé d'avouer que les attraits de sa personne n'avaient rien de bien extraordinaire. Elle était petite et avait un peu trop d'embonpoint pour sa taille; ses yeux étaient bleus, ses cheveux blonds, sa peau un peu brûlée par le soleil. Son charme particulier était un air de sérénité inexprimable, et elle le devait à une bonne conscience, à un excellent cœur, à un caractère toujours égal, et à la satisfaction intérieure qu'elle éprouvait en accomplissant tous ses devoirs. On peut bien supposer qu'il n'y avait dans les manières de notre héroïne de village, rien de plus imposant que dans ses traits, et cependant les jours, les semaines, les mois, les années s'écoulaient; et le laird Dumbiedikes venait payer régulièrement tous les matins ou tous les soirs son tribut d'admiration silencieuse à Jeanie ; mais, soit timidité, soit indécision, il n'avait pas encore dit un mot qui justifiât les prophéties de la belle-mère.

La bonne dame devenait pourtant tous les ans plus impatiente de voir le laird se déclarer. Un an après son mariage, elle avait donné le jour à une fille qu'on avait nommé Euphémie, et que, suivant l'usage d'Écosse, on appelait par abréviation Effie. Rebecca ne pouvait donc s'arranger de la lenteur du laird, car elle pensait judicieusement que comme lady Dumbiedikes n'aurait guère besoin de dot, la meilleure portion de la fortune de son père serait naturellement dévolue à l'enfant du second mariage. D'autres belles-mères ont pris des moyens moins louables pour parvenir au même but. Mais il faut rendre à Rebecca la justice de dire qu'elle désirait véritablement l'avantage de Jeanie, et qu'elle ne voyait celui qui devait en résulter pour sa propre fille que comme une considération secondaire qui n'était pas à dédaigner.

Elle mit donc en usage toutes les ruses que son peu d'expérience put lui suggérer pour forcer le laird Dumbiedikes à se déclarer; mais elle eut la mortification de voir que ses efforts étaient semblables à ceux d'un pêcheur maladroit, qui ne fait qu'effaroucher la truite qu'il voudrait prendre. Un jour entre autres qu'elle avait voulu plaisanter le laird sur l'utilité dont lui serait une femme pour la conduite des affaires de sa maison, il tressaillit visiblement, et ni le chapeau bordé, ni la pipe, ni l'intelligent propriétaire de ces objets précieux, ne reparurent à Woodend du reste de la semaine. Elle prit donc le parti de le laisser marcher à pas de tortue, comme il l'entendrait, convaincue par expérience de l'aphorisme du fossoyeur, que ce n'est pas en le battant qu'on peut faire avancer un âne lourdaud (1).

Cependant Reuben Butler continuait ses études à l'université; pour se procurer les moyens de s'y maintenir, il donnait des leçons aux écoliers qui étaient moins avancés que lui, et non-seulement il gagnait ainsi de quoi fournir à tous ses besoins, mais encore il fixait dans sa propre mémoire les élémens de ce qu'il avait déjà appris. Reuben pouvait encore envoyer quelques secours à son aïeule, devoir qui est rarement négligé en Écosse. Il fit des progrès considérables dans les connaissances générales comme dans les études de la profession qu'il avait choisie; mais sa modestie naturelle faisait qu'ils étaient peu remarqués, et il aurait pu, comme tant d'autres, se plaindre de sa mauvaise étoile et des préférences injustes accordées à son préjudice, s'il eût été de ces caractères pour qui se plaindre est un besoin.

Il obtint sa licence comme prédicateur de l'Évangile, avec quelques complimens du Presbytère qui la lui accorda, mais on ne lui donna aucune place, et il fut obligé de retourner chez son aïeule à Bersheba, sans autre revenu que celui qu'il tira de quelques leçons qu'il donnait dans le voisinage. Quand il eut embrassé sa vieille grand'mère, sa première visite avait été à Woodend. Il y fut reçu par Jeanie avec cette affection

(1) Voyez Hamlet, acte V. — Éd.

que lui inspiraient des souvenirs qui n'étaient jamais sortis de son cœur, — par Rebecca avec une hospitalité amicale, et par le vieux David avec la réserve particulière de son caractère.

Malgré la haute vénération que Douce Deans accordait au clergé en général, il ne suffisait pas de porter l'habit ecclésiastique pour mériter son estime, et un peu jaloux peut-être de la dignité de son jeune ami, il s'empressa de l'attaquer sur divers points de controverse, afin de découvrir s'il n'était tombé dans aucun des pièges ou dans quelque défection et désertion du temps. Butler n'était pas seulement un bon presbytérien, mais il voulut aussi éviter de contrarier son ancien ami, en discutant des points de peu d'importance. Il aurait donc pu espérer de sortir de l'interrogatoire de David aussi pur que l'or de la fournaise; mais le résultat n'en fut pas aussi favorable pour lui dans l'esprit de son sévère examinateur.

La vieille Judith Butler s'était transportée ce soir-là jusqu'à Woodend, afin de recevoir les félicitations de son voisin sur le retour de Reuben et ses progrès, dont elle n'était pas peu fière. Elle fut donc assez mortifiée quand elle trouva que le vieux Deans n'entrait pas dans le sujet avec la chaleur qu'elle attendait de lui. Il est vrai que d'abord il parut plutôt avare d'éloges que mécontent, et ce ne fut qu'après l'avoir ramené plusieurs fois sur cette matière, que Judith parvint à le faire expliquer dans le dialogue suivant :

— Eh bien, voisin Deans, je croyais que vous seriez content de revoir Reuben parmi nous, le pauvre garçon!

— *Je suis* content, mistress Butler ; telle fut la réponse concise du voisin.

— Depuis qu'il a perdu son grand-père et son père (loué soit celui qui donne et qui reprend), il n'a pas eu d'ami qui lui tînt lieu de père comme vous, voisin Deans.

— Dieu est le seul père des orphelins, répondit Deans en portant la main à sa toque, et levant les yeux au ciel. Rendez gloire à celui à qui elle est due, voisine, et non à son indigne instrument.

— Il vous plaît de parler ainsi, et vous faites pour le mieux, sans doute; mais, David, vous avez plus d'une fois envoyé des provisions à Bersheba quand il n'en restait déjà plus guère à Woodend. Oui, et j'ai su que...

— Femme, interrompit David, ce sont là de vaines paroles qui ne sont bonnes qu'à réveiller l'homme intérieur. J'étais près du bienheureux Alexandre Peden (1), quand il dit que la mort et le témoignage de nos saints martyrs n'étaient que quelques gouttes de sang et des griffonnages d'encre. Que penser de tout ce que peut faire un homme comme moi?

— Eh bien, voisin Deans, vous parlez pour le mieux; mais je dois dire que je suis sûre que vous êtes content de revoir mon garçon, — le voilà fixé ici maintenant, si ce n'est qu'il peut aller à quelques milles de distance; et il a sur ses joues une couleur de santé qui réjouit mes vieux yeux, et puis il porte un habit noir, propre comme celui du ministre.

— Je suis content qu'il soit en bonne santé et heureux, dit M. Deans avec une gravité qui semblait indiquer qu'il voulait couper court à l'entretien; mais une

(1) Ce prédicateur fut un de ces enthousiastes de bonne foi que les ennemis du presbytérianisme appelaient les trompettes de la secte. — Éd.

femme qui a quelque chose en tête n'en démord pas aisément.

— Il peut monter en chaire maintenant, continua mistress Butler; pensez donc un peu à ça, voisin Deans.
— C'est mon enfant. — Et tout le monde l'écoutera comme si c'était le pape de Rome.
— Comme quoi? — comme qui? — Femme! dit David avec sévérité dès que ces derniers mots eurent frappé son oreille.
— Eh bon Dieu! dit la pauvre femme, j'oubliais quelle dent vous avez toujours eue contre le Pape, et c'était tout de même de mon pauvre homme, Stephen Butler. Il passait plus d'une après-dîner à protester contre le pape, le second baptême des enfans, *et cætera.*
— Femme, reprit Deans, parlez de ce que vous connaissez, ou taisez-vous. Je dis que l'indépendance est une hérésie et l'anabaptisme une erreur décevante et damnable, qui devraient être extirpées de l'Écosse avec le feu des magistrats spirituels et avec le fer du magistrat civil.
— Bien, bien, voisin, je ne dis pas que vous ayez tort: je sais que vous avez raison quand il s'agit de semer et de faucher, de tondre et de faire paître les troupeaux, pourquoi n'auriez vous pas raison pour le travail de l'Église tout de même? — mais mon petit-fils, Reuben Butler.....
— Reuben Butler, femme, est un jeune homme à qui je veux autant de bien que s'il était mon propre fils; — mais j'ai bien peur qu'il y ait du haut et du bas pour lui dans sa carrière. Je crains beaucoup que ses talens ne nuisent à sa grace. Il a trop de science humaine, il lui faut broder et garnir de dentelles la robe de ma-

riage, ou elle n'est plus assez bonne pour lui. Il est présumable qu'il est vain de ces talens qui lui permettent de parer la doctrine avec tant de recherche. Mais, — ajouta-t-il en voyant la pauvre femme affligée de ces paroles, — l'affliction peut lui donner une leçon : on peut espérer que le jeune homme fera bien, et deviendra une lumière brillante. Peut-être bientôt Dieu vous fera-t-il à vous la grace de le voir, et à lui celle de le sentir.

La veuve Butler se retira sans pouvoir tirer autre chose de son voisin, dont le discours, qu'elle ne comprenait guère, lui inspira des craintes indéfinissables sur son petit-fils, et troubla la joie que lui avait d'abord causée son retour.

Nous ne devons pas dissimuler, de peur d'être injuste avec David Deans, que dans leur conférence Butler avait déployé plus de science qu'il n'était nécessaire : ce qui ne pouvait manquer de mortifier le vieux presbytérien, habitué à se considérer comme un juge en matière de controverses théologiques, et n'aimant pas à entendre citer des autorités au-dessus de lui. Dans le fait Butler n'avait pas échappé au vernis de pédanterie que devait lui donner son éducation universitaire, et sa vanité lui inspirait trop souvent de faire parade de sa science quand ce n'était pas le cas.

Jeanie Deans cependant ne fit que l'admirer davantage, peut-être par le même motif qui fait admirer à son sexe le courage et toutes les qualités dans lesquelles il est inférieur à l'autre. Le voisinage des deux familles rapprochait de plus en plus Reuben et Jeanie. L'intimité de leur enfance se renouvela par un sentiment plus convenable à leur âge, et ils convinrent enfin qu'ils demanderaient à leurs parens de les unir dès que Butler aurait obtenu quelque petite place qui pourrait lui fournir des moyens d'existence sur la stabilité desquels on pût compter, quelque modiques qu'ils fussent. Reuben forma plus d'un plan à ce sujet ; aucun ne réussit. Déjà Jeanie n'avait plus les joues parées de la fraîcheur de la première jeunesse, et Butler prenait la gravité de l'âge mûr, sans qu'il pût compter sur un établissement prochain. Heureusement pour ces deux amans leur passion n'était pas d'une nature ardente et enthousiaste, et le sentiment du devoir leur faisait endurer avec courage et patience les retards prolongés qui les séparaient l'un de l'autre.

Cependant les années continuaient à s'écouler en amenant leurs vicissitudes d'usage. La veuve d'Étienne Butler, si long-temps l'appui de la maison de Bersheba, était réunie à ses pères, et Rebecca, la soigneuse épouse de notre ami Davie Deans, avait aussi été enlevée à ses plans d'économie domestique. Le lendemain de sa mort, Reuben se rendit dans la matinée chez son ancien ami pour lui offrir quelques consolations, et fut témoin en cette occasion d'une lutte remarquable entre les sentimens de la nature et ce stoïcisme religieux que les principes du rigide presbytérien lui faisaient un devoir de montrer dans l'affliction comme dans le bonheur.

Lorsqu'il arriva à la porte du cottage, Jeanie, les yeux gros de larmes, lui montra le petit verger que son père n'avait pas voulu quitter, dit-elle tout bas en paroles entrecoupées, depuis son malheur. Alarmé à ces mots, Butler entra dans le verger et s'avança à pas lents vers son vieux ami qui, assis le dos appuyé contre un arbre, la tête penchée sur ses mains, paraissait plongé dans une profonde affliction. Il leva la tête quand Butler approcha, et le regarda d'un air sévère, comme s'il était offensé de cette interruption; mais, le voyant incertain s'il devait avancer ou se retirer, il se leva, alla à sa rencontre, et lui présenta la main d'un air de calme et même de dignité.

— Jeune homme, lui dit-il, le juste peut mourir, mais la mort ne fait que l'arracher aux misères de ce monde. Malheur à moi si je versais une larme pour une femme, quelque chère qu'elle fût à mon cœur, quand je devrais répandre des torrens de pleurs pour cette Église affligée et gémissant sous la malédiction des hommes charnels et de ceux qui ont le cœur mort.

— Je suis charmé, dit Butler, que la religion vous fasse oublier vos chagrins particuliers.

—Les oublier, Reuben? dit le pauvre Deans en portant son mouchoir à ses yeux. — Jamais elle ne sera oubliée dans ce monde; mais CELUI qui fait la blessure peut envoyer le baume. Je proteste que plusieurs fois cette nuit j'étais tellement absorbé dans mes méditations, que je ne sentais plus ma douloureuse perte. Il m'est arrivé comme au digne John Semple, surnommé Carspharn John, dans une semblable épreuve, — j'ai erré cette nuit sur les rives d'Ulaï, cueillant çà et là une pomme sur l'arbre.

Malgré ce courage forcé que Deans regardait comme un devoir chrétien, il avait un cœur trop aimant pour ne pas gémir profondément d'une telle perte. — Woodend lui devint odieux; et comme, dans sa petite métairie, il avait acquis à la fois de l'expérience et quelques capitaux, il résolut de les employer au métier de fermier de laiterie (1), ou nourrisseur de vaches, comme on l'appelle en Écosse. Il choisit pour son nouvel établissement un endroit appelé Saint-Leonard's Craigs (2), entre Édimbourg et la montagne d'Arthur's Seat, près du riche et vaste champ de dépaissance encore nommé the King's Park (3), ayant été autrefois un clos de réserve pour le gibier royal. Ce fut là qu'il loua une petite maison isolée, environ à un demi-mille de l'extrémité de la ville, mais dont l'emplacement est maintenant occupé par les bâtimens qui forment le faubourg du sud-est. Une vaste terre de dépaissance adjacente que Deans afferma du gardien du Parc royal, servait à nourrir ses vaches-laitières; et l'infatigable industrie de l'active Jeanie, sa fille aînée, s'exerçait à tirer du lait le meilleur parti possible.

Jeanie avait alors moins d'occasions de voir Butler, qui, en attendant mieux, avait été obligé d'accepter une place de sous-maître dans une école paroissiale à quatre milles de la métropole. Il y obtint l'estime et la considération de plusieurs respectables bourgeois qui, pour raison de santé ou par d'autres motifs, voulaient faire faire la première éducation de leurs enfans dans ce petit village. L'avenir se présentait aux yeux de Butler sous des couleurs plus riantes. A chaque visite qu'il faisait à Saint-Léonard, il parlait de ses espérances à Jeanie; ces visites étaient nécessairement très-rares, parce que les devoirs de l'école absorbaient presque tout le temps de Butler. Il n'osait même aller

---

(1) *Dairy-farmer* et *cow-feeder*. — Éd.
(2) Les rochers de Saint-Léonard. — Éd.
(3) Le Parc du roi. — Éd.

voir Jeanie aussi fréquemment qu'il aurait pu le faire ; Deans le recevait, il est vrai, civilement et même avec bienveillance ; mais Butler, comme cela arrive dans ces occasions, s'imaginait que Deans lisait ses intentions dans ses yeux, et craignait par une explication prématurée d'amener un refus positif. Il n'osait donc pas aller chez lui plus souvent que ne l'y autorisaient ses anciennes relations de voisinage et d'amitié. Mais il existait quelqu'un dont les visites à Saint-Léonard étaient beaucoup plus régulières.

Lorsque Deans annonça au laird Dumbiedikes son intention de quitter la ferme de Woodend, celui-ci ouvrit de grands yeux sans lui répondre. Il continua de s'y rendre tous les jours, suivant son usage ; et la veille du départ de la famille, voyant qu'on s'occupait des préparatifs du déménagement, il ouvrit encore de grands yeux, s'appuya l'épaule contre la porte, et on l'entendit s'écrier : — Eh, sirs (1) ! — Le lendemain il y alla encore, et parut aussi étonné de trouver la maison vide que s'il n'avait eu aucun sujet de s'y attendre. — Dieu nous guide ! s'écria-t-il ; et cette exclamation était chez lui une marque d'émotion bien extraordinaire. Depuis ce moment il se trouva dépaysé, et ses mouvemens, jusqu'alors si réguliers, devinrent semblables à ceux d'une montre entre les mains d'un écolier qui en a brisé le grand ressort. De même que l'aiguille de cette montre parcourant le cadran en quelques minutes, il faisait le tour de son domaine avec une rapidité qui ne lui était pas ordinaire. Il n'existait pas une chaumière dans laquelle il n'entrât,

(1) Eh, messieurs ! exclamation qui répond à notre : *Dame!*
Éd.

pas une jeune fille sur laquelle il ne fixât ses regards : mais quoiqu'il rencontrât de plus belles fermes que Woodend, et de plus jolies filles que Jeanie, ses yeux ne s'arrêtaient sur aucune avec tant de plaisir que sur la fille de David Deans, et pas un banc ne lui semblait aussi commode que celui sur lequel il s'asseyait chez le vieux presbytérien. Après avoir tourné ainsi autour de ses possessions, et être ensuite resté stationnaire pendant une semaine, il réfléchit qu'il n'était point attaché au centre par un pivot autour duquel il ne pouvait que circuler, et qu'il était maître de prolonger le rayon et de s'élancer hors de la circonférence. Pour réaliser ce projet, il acheta un poney d'un marchand des Highlands, et, avec le secours et la compagnie de cette monture, il se rendit de faux pas en faux pas jusqu'à Saint-Leonard's Craigs.

Jeanie était si habituée à être regardée continuellement par le laird, qu'à peine s'apercevait-elle de sa présence; elle craignait pourtant quelquefois qu'il ne joignît un jour l'éloquence des discours à celle des regards, car en ce cas, pensait-elle, adieu tout espoir d'épouser Butler. Son père avait été élevé dans ce respect pour le seigneur de la glèbe qui était si remarquable chez les tenanciers écossais de cette époque. Quoiqu'il estimât Butler, il se livrait souvent à des sarcasmes contre ses connaissances charnelles; et s'ils ne lui étaient pas inspirés par la jalousie, au moins indiquaient-ils sa partialité pour celui qui en était l'objet. Enfin le mariage de sa fille avec Dumbiedikes aurait eu un charme irrésistible pour un homme qui se plaignait quelquefois d'être porté à prendre — une trop grande brassée des biens de ce monde. — De sorte que sur le tout les visites quotidiennes du laird étaient désagréables à Jeanie, à cause des conséquences qu'elles pouvaient avoir ; et ce qui ne contribua pas peu à consoler Jeanie d'avoir quitté Woodend, où elle était née et où elle avait été élevée, ce fut l'idée qu'elle avait vu pour la dernière fois le laird, sa pipe et son chapeau galonné ; car elle le croyait aussi fortement enraciné dans le domaine de Dumbiedikes, que les arbres qu'elle avait laissés dans le verger.

Elle éprouva donc plus d'étonnement que de plaisir quand, le sixième jour après son arrivée à Saint-Léonard, elle revit la pipe, le chapeau galonné, le petit cheval et le laird. Il lui fit en entrant son compliment ordinaire : — Comment vous va, Jeanie ? où est le bonhomme (1) ? seconde phrase qu'il n'ajoutait que lorsque Deans ne se trouvait pas chez lui à l'instant où il arrivait. Et s'étant assis dans le cottage de Saint-Léonard, autant que possible dans la même position qu'il avait occupée régulièrement et si long-temps à Woodend, toujours aussi court en moyens de conversation, il étendit la main vers Jeanie comme pour lui frapper doucement sur l'épaule ; elle recula d'un pas, et Dumbiedikes resta la main ouverte en l'air, comme la griffe d'un griffon héraldique. — Dites donc, Jeanie, continua le soupirant, il fait un beau temps aujourd'hui, et les routes ne sont pas mauvaises pour ceux qui ont des guêtres.

— Le diable est dans ce corps si calme, murmura Jeanie entre ses dents ; qui aurait cru qu'il en dirait jamais si long ? — Elle avoua depuis qu'elle mit quelque chose de ce sentiment peu aimable dans son accent et

---

(1) *Goodman*. Le fermier. — Éd.

son air, car son père était absent; et ce — corps — (c'est avec cette irrévérence qu'elle parlait d'un propriétaire foncier), ce corps lui parut si alerte et si malin, qu'elle ne savait où il en pourrait venir (1).

Son air boudeur toutefois agit comme un vrai sédatif, et le laird retomba depuis ce jour dans sa taciturnité précédente, visitant trois ou quatre fois par semaine le cottage du nourrisseur de vaches quand la saison le permettait, sans autre but en apparence que d'admirer des yeux Jeanie Deans, pendant que Douce David prodiguait son éloquence sur les controverses et les témoignages du jour.

(1) La nécessité d'imiter au moins quelquefois la phraséologie particulière des dialogues, nous oblige à conserver quelques expressions plus écossaises que françaises : un écolier serait en état d'y substituer le mot propre. Nous voudrions faire deviner l'intention comique du romancier. — Ed.

CHAPITRE X.

« Elle avait l'art de charmer tous les cœurs,
» Réunissant à des traits enchanteurs
» Air de santé, fraîcheur de la jeunesse,
» OEil séduisant, modeste gentillesse. »

CRABBE.

Les visites du laird reprirent ainsi leur cours accoutumé, sans qu'on eût à attendre ou à redouter de lui quelque chose de nouveau. S'il était possible à un amant de fasciner sa maîtresse comme on dit que certains serpens fascinent les oiseaux, par la seule force de leurs regards toujours fixés sur l'objet dont ils veulent faire leur proie, Dumbiedikes aurait infailliblement réussi à s'assurer le cœur de Jeanie : mais il paraît qu'il faut mettre la fascination au nombre des arts dont le secret est perdu (1), et je n'ai pas entendu dire que l'atten-

(1) *Artes perditæ.*

tion soutenue du laird produisît d'autre effet que d'exciter de temps à autre un bâillement.

Cependant l'objet de sa contemplation touchait aux bornes de la jeunesse, et approchait de ce qu'on appelle la maturité, époque fixée impoliment pour le sexe le plus fragile à un terme beaucoup plus rapproché de la naissance que chez les hommes.

Selon bien des gens le laird aurait mieux fait de consacrer ses regards à un objet doué de charmes bien supérieurs à ceux de Jeanie, même telle qu'elle fut dans sa fraîcheur, et qui commençait à être remarqué de tous ceux qui visitaient le cottage de Saint-Léonard's Craigs.

Effie Deans, élevée par les tendres soins de sa sœur, était devenue une jeune fille d'une beauté rare. Son front, d'une coupe grecque, était orné de nombreuses boucles de cheveux noirs, qui rassemblés par un snood (1) de soie bleu, relevaient encore la blancheur d'un visage digne d'Hébé, où se peignaient la santé, le plaisir et le bonheur. Sa courte jupe brune se dessinait sur des formes que le temps peut-être menaçait de rendre trop robustes, objection fréquemment faite aux beautés d'Écosse; mais à l'âge d'Effie elles étaient sveltes et arrondies, avec cette grace de contours et cette aisance de mouvemens qui indiquent à la fois la santé et la parfaite symétrie du corps.

Ces charmes, malgré toute leur fraîcheur, ne purent ébranler l'ame constante du laird de Dumbiedikes, ni distraire son attention; mais il était peut-être le seul qui pût apercevoir ce modèle de grace et de beauté

---

(1) Ruban; prononcez *snoud*. — ÉD.

sans se complaire à l'admirer. Le voyageur arrêtait sa monture fatiguée avant d'entrer dans la ville, terme de sa course, pour contempler cette sylphide qui passait près de lui avec son pot au lait sur la tête, se tenant si droite, et marchant d'un pas si agile, que son fardeau semblait plutôt un ornement. Les jeunes gens du faubourg voisin cherchaient à l'avoir pour témoin de leurs jeux et de leurs exercices, et c'était sa présence qui donnait du prix à la victoire. Même les rigides presbytériens, qui se reprochaient comme un crime, ou du moins comme une faiblesse, tout ce qu'ils accordaient aux plaisirs des sens, ne pouvaient s'empêcher de la regarder avec délices, et regrettaient qu'une si belle créature participât à la faute héréditaire et à l'imperfection de notre nature. On l'avait surnommée *le Lis de Saint-Léonard*, et elle méritait ce nom par la candeur et la pureté de son ame, autant que par le charme de son visage et de sa personne.

Cependant il y avait dans le caractère d'Effie quelque chose qui non-seulement inspirait d'étranges inquiétudes à David Deans, dont les principes étaient rigides, comme on peut bien le croire, sur le sujet des amusemens de la jeunesse, mais qui donnait encore des craintes sérieuses à sa sœur, plus indulgente. Les enfans des Écossais de la classe inférieure sont ordinairement gâtés par l'imprudente complaisance de leurs parens. Je m'en rapporte à l'histoire instructive et intéressante de l'aimable auteur de *Glenburnie* (1), qui a donné assez de détails là-dessus pour en dispenser tous les écrivains

(1) Mistress Élisabeth Hamilton, qui n'est plus.
(*Note de l'éditeur anglais.*)

présens et futurs. Effie avait éprouvé l'effet de cette tendresse inconsidérée ; toute l'austérité de son père ne pouvait condamner les jeux de l'enfance, et aux yeux du bon vieillard sa plus jeune fille parut encore un enfant plus d'une année après qu'elle eut atteint l'âge d'une femme faite. Il continuait à l'appeler la petite fille, sa petite Effie, et lui permettait d'aller seule partout sans aucune contrainte, excepté les jours de dimanche ou les heures consacrées aux prières de famille. Sa sœur, avec tout l'amour et toute la surveillance d'une mère, ne put garder la même autorité, à mesure qu'Effie dans sa vanité crut pouvoir prétendre à être indépendante. Malgré l'innocence et la bonté de son caractère, le Lis de Saint-Léonard avait un fonds assez considérable d'amour-propre et d'obstination, et la liberté illimitée dont elle s'était accoutumée à jouir dès son enfance lui avait donné un certain degré d'irritabilité qui faisait qu'elle ne pouvait supporter la moindre contradiction. Une scène d'intérieur du cottage fera encore mieux apprécier son caractère.

Effie venait d'atteindre sa dix-septième année, quand un soir que son père était dans la vacherie, occupé de ces animaux utiles et patiens d'où provenait son revenu, Jeanie commença à être inquiète de voir la nuit s'approcher sans que sa sœur fût de retour. Elle craignit qu'elle ne fût pas rentrée lorsque son père reviendrait pour la prière du soir, qu'il faisait toujours en commun avec ses deux filles, en présence de ses domestiques et de ses inférieurs, et elle savait que l'absence d'Effie lui causerait un véritable déplaisir. Ses inquiétudes étaient d'autant plus vives, qu'elle avait remarqué que depuis quelque temps sa sœur sortait tous les jours à la même heure, sous prétexte d'une promenade; et que la durée de cette promenade, qui n'était d'abord que d'un quart d'heure, s'était insensiblement prolongée jusqu'à durer des heures entières; mais ce jour-là elle avait été absente presque toute la soirée. Jeanie allait à chaque instant à la porte, et, plaçant une main devant ses yeux pour éviter les derniers rayons du soleil couchant, elle regardait de tous côtés pour apercevoir la taille de nymphe de sa sœur. Il y avait un mur et un échalier qui séparaient de la grande route le domaine royal ou Parc du roi, comme on l'appelle. Jeanie tournait souvent les yeux de ce côté, lorsqu'elle vit deux personnes sortir de derrière le mur, où elles paraissaient s'être promenées pour éviter d'être observées. L'une était un homme qui, dès qu'il se trouva sur le grand chemin, tourna sur la gauche, et s'éloigna à grands pas; l'autre, prenant sur la droite, entra dans le sentier qui conduisait à Saint-Léonard. C'était Effie. Abordant sa sœur avec cet air de vivacité affectée que les femmes, surtout celles de sa classe, savent si bien prendre quelquefois pour cacher la surprise et la confusion, elle se mit à chanter :

> Le prince des lutins était sous la feuillée.
> — Le genêt croît, le genêt va fleurir. —
> Survint bientôt une dame enjouée......
> Nous n'osons plus jusqu'au genêt venir.

— Chut, Effie, lui dit sa sœur, notre père va revenir de la vacherie. — Ces mots interrompirent le chant. Jeanie continua : — Où avez-vous été que vous revenez si tard?

— Il n'est pas tard, Jeanie.

— Huit heures sont sonnées à toutes les horloges de la ville, et le soleil a disparu derrière les monts Corstorphines; où avez-vous donc été si tard?

— Nulle part, répondit Effie.

— Et avec qui étiez-vous derrière l'échalier?

— Avec personne.

— Nulle part! Personne! Je voudrais, Effie, que vous eussiez été dans un endroit et avec des gens que vous pussiez avouer.

— Et qu'avez-vous besoin d'espionner les gens? reprit Effie; si vous ne me faisiez pas de questions, je ne vous dirais pas de mensonges. Est-ce que je vous demande ce qui amène ici tous les jours le laird de Dumbiedikes, qui vous regarde toujours avec des yeux brillans comme ceux d'un chat sauvage (excepté qu'ils sont plus verts et moins beaux)? qui vous regarde jusqu'à vous faire bâiller.

— Vous savez qu'il vient pour voir notre père, répondit Jeanie à cette remarque impertinente.

— Et Dominie (1) Butler vient-il aussi pour voir notre père? qui aime tant ses mots latins, dit Effie charmée de pouvoir repousser l'attaque dirigée contre elle en en faisant une dans le camp de l'ennemi ; et avec la pétulance de son âge elle poursuivit son triomphe sur sa prudente sœur aînée. Elle la regarda d'un air malicieux et même un peu ironique en fredonnant tout bas, mais avec un accent particulier, un refrain de vieille chanson écossaise :

---

(1) C'est le nom *savant* pour dire *monsieur* en parlant d'un pédagogue. Nous avons vu déjà Dominus Sampson dans *Guy Mannering*. — Éd.

En traversant le cimetière
J'ai rencontré le laird ce soir.
Le pauvre corps ne parle guère ;
Mais avant qu'il ait fait bien noir,
J'ai vu venir le clerc lui-même....
. . . .

Ici la chanteuse s'interrompit en regardant sa sœur, et, voyant briller une larme dans ses yeux, elle lui sauta au cou, l'embrassa tendrement, et lui demanda pardon de l'avoir chagrinée. Jeanie, quoique peu satisfaite, ne put résister aux franches caresses de cet enfant de la nature dont les bonnes qualités et les défauts semblaient plutôt le résultat de l'instinct que de la réflexion. Cependant, en lui rendant son baiser de sœur, elle ne put s'empêcher de lui adresser ce reproche amical : — Effie, si vous voulez apprendre de folles chansons, vous pourriez au moins en faire un meilleur usage.

— Oh! oui sans doute, Jeanie, dit Effie en embrassant encore sa sœur, je voudrais bien n'en avoir jamais appris aucune ; — et je voudrais bien que nous ne fussions jamais venus ici,—et plût à Dieu que j'eusse perdu la langue avant de vous avoir offensée !

— N'y pensez plus, Effie, répondit sa bonne sœur, je ne puis être beaucoup offensée de tout ce que vous pouvez me dire ; — mais, je vous en prie, n'offensez pas notre père.

—Non, non, je ne le ferai plus ! s'écria Effie : quand il y aurait sur la prairie autant de danses qu'on voit briller d'étoiles au firmament un jour de gelée, je vous promets que je n'irai plus.

— Des danses ! dit Jeanie de l'air de la plus grande

surprise, oh ! chère Effie, qui a pu vous faire aller à une danse ?

Il est probable que dans ce moment d'épanchement le Lis de Saint-Léonard aurait fait à sa sœur une confidence entière qui nous aurait épargné, à elle bien des chagrins, et à moi la peine de raconter une triste histoire ; mais le mot *danse* avait frappé l'oreille du vieux David Deans, qui venait de tourner le coin de la maison, et arrivait auprès de ses filles avant qu'elles fussent averties de son approche. Le mot *Prélat*, ou même le mot *Pape*, n'aurait pas produit un effet plus terrible sur l'oreille de Deans ; car, de tous les exercices, la danse était à ses yeux le plus opposé à toute pensée sérieuse ! Il définissait la danse comme un accès volontaire et régulier de folie, qui conduisait le plus facilement à toute espèce de désordres ; encourager, et même permettre des assemblées ou des réunions parmi les grands ou parmi le peuple pour cet exercice absurde et extravagant ou pour une représentation dramatique, c'était, selon lui, se rendre coupable d'une des plus insignes preuves de défection, — c'était une des causes les plus justes de la colère divine : le seul mot *danse*, prononcé à sa porte par ses filles, suffit pour lui faire perdre patience. — Danse ! s'écria-t-il, femmes pécheresses que vous êtes ! vous osez parler de danse à ma porte ! Savez-vous que c'est en dansant que les Israélites adorèrent le veau d'or à Béthel ? que ce fut après avoir dansé qu'une infame créature demanda la tête de saint Jean-Baptiste ? Je prendrai ce soir ce chapitre de la Bible pour le texte de votre instruction, puisque je vois que vous en avez besoin. Il aurait mieux valu qu'elle se fût brisé les deux jambes que de les employer à cet exercice profane ; il aurait mieux valu pour elle qu'elle fût née estropiée, et qu'on l'eût portée, demandant l'aumône, de porte en porte, comme la vieille Bessie Bowie, que d'être la fille d'un roi, vivant comme elle a vécu dans les danses et les folies. Je bénis Dieu (avec le digne Pierre Walker, le colporteur de Bristo-Port (1), d'avoir tellement disposé de mon sort pendant mes jours de danse (2), que le danger de ma tête et de mon cou, et la peur de la corde sanglante et de la balle rapide, du tranchant de l'épée, de la botte (3) et des poucettes, du froid et de la faim, du sec et de l'humide, arrêtèrent la légèreté de ma tête et la folle agitation de mes pieds. Et maintenant, indignes filles, si jamais je vous entends prononcer ce mot de danse, si vous songez seulement qu'il existe des joueurs de cornemuse et de violon, je vous renonce pour mes filles, et n'ai plus rien de commun avec vous, comme il est vrai que l'ame de mon père est avec celles des justes. Allons, allons, mes poulettes, ajouta-t-il d'un ton radouci, en voyant quelques larmes s'échapper des yeux de ses deux filles, et surtout de ceux d'Effie, rentrez, rentrez ; nous prierons la grace du ciel de nous préserver de toutes ces folies profanes, qui engendrent le péché et servent le royaume de ténèbres contre le royaume des lumières.

(1) Ce Patrick ou Pierre Walker était un colporteur qui avait souffert la *persécution des saints* avec Caméron et les autres martyrs du presbytérianisme. Après la révolution il s'établit dans Bristo-Street, à Édimbourg, où il composa et vendit de *Pieuses Biographies*. L'exclamation de Deans est ici empruntée presque mot pour mot à la vie de Caméron par Walker. — Éd.

(2) Les jours où j'aurais pu danser. — Éd.

(3) Voyez la description de cet instrument de torture dans le IIIe vol. des *Puritains d'Écosse*. — Éd.

Les intentions de David Deans étaient fort bonnes, mais il avait mal choisi son temps pour faire cette remontrance à ses filles ; il opéra une diversion dans les sentimens d'Effie, et la confidence qu'elle était sur le point de faire à sa sœur resta renfermée dans son sein. — Elle me regarderait comme la boue de ses souliers, pensa-t-elle, si je lui disais que j'ai dansé avec *lui* quatre fois sur la prairie et une fois chez Maggie Macqueen. Peut-être même en parlerait-elle à mon père, et elle deviendrait maîtresse absolue. Mais je n'irai plus ; je ferai un pli à un feuillet de ma bible, ce sera comme si je faisais un serment. Non ! bien certainement, je n'irai plus. Elle tint toute une semaine la promesse qu'elle s'était faite ; mais, pendant tout ce temps, elle fut de mauvaise humeur, triste, maussade ; ce qu'on n'avait jamais remarqué en elle, si ce n'est dans de courts instans de contrariété.

Ce changement avait un air de mystère qui inquiéta d'autant plus la prudente et bonne Jeanie, qu'elle aurait cru mal agir avec sa sœur en faisant part à son père de ses alarmes, qui pouvaient n'avoir d'autre cause que sa propre imagination, peut-être trop prompte à s'effrayer. D'ailleurs, son respect pour le bon vieillard ne l'empêchait pas de voir que sur tout ce qui tenait aux principes religieux, il était opiniâtre et absolu, et qu'il portait la haine des amusemens les plus innocens au-delà de ce qu'exigeaient la raison et la religion. Elle savait que, s'il était instruit des promenades qu'Effie avait recommencé à faire presque tous les soirs, il voudrait en savoir la cause, et les lui interdirait trop sévèrement peut-être ; que sa sœur, accoutumée à jouir d'une liberté illimitée, ne pourrait souffrir de se trouver gênée dans ses volontés ; que si elle s'habituait à mépriser les ordres de son père dans un seul point, elle finirait bientôt par les enfreindre dans tous, et qu'il en résulterait plus de mal que de bien. Dans le grand monde, une jeune fille, quelque légère qu'elle puisse être, se trouve restreinte par l'étiquette ; elle est sous la surveillance d'une maman et d'un chaperon (1); mais la jeune villageoise qui, dans l'intervalle de ses travaux, saisit un instant de plaisir, n'a que ses propres principes pour la retenir : c'est ce qui rend quelquefois ces amusemens dangereux. Toutes ces réflexions se présentaient à l'esprit de Jeanie, et la plongeaient dans l'incertitude sur la conduite qu'elle devait tenir à l'égard de sa sœur ; mais il arriva une circonstance qui mit fin pour quelque temps à ses inquiétudes.

Mistress Saddletree, avec qui mes lecteurs ont déjà fait connaissance, était parente éloignée de David Deans, qui l'estimait parce que c'était une femme d'une vie exemplaire, et un digne membre de l'Église presbytérienne ; il avait donc toujours existé une sorte de liaison entre les deux familles. Cette digne dame, grace aux soins de laquelle le commerce de son mari était dans un état florissant, était venue faire une visite à Saint-Léonard, environ un an avant l'époque à laquelle se rattache le commencement de notre histoire ; elle avait besoin d'une servante, ou plutôt d'une fille de boutique. — M. Saddletree, dit-elle, n'est jamais dans sa boutique toutes les fois qu'il peut mettre le nez dans Parliament-House. C'est une chose embarrassante pour un corps

---

(1) *Chaperone* ; c'est le vieux mot français *chaperon* signifiant une *duègne*, une femme accompagnant une demoiselle. — Éd.

de femme d'être debout au milieu des paquets de cuir, vendant des selles et des brides; et j'ai jeté les yeux sur ma petite cousine Effie Deans, qui est tout juste l'espèce de fille qui peut me servir à ne pas perdre contenance dans ces occasions.

Cette proposition plut beaucoup sous un certain rapport au vieux David. Sa fille apprendrait un commerce honnête; elle serait logée et nourrie, recevrait des appointemens, et se trouverait sous les yeux de mistress Saddletree, qui marchait dans le droit chemin, et dont la maison était voisine de l'église de la prison, desservie par un ministre dont le genou n'avait pas fléchi devant Baal, selon l'expression de Deans, c'est-à-dire qui n'avait pas prêté le serment exigé des ministres écossais, depuis la réunion de l'Écosse à l'Angleterre, quoiqu'on fermât souvent les yeux sur le refus que quelques-uns faisaient de le prêter. Tout occupé de l'avantage qu'aurait Effie d'entendre la saine doctrine sortir d'une bouche si pure, il ne songeait nullement aux dangers que pouvait courir une fille jeune, jolie, et d'un caractère volontaire, au milieu de la corruption d'une grande ville. La seule chose qu'il regrettât était qu'elle eût à vivre sous le même toit qu'un homme mondain comme Bartholin Saddletree, qu'il était bien loin de regarder comme un ignorant, mais à qui il supposait au contraire toutes les connaissances en jurisprudence que le sellier prétendait avoir, ce qui était un motif pour qu'il le vît de plus mauvais œil; les avocats, les procureurs, et tout ce qui tenait à l'ordre judiciaire s'étant toujours montrés les plus empressés à seconder le gouvernement dans toutes les mesures prises relativement au serment qui faisait une des plaies de l'Église presbytérienne : et c'était, suivant David Deans, usurper les droits du sanctuaire, anéantir sa liberté. Il eut de longues conférences avec sa fille pour lui démontrer le danger que courait son ame si elle écoutait les doctrines d'un profane tel que Saddletree, et si elle venait à tomber dans quelque erreur de dogme religieux; mais il ne pensa nullement à lui recommander d'éviter la mauvaise compagnie, de ne pas se livrer à trop de dissipation, et de conserver soigneusement son innocence; points sur lesquels bien des pères à sa place auraient cru devoir particulièrement insister.

Jeanie se sépara de sa sœur avec un mélange de regrets, de craintes et d'espérances. Ses inquiétudes pour Effie n'étaient pas les mêmes que celles de son père : elle l'avait examinée de plus près, connaissait mieux son caractère, et pouvait apprécier plus exactement les tentations auxquelles elle était exposée. D'une autre part, mistress Saddletree était une femme d'une conduite exemplaire, attentive, soigneuse; elle aurait le droit d'exercer sur Effie l'autorité d'une maîtresse, et elle le ferait sans doute avec prudence et discrétion. Le départ de sa sœur pour Édimbourg servirait à rompre quelques mauvaises connaissances qu'elle la soupçonnait d'avoir faites dans les environs; ainsi donc Jeanie finit par se réconcilier avec l'idée de la voir partir de Saint-Léonard, et ce ne fut qu'au moment des derniers adieux, où elle quitta pour la première fois de sa vie une sœur tendrement chérie, qu'elle sentit toute la douleur que lui causait cette séparation. Tandis que les deux sœurs s'embrassaient tendrement, elle saisit cet instant d'attendrissement pour recommander à Effie de veiller attentivement sur elle-même pendant son séjour dans la capitale. Effie l'écoutait en versant des larmes, sans lever les yeux sur elle, et elle lui promit, en l'embrassant encore, de ne jamais oublier ses bons avis.

Pendant la première quinzaine, Effie fut tout ce qu'avait espéré sa parente, et même mieux. Mais, avec le temps, la ferveur de son zèle se refroidit. Pour citer encore le poète qui peint si bien et si exactement les mœurs actuelles (1) :

> Il se passait, disait-on, quelque chose.
> Qu'était-ce donc ? On ne le disait pas ;
> On chuchotait, on se parlait tout bas.
> Tout se saura ; mais à présent nul n'ose
> De tous ces bruits deviner le secret.

Pendant ce temps-là, mistress Saddletree était souvent mécontente d'Effie, parce que, lui donnait-on une commission à faire dans la ville, elle y employait trois fois le temps qui aurait été nécessaire, et elle montrait de l'humeur et de l'impatience si on lui en faisait l'observation. Mais mistress Saddletree l'excusait ; il était bien naturel à une jeune fille pour qui tout était nouveau dans Édimbourg de s'amuser un peu à regarder tout ce qui frappait les yeux, et c'était une enfant gâtée, accoutumée à suivre ses volontés, qui n'était pas encore soumise à la discipline domestique ; on n'apprend pas tout de suite à être attentive et douce. Mais patience, pensait-elle, avec le temps cela viendra : on n'a pas bâti Holy-Rood en un jour.

Il semblait que la prévoyante dame eût deviné juste.

(1) Le poète Crabbe. — ÉD.

Au bout de trois mois, Effie parut ne plus songer à autre chose qu'à accomplir tous ses devoirs ; mais elle ne s'en acquittait plus avec cet air riant et enjoué qui avait d'abord frappé tout le monde. On la voyait souvent verser des pleurs qui annonçaient un secret chagrin, quoiqu'elle cherchât à les cacher dès qu'elle s'apercevait qu'on les remarquait. Ses yeux perdirent leur éclat, les couleurs de ses joues s'évanouirent, et sa démarche devint pesante et embarrassée. De pareils symptômes n'auraient pu faire prendre le change sur leur cause à l'œil éclairé de mistress Saddletree ; mais, pendant les derniers mois qu'Effie demeura chez elle, une maladie l'obligea de garder la chambre, de manière qu'elle n'eut que peu ou point d'occasions de la voir. La mélancolie d'Effie et son abattement augmentèrent encore pendant le dernier mois ; elle se livrait même quelquefois à des accès de désespoir, sans que Bartholin Saddletree s'aperçût de rien, si ce n'est des erreurs fréquentes qu'elle commettait dans sa boutique, ce qui le força de donner aux affaires de son commerce des soins qui n'étaient pas compatibles avec son goût pour le barreau. Aussi perdit-il toute patience avec elle, et lui déclara-t-il dans son latin de légiste, sans beaucoup de respect pour les genres, qu'il fallait qu'elle fût *naturaliter fatuus et furiosus idiota* (1), et qu'on devrait la traduire devant un jury, pour décider s'il ne faudrait pas l'enfermer à Bedlam. Les voisins et les domestiques observaient, avec une curiosité maligne et une compassion méprisante, le changement survenu dans la taille et dans la santé de cette fille, naguère si jolie et encore

---

(1) Naturellement sotte et furieusement idiote. — Tr.

intéressante; mais elle n'accorda sa confiance à personne, répondant aux railleries par des sarcasmes, et aux questions sérieuses par un désaveu formel ou par un déluge de pleurs.

Enfin, quand la santé de mistress Saddletree fut sur le point de lui permettre de reprendre ses occupations ordinaires dans la maison et dans la boutique, Effie, soit qu'elle craignît que sa maîtresse ne lui fît subir un interrogatoire pressant, soit que d'autres raisons pour s'absenter devinssent urgentes, demanda à Bartholin la permission d'aller passer quelques semaines chez son père, donnant pour motif de cette absence le mauvais état de sa santé, et le désir d'essayer si le repos et le changement d'air pourraient la rétablir. Saddletree, qui avait des yeux de lynx pour les distinctions les plus subtiles de la jurisprudence, était aveugle comme un professeur de mathématiques hollandais dans tout ce qui concerne les affaires ordinaires de la vie; il ne soupçonna rien, ne lui fit aucune question, et lui accorda la permission qu'elle demandait.

Malheureusement pour elle, il existait des gens plus clairvoyans, qui n'avaient nul doute sur l'état où elle se trouvait, et qui apprirent qu'il s'était passé un intervalle de huit jours entre son départ de chez Saddletree et son retour à Saint-Léonard, voyage qui n'exigeait pas plus d'une heure. Jeanie en apercevant Effie crut voir l'ombre de cette sœur si fraîche, si gaie, si charmante, qui avait quitté la maison de son père il n'y avait guère plus d'un an. Depuis plusieurs mois les deux sœurs ne s'étaient pas vues. Les affaires de la boutique avaient servi de prétexte à Effie pour ne point aller à Saint-Léonard, et les occupations de Jeanie, maintenant qu'elle était seule avec son père, ne lui laissaient guère le loisir d'aller à la ville. La retraite dans laquelle vivaient les paisibles habitans de Saint-Léonard avait empêché que les bruits de la médisance ne parvinssent jusqu'à eux. Jeanie fut donc épouvantée de l'état dans lequel elle revit sa sœur : elle lui fit les questions les plus pressantes, auxquelles celle-ci fit d'abord des réponses incohérentes et évasives ; enfin elle se trouva mal, l'affreuse vérité ne put plus se cacher, et Jeanie fut réduite à la cruelle alternative d'annoncer à son père la nouvelle désespérante du déshonneur de sa sœur, ou de chercher à la lui cacher. Elle la pressa de lui apprendre le nom et le rang de son séducteur, et demanda ce qu'était devenu l'enfant auquel elle avait donné le jour. A toutes ces questions Effie demeurait silencieuse comme le tombeau vers lequel elle paraissait descendre rapidement ; bien plus la moindre allusion à ce sujet lui occasionait de nouveaux accès de désespoir.

Jeanie désolée se proposait d'aller chez mistress Saddletree, où elle espérait obtenir quelques lumières sur cette affaire mystérieuse, et lui demander des conseils sur ce qu'elle devait faire ; mais cette démarche devint inutile par un nouveau coup du destin qui mit le comble à l'affliction de cette malheureuse famille.

David Deans en rentrant avait été surpris et alarmé de l'état dans lequel il avait trouvé Effie. L'arrivée du laird Dumbiedikes, qui venait faire sa visite journalière, et l'adresse de Jeanie, qui chercha à attirer son attention sur d'autres objets, l'empêchèrent de questionner sa fille sur la cause du changement effrayant qu'il voyait en elle, quoiqu'il fût loin d'en rien soupçonner. Ce fut donc un vrai coup de foudre pour le bon vieillard, quand une demi-heure après son arrivée il vit entrer chez lui des hôtes qu'il n'attendait guère; c'était des officiers de justice porteurs d'un mandat de la cour criminelle, pour chercher et appréhender Euphémie ou Effie Deans, comme prévenue du crime d'infanticide. Un coup si terrible ne put être supporté par un homme qui dans sa jeunesse avait bravé la tyrannie civile et militaire, quoique entouré de persécutions, de tortures et d'échafauds. Il tomba privé de tout sentiment; et les officiers de justice, peut-être par humanité, pour lui épargner une scène déchirante, profitèrent du moment où il était sans connaissance pour s'emparer de leur victime, et la mirent dans une voiture qu'ils avaient amenée avec eux. Les secours que Jeanie prodiguait à son père ne l'avaient pas encore rappelé à la vie quand le bruit des roues l'avertit qu'on emmenait sa malheureuse sœur. Elle se précipita à la porte en poussant de grands cris, mais elle fut arrêtée par quelques voisines que l'arrivée du carrosse avait attirées, spectacle qui n'était pas ordinaire à Saint-Léonard. L'affliction de ces bonnes femmes, sincèrement attachées à cette famille infortunée, fut presque aussi vive que celle du père et de la sœur; le laird lui-même se sentit ému à un point qu'on aura peine à croire. — Jeanie, s'écria-t-il en faisant sonner une bourse bien remplie, ne vous désolez point, Jeanie, l'argent remédie à tout.

Le vieillard venait de reprendre ses sens; on l'avait assis sur un fauteuil; jetant autour de lui des regards égarés, comme s'il eût cherché quelque chose qui lui manquait, et retrouvant le souvenir de ses malheurs: — Où est-elle? s'écria-t-il d'une voix qui fit retentir la chambre, où est la misérable qui a déshonoré mes cheveux blancs? où est celle qui n'a plus de place parmi les élus ; mais qui est venue ici souillée de ses crimes, comme le mlin esprit au mailieu des enfans de Dieu? Amenez-la-moi, Jeanie, que je l'anéantisse d'un mot et d'un regard !

Chacun s'empressait de lui prodiguer des secours et des consolations : le laird faisait sonner sa bourse, Jeanie brûlait des plumes devant lui, ou lui faisait respirer du vinaigre, et les voisines lui disaient : — Allons, voisin Deans, allons, c'est une cruelle épreuve sans doute; mais songez au rocher des siècles, songez aux promesses de l'Écriture.

— J'y songe aussi, voisines, et je remercie Dieu de pouvoir y songer au milieu de la ruine et du naufrage de tout ce que j'avais de plus cher; mais être le père d'une débauchée, d'une sanguinaire Zipporach... Oh! quel triomphe pour les épiscopaux et tous les hérétiques, de voir mon sang aussi impur que le leur! Oui, voisines, je suis triste, triste au fond de l'ame pour le crime de l'enfant de ma vieillesse; mais je le suis encore davantage à cause du scandale qui va en résulter pour tous les fidèles.

— David, dit le laird en lui montrant sa bourse verte, l'argent n'y peut-il rien?

— Dumbiedikes, répondit le vieillard, j'aurais donné de bon cœur tout ce que je possède au monde pour éviter qu'elle ne tombât dans le piège qui lui a été tendu par l'ennemi du salut; j'aurais consenti à sortir de chez moi, un bâton à la main, et à mendier mon pain pour l'amour de Dieu; j'aurais donné ma vie pour sauver son ame. Mais s'il ne fallait qu'un dollar, que la vingtième partie d'un dollar pour l'arracher au sort honteux, à la punition publique qu'elle a méritée, je n'en ferais pas le sacrifice. Non ! un œil pour un œil, une dent pour une dent, la vie pour la vie, le sang pour le sang, c'est la loi des hommes, et c'est celle de Dieu. Mais qu'on me laisse, qu'on me laisse seul; c'est dans la solitude, c'est à genoux que je dois demander au ciel la force de supporter cette épreuve.

Jeanie, retrouvant un peu de présence d'esprit, fit la même prière que son père; et le laird se retira ainsi que les voisines. Le lendemain trouva Deans et sa fille plongés dans la même affliction; mais le vieillard, inspiré par l'orgueil de sa piété, supportait avec un austère courage le poids de l'adversité, et Jeanie imposait silence à sa douleur, de crainte d'éveiller celle de son père.

Telle était la situation de cette famille infortunée, le matin qui suivit la mort de Porteous, époque à laquelle nous sommes maintenant arrivés.

CHAPITRE XI.

> « Où sont-ils donc ces instans pleins de charmes,
> » Où, confondant nos plaisirs et nos larmes,
> » Nos cœurs cherchaient querelle au temps jaloux
> » Qui séparait deux sœurs dont la tendresse
> » Était alors le trésor le plus doux !
> » As-tu, ma sœur, oublié ta promesse ? »
>
> SHAKSPEARE. *Le Songe d'une nuit d'été.*

Nous avons été bien long-temps pour conduire Butler à la porte de la ferme de Saint-Léonard, où nos lecteurs se doutent bien maintenant qu'il se rendait quand nous l'avons abandonné pour faire la narration qui précède. Ils en ont pourtant fait la lecture en moins de temps qu'il n'en passa sur les rochers de Salisbury, le matin qui suivit l'insurrection terminée par la mort de Porteous. Il avait ses motifs pour ce délai : d'abord le besoin de calmer l'agitation dans laquelle il avait été jeté par les événemens dont il venait d'être témoin, et par la nouvelle qu'il avait apprise de la situation dans laquelle se trouvait la sœur de Jeanie : ensuite, à cause de ses rapports avec la famille, il voulait choisir le moment pour arriver chez Deans, et il avait résolu de ne s'y montrer que vers huit heures, c'est-à-dire à l'instant où il déjeunait d'habitude.

Jamais le temps ne lui avait paru s'écouler si lentement : il entendit la grosse cloche de Saint-Gilles sonner successivement toutes les heures, qui étaient répétées ensuite par toutes les autres horloges de la ville. Enfin il compta sept heures, et il crut alors qu'il pouvait commencer à s'approcher de la demeure de David Deans, dont il n'était guère qu'à un mille de distance. Il descendit donc du haut des rochers escarpés de Salisbury dans l'étroite vallée qui les sépare des petites montagnes qui portent le nom de Saint-Léonard. C'est, comme peuvent le savoir quelques-uns de mes lecteurs, une vallée sauvage, déserte, couverte d'énormes fragmens de pierres, détachés par le temps de la cime des rochers qui la bordent du côté de l'est (1).

Cet endroit écarté, comme plusieurs autres dans le Parc du roi, servait souvent de rendez-vous aux braves du temps qui avaient quelque affaire d'honneur qu'ils ne pouvaient régler que l'épée à la main. Les duels étaient alors très-fréquens en Écosse; car la noblesse était oisive, orgueilleuse, vindicative, adonnée à la boisson, et ne manquait jamais de causes de querelles, ni d'envie de les vider par un combat singulier. L'épée, qui faisait toujours partie du costume d'un gentilhomme, était alors la seule arme dont on fît usage en pareil cas. Quand donc Butler aperçut un jeune homme qui semblait se cacher entre les débris de ro-

(1) Voyez la vignette du titre de ce volume.

chers épars çà et là dans la vallée, comme s'il eût craint d'être vu, il crut assez naturellement qu'il venait dans ce lieu solitaire pour un rendez-vous de cette nature, et cette idée s'empara tellement de son esprit, qu'il craignit de manquer à son devoir, comme membre de l'Église d'Écosse, s'il passait près de lui sans lui parler.

— Il y a des momens, pensa-t-il, où la moindre intervention suffit pour détourner du mal; où un seul mot dit à propos a plus de force pour prévenir un malheur, que toute l'éloquence d'un Cicéron n'en aurait pour le réparer. Et quant à mes propres chagrins, ils me sembleront plus faciles à supporter, s'ils ne me détournent pas de l'accomplissement de mes devoirs.

D'après ce raisonnement, il quitta le sentier qu'il suivait, et s'avança du côté de l'inconnu. Celui-ci prit le chemin de la montagne comme pour éviter Butler; mais voyant qu'il le suivait, il se retourna brusquement, et s'avança vers lui comme pour braver son regard scrutateur.

Comme ils étaient à quelque distance l'un de l'autre, Butler eut le temps d'examiner ses traits : il paraissait avoir environ vingt-cinq ans. Il aurait été difficile de juger du rang qu'il tenait dans le monde d'après ses vêtemens; les jeunes gens bien nés en portaient souvent de semblables pour leurs courses du matin; mais comme l'étoffe n'en était pas très-chère, beaucoup de clercs et de commis-marchands avaient adopté le même costume. On ne pouvait cependant pas croire que l'inconnu fût vêtu d'une manière au-dessus de sa condition; on aurait plutôt pensé que ses vêtemens n'y répondaient pas; car il avait l'air fier et hautain, le regard assuré, la démarche hardie, et des manières qui semblaient dire qu'il pouvait réclamer la supériorité sur les autres. Sa taille était au-dessus de la moyenne, tous ses membres bien proportionnés, et sa figure très-agréable; tout son extérieur aurait intéressé et prévenu en sa faveur, sans cette expression indéfinissable que donne à la physionomie l'habitude de la dissipation, et s'il n'avait eu dans son air et dans ses gestes cette audace qui souvent n'est qu'un masque que prend la crainte.

Ils se regardèrent l'un l'autre en se rencontrant. L'étranger, portant la main à son chapeau, continuait son chemin en silence, quand Butler, l'ayant salué à son tour, lui dit: — Voilà une belle matinée, monsieur. Vous êtes de bonne heure sur ces hauteurs.

— J'ai affaire ici, répondit le jeune homme d'un ton qui n'invitait pas à continuer la conversation.

— Je n'en doute pas, monsieur, reprit Butler, et vous me pardonnerez si j'ajoute que j'espère que cette affaire est de nature à ne pas être réprouvée par les lois.

— Monsieur, répondit l'inconnu d'un ton de surprise et de mécontentement, je ne pardonne jamais une impertinence; et je ne conçois pas à quel titre vous vous arrogez le droit de vous mêler de ce qui ne vous regarde en rien.

— Je suis soldat, monsieur, dit Butler, et je suis chargé d'arrêter, au nom de mon Maître, ceux qui méditent des projets criminels.

— Soldat! s'écria l'étranger en reculant d'un pas en arrière, et en portant la main sur la garde de son épée : soldat déguisé! chargé de m'arrêter! vous estimez donc bien peu votre vie pour vous charger d'une telle commission.

— Vous ne me comprenez pas, monsieur, dit Butler

d'un air grave, ni ma profession guerrière, ni mon *Warrant* ne sont de ce monde; je suis un ministre de l'Évangile, et j'ai reçu de mon Maître le droit de recommander aux hommes la paix sur la terre conformément aux préceptes de l'Évangile.

— Un ministre! dit l'inconnu avec un sourire méprisant : je sais que les gens de votre robe s'arrogent en Écosse le droit étrange de se mêler des affaires particulières ; mais j'ai voyagé, et je ne me laisse pas mener par les prêtres.

— S'il est vrai, monsieur, qu'il existe des gens de ma robe, ou, comme vous auriez pu le dire plus décemment, de ma vocation, qui se mêlent des affaires des autres pour satisfaire leur curiosité, ou par des motifs encore plus condamnables, vous ne pouviez recevoir chez l'étranger une leçon plus sage que d'apprendre à les condamner. Mais je suis appelé à travailler à la moisson de mon Maître, et j'aime mieux m'attirer votre mépris en parlant, que les reproches de ma conscience en gardant le silence.

— Au nom du diable! s'écria le jeune homme avec emportement, dites-moi donc ce que vous avez à me dire; pour qui me prenez-vous? Quelle affaire avez-vous avec moi? Ne vous suis-je pas étranger? Connaissez-vous mes actions et mes projets? je ne conçois rien à votre conduite ni à vos discours!

— Vous avez le projet de violer une des lois les plus sages de votre pays; une loi, ce qui est bien pis encore, que Dieu lui-même a gravée dans nos cœurs, et à laquelle il nous est impossible de contrevenir sans que tous nos nerfs tressaillent.

— Et de quelle loi parlez-vous?

— De celle qui dit : TU NE TUERAS POINT! répondit Butler d'un ton grave et solennel.

L'inconnu parut violemment agité. Butler crut avoir produit sur son esprit une impression favorable, et résolut d'achever son ouvrage. — Pensez, jeune homme, dit-il en lui appuyant la main sur le bras, pensez dans quelle terrible alternative vous vous placez! donner la mort ou la recevoir! Pouvez-vous songer à paraître devant un Dieu offensé, le cœur encore plein du désir d'immoler votre frère? Supposez que vous ayez le malheur non moins grand de sacrifier votre adversaire à votre vengeance, Dieu ne vous imprimera-t-il pas un signe sur le front comme à Caïn, comme au premier fratricide? un signe qui frappe d'horreur quiconque l'aperçoit; un signe qui dénonce le meurtrier à quiconque le regarde? Songez.....

— Vos avis sont excellens, monsieur, dit l'inconnu en retirant son bras; mais vous les prodiguez en pure perte. Je ne suis pas venu ici avec de mauvaises intentions contre qui que ce soit. Je puis avoir commis bien des fautes. — Ne dites-vous pas, vous autres prêtres, que tous les hommes en commettent? Bien loin de vouloir attaquer la vie de personne, je ne suis ici que pour sauver les jours d'une victime de l'injustice. Si, au lieu de vous amuser à parler de ce que vous ne connaissez point, vous voulez faire une bonne action, une œuvre réellement méritoire, je vais vous en donner l'occasion. Voyez-vous là-bas sur la droite cette petite colline, au-dessus de laquelle on distingue les cheminées d'une maison située de l'autre côté? Rendez-vous à cette habitation; demandez-y Jeanie Deans, et dites-lui en secret, vous m'entendez! en secret, que *celui qu'elle sait bien* l'a attendue ici depuis la pointe du jour, jusqu'à ce moment; mais qu'il ne peut l'y attendre davantage. Vous ajouterez qu'*il faut* qu'elle vienne me trouver cette nuit dans la Fondrière du Chasseur, dès que la lune se montrera derrière le mont Saint-Antoine, ou que dans mon désespoir elle me rendra capable de tout.

— Et qui donc êtes-vous? s'écria Butler, étrangement et peu agréablement surpris. — Qui êtes-vous, pour me donner une pareille commission?

— Je suis... je suis le diable, répondit précipitamment l'étranger.

Butler fit deux pas en arrière par instinct, et se recommanda à Dieu intérieurement. Malgré son instruction, on ne pouvait exiger de lui qu'il eût l'esprit élevé au-dessus des préjugés de son siècle et de son pays, où l'on regardait comme infidèle et comme athée quiconque ne croyait pas aux spectres et aux sorciers.

— Oui, continua l'inconnu sans prendre garde à son émotion, donnez-moi le nom de Belzébuth, d'Astaroth, ou de tel autre des esprits infernaux des sphères inférieures ou supérieures que vous voudrez choisir; vous ne trouverez pas un nom qui soit plus odieux à celui qui le porte, que le mien ne l'est à moi-même.

Il parlait ainsi avec le ton d'amertume d'un homme à qui sa conscience fait des reproches auxquels il ne peut se soustraire, et sa physionomie avait pris une expression effrayante. Butler ne manquait pas de fermeté, mais il en fut ému et interdit.

L'étranger, après avoir parlé ainsi, fit quelques pas pour s'éloigner. Tout à coup il se retourna, revint près de Butler, et lui dit d'un ton fier et impérieux: — Je vous ai répondu; je vous ai dit qui je suis, ce que je suis.

Répondez-moi, à votre tour. Qui êtes-vous? Quel est votre nom?

— Butler, répondit-il; la surprise d'une question si subite, et le ton dont elle était faite lui ayant arraché cette réponse avant qu'il eût pu réfléchir s'il était convenable qu'il la fît : Reuben Butler, ministre de l'Évangile !

— Butler ! répéta l'inconnu en enfonçant son chapeau sur ses yeux, Butler; sous-maître d'école à Libberton?

— Lui-même, répondit celui-ci d'un air calme.

L'étranger porta les deux mains à son front, comme frappé d'une réflexion soudaine, fit quelques pas pour s'éloigner, se retourna, et voyant que Butler le suivait des yeux, lui cria d'une voix ferme, mais qui semblait calculée de manière à arriver aux oreilles du jeune ministre, sans pouvoir être entendue trois pas plus loin :
— Passez votre chemin, et exécutez mes ordres. Ne cherchez pas à voir ce que je deviendrai; je ne descendrai pas dans les entrailles de la terre, et je ne m'enlèverai point sur une colonne de feu; mais l'œil qui oserait suivre mes mouvemens aurait à regretter de n'avoir pas été frappé d'aveuglement. Partez, ne regardez pas derrière vous, et dites à Jeanie Deans que je l'attends dès que la lune se lèvera, au *Cairn* (1) de Nicol Muschat, près la chapelle de Saint-Antoine.

Après avoir ainsi parlé, il prit le chemin de la montagne, et s'éloigna d'un pas aussi précipité que son ton avait été impérieux.

Saisi de la crainte vague de quelques nouveaux mal-

(1) On appelle *Cairn* en Écosse un tas de pierres. Ce sont souvent des indications de tombeaux. — Éd.

heurs, désespéré qu'il existât un homme qui pût envoyer à l'objet de toute son affection, à celle qu'il regardait comme sa fiancée, un message si extraordinaire, et conçu en termes si impératifs, Butler doubla le pas pour arriver à Saint-Léonard, afin de s'assurer jusqu'à quel point cet être singulier avait droit de faire à Jeanie une demande qu'aucune jeune fille prudente et modeste ne paraissait pouvoir accorder.

Butler n'était naturellement ni jaloux ni superstitieux; cependant les sentimens qui nous disposent à devenir l'un ou l'autre existaient dans son cœur, comme dans celui de la généralité des hommes : il était désolant pour lui de penser qu'un libertin licencieux, tel que semblait être l'inconnu par ses manières et son ton, avait le pouvoir de commander à celle qui devait être un jour son épouse, à celle qu'il aimait si fidèlement, de se rendre à un lieu si écarté et à une heure si peu convenable. Cependant l'accent de cet homme ne ressemblait en rien à cette douce demi-voix d'un séducteur qui sollicite un rendez-vous. Cet accent était fier, hautain, impérieux, et il exprimait moins l'amour que la menace et le désir d'effrayer.

Les suggestions de la superstition auraient paru plus naturelles si Reuben y avait été accessible.—Était-ce là le lion rugissant, qui rôde pour chercher une proie à dévorer (1) ?—C'était une question qui se présenta à l'esprit de Brutler plus vivement qu'on ne peut le concevoir dans le temps présent. Ce regard fier, ces manières brusques, cette voix dure par saccades, et cependant soigneusement contenue, — ces traits dont la beauté

---

(1) *Circuit, Quærens Ico quem devoret.* — ED.

régulière était tour à tour obscurcie par l'orgueil, altérée par la méfiance, et comme enflammée par la colère, — ces yeux noirs que l'inconnu cachait quelquefois en abaissant les bords de son chapeau, comme s'il n'eût pas voulu qu'on les observât pendant qu'il observait ceux des autres; — ces yeux où l'on remarquait tantôt le trouble et la tristesse, tantôt le mépris, tantôt le feu de la fureur ; —..... étaient-ce bien les passions d'un simple mortel que ces manières, ces traits, ces regards exprimaient, ou les émotions d'un démon qui cherche vainement à dissimuler ses funestes projets sous le masque emprunté d'une beauté humaine. Il y avait dans le maintien, le langage, les traits de l'inconnu, quelque chose de l'archange tombé, et quelque imparfaite qu'ait pu être notre description, l'effet de cette entrevue sur Butler, agité déjà par les horribles scènes de la précédente nuit, fut plus grand que ne l'auraient voulu son jugement et son secret orgueil.

Le lieu même où il avait rencontré ce singulier personnage était en quelque sorte souillé et profané par les duels et les suicides, et l'endroit fixé pour un rendez-vous à une heure si avancée de la nuit passait généralement pour maudit depuis un meurtre épouvantable et barbare qui y avait été commis sur la personne de sa femme par le misérable qui lui avait donné son nom. C'était dans de tels lieux, suivant la croyance de cette époque (où les lois contre les sorciers étaient encore en vigueur, et avaient été même récemment invoquées), c'était dans de tels lieux que les malins esprits avaient le pouvoir de se rendre visibles aux yeux mortels et d'exercer leur influence sur le cœur et les sensations de l'homme. Des soupçons fondés sur ces considérations assaillirent l'ame de Butler, nullement préparé, dans ce moment de surprise, à nier ce que croyaient toutes les personnes de son temps, de son pays et de sa profession. Mais son bon sens rejetait ces vaines idées comme inconciliables, sinon avec le cours des choses possibles, du moins avec les lois générales qui gouvernent l'univers ; — et Butler se dit que toute déviation de ces lois ne peut être admise que sur l'évidence la plus irrécusable. — Mais comment un amant mortel, ou un jeune homme, n'importe par quelle cause, avait-il le droit d'exercer une autorité si absolue sur celle qui était l'objet de son affection, affection éprouvée depuis long-temps, affection partagée en apparence par elle avec sincérité? — Certes il y avait encore dans cette alternative de quoi accabler l'esprit de Butler, autant que dans les idées que lui suggérait la superstition.

Épuisé de fatigue, troublé par tant d'inquiétudes déchirantes, de doutes et de souvenirs pénibles, Butler se traîna depuis le vallon jusqu'aux rochers de Saint-Léonard, et se présenta à la porte de Deans avec des sentimens qui se rapprochaient beaucoup des craintes et des réflexions désolantes des habitans du cottage.

CHAPITRE XII.

> « Elle étendit alors sa main de lis,
> « Et lui dit d'une voix émue :
> » Va, je te rends les sermens que tu fis ;
> » Puisse à ton cœur la paix être rendue. »
> *Ancienne ballade.*

Butler frappa à la porte. — Entrez, répondit la voix qu'il avait le plus de plaisir à entendre.

Il leva le loquet, et se trouva sous le toit de l'affliction. Jeanie n'eut le courage que de fixer un instant les yeux sur son amant, qu'elle revoyait dans des circonstances si pénibles et si humiliantes. On sait combien les Écossais attachent de prix aux relations de famille. — Être né d'honnêtes gens —, c'est-à-dire de parens auxquels on ne peut faire le moindre reproche, est un avantage dont le peuple de ce pays est aussi fier que les nobles le sont d'une antique origine. L'estime et le respect qu'un individu mérite par sa conduite rejaillissent sur toute sa famille, et semblent garantir que tous les membres qui la composent ont droit à inspirer les mêmes sentimens. Au contraire, une tache semblable à celle qui venait de tomber sur une des filles de Deans s'étendait sur tout ce qui tenait à elle par les liens du sang, et Jeanie se sentait humiliée pour cette raison à ses propres yeux et à ceux de l'homme qui l'aimait. C'était en vain qu'elle cherchait à combattre ce sentiment, et qu'elle s'accusait d'égoïsme, au milieu des malheurs de sa sœur, dont elle aurait voulu s'occuper uniquement : la nature l'emportait, et les larmes amères qu'elle versait coulaient en même temps pour l'infortune et le danger de sa sœur, et pour son propre déshonneur.

Butler en entrant aperçut le vieux Deans assis près du feu, tenant en main une petite Bible bien usée, compagne des dangers de sa jeunesse, son soutien dans les persécutions, et qui lui avait été léguée sur l'échafaud par un des martyrs qui, en 1686, scellèrent de leur sang les principes d'un fanatisme enthousiaste. Les rayons du soleil, pénétrant par une petite fenêtre derrière le vieillard, et — « brillant en atomes lumineux à travers la fumée (1) », pour nous servir de l'expression d'un poète écossais de cette époque, répandaient une auréole de lumière sur les cheveux blancs de ce père malheureux et sur la page du livre sacré qu'il étudiait. Ses traits durs et sévères, grace à l'expression de sa gravité habituelle et de son mépris des choses terrestres, avaient

---

(1) *Shinning motty through the reek*, expression d'Allan Ramsay. La fumée forme assez constamment une atmosphère de vapeur dans l'intérieur d'un cottage d'Écosse. — ED.

cependant une véritable dignité stoïque. Ils auraient pu rappeler la physionomie que Southey attribue aux anciens Scandinaves, qu'il nous peint — fermes dans leurs projets et inflexibles dans leurs souffrances. — C'était un tableau dont le jour aurait dû être peint par Rembrandt, mais dont les traits auraient exigé la vigueur du pinceau de Michel-Ange.

Lorsque Butler entra, Deans leva les yeux sur lui, et les baissa aussitôt, comme s'il eût été surpris et fâché de le voir. Il s'était toujours arrogé sur le savant « suivant la chair », comme il nommait Butler, une telle supériorité, que sa présence dans son humiliation actuelle ajoutait encore à son chagrin; c'était le sentiment qui anime un Chef écossais dans la vieille ballade, *Earl Percy sees my fall* (1). Deans prit la Bible de la main gauche, la leva à la hauteur de son visage, comme pour le cacher, et tendit la main droite à Butler. Celui-ci saisit cette main, qui avait tant de fois soutenu son enfance, l'arrosa de ses larmes, et ne put que s'écrier : — Que Dieu vous console! que Dieu vous console!

— Il le fera; il l'a déjà fait, mon ami, dit le vieillard reprenant de la fermeté en voyant l'agitation de Butler; il le fait et il le fera encore davantage dans son temps. J'ai été trop fier de mes souffrances pour une bonne cause, Reuben, et je suis éprouvé aujourd'hui contre ces autres souffrances qui changeront mon orgueil et ma gloire en reproche et en huées. Combien je m'estimais au-dessus de ceux qui étaient sains et saufs, nourris de bons mets et désaltérés de bons vins, pendant que

(1) Le comte Percy est témoin de ma chute ! — Éd.

j'étais dans les fondrières, les marécages et les bruyères, avec le précieux Donald Caméron et le digne M. Blackadder, appellé Guess-Again (1); et combien j'étais fier d'être donné en spectacle aux hommes et aux anges, lorsque je fus mis au pilori dans Canongate, avant l'âge de quinze ans, pour la cause d'un Covenant national!

Quand je pense, Reuben, que j'ai été si exalté et si honoré dans ma jeunesse, (que dis-je? je n'étais encore qu'un enfant), et que j'ai porté témoignage contre ces défections du temps, chaque année, chaque mois, chaque jour, chaque heure, chaque minute, résistant et témoignant en levant la main et la voix; criant bien haut et sans ménagement contre tous les grands pièges de la nation, tels que l'abomination antinationale et funeste à l'Église, de l'union, de la tolérance, et du patronage imposé par la dernière femme de cette malheureuse race des Stuarts; comme aussi contre les infractions et les empiétemens sur le juste pouvoir des anciens, lorsque je fis paraître mon écrit intitulé *Cri d'un Hibou dans le Désert*, imprimé à Bow-Head et vendu par tous les libraires de la ville et de la campagne, — et maintenant... —

Ici Deans s'arrêta; on peut bien supposer que Butler, quoiqu'il ne fût pas absolument d'accord avec le vieillard sur toutes ses idées relatives au gouvernement de l'Église, avait trop de sens et d'humanité pour l'interrompre pendant qu'il rapportait avec une sorte d'orgueil ses souffrances et la constance de ses témoignages. Au

---

(1) *Devine-encore*. C'était un de ces surnoms mystiques empruntés souvent à une phrase entière qui précédait le nom. Nous en avons cité deux de ce genre page 116. — Éd.

contraire, lorsqu'il s'arrêta, déchiré par le cruel souvenir du moment, Butler se hâta de lui offrir quelques paroles d'encouragement.

— Vous êtes connu, mon ancien et respectable ami, comme un digne et vrai serviteur de la croix ; comme un homme qui doit, ainsi que le dit saint Jérôme, *per infamiam et bonam famam grassari ad immortalitatem*, c'est-à-dire marcher à la vie éternelle à travers la bonne et la mauvaise renommée. Vous avez été un de ceux à qui les ames tendres et timides crient pendant la solitude des ténèbres : — Sentinelle, où en est la nuit ? Sentinelle, où en est la nuit ? — et assurément, cette épreuve cruelle, qui n'est pas venue sans la permission divine, n'est pas venue non plus sans une spéciale destination.

— Je la reçois ainsi, dit David en serrant la main de Butler, et si je ne sais lire les saintes Écritures que dans ma langue naturelle (car au milieu de sa douleur la citation latine de Butler ne lui avait pas échappé), j'y ai du moins appris à porter ma croix sans murmure. Mais, ô Reuben Butler! moi qui ai toujours été regardé, quoique indigne, comme un pilier poli de l'Église, où depuis mon enfance j'ai toujours tenu place dans le conseil des Anciens, — que penseront les hommes légers et profanes du guide qui n'a pu empêcher sa propre famille de faire un faux pas? Ah! comme ils entonneront leur chant de reproche lorsqu'ils verront que les enfans des saints sont sujets aux mêmes souillures que les enfans de Bélial; mais je porterai ma croix avec cette consolation, que tout ce qui ressemblait au bien dans moi ou les miens, était comme la lumière qui jaillit des insectes rampant sur la bruyère dans une sombre nuit. Le ver brille à l'œil parce que tout est sombre à l'entour; mais quand le matin paraît sur les montagnes, ce n'est plus qu'un pauvre insecte. Il en sera de même de tout haillon de justice humaine, ou d'œuvre de lois judiciaires, dont nous pourrons nous entourer pour couvrir notre honte.

Comme il parlait ainsi, la porte s'ouvrit, et l'on vit entrer M. Saddletree; son chapeau à trois cornes rejeté en arrière pour éviter la chaleur, était fixé par un mouchoir de soie qui l'assujettissait en venant se nouer sous son menton; il tenait sa canne à pomme d'or à la main, et annonçait dans tout son extérieur le riche bourgeois qui pouvait espérer de siéger un jour parmi les magistrats de la ville, et d'y occuper peut-être la chaise curule.

La Rochefoucauld, qui a déchiré le voile qui couvre tant de vices du cœur humain, dit que nous trouvons dans les infortunes de nos meilleurs amis quelque chose qui ne nous déplaît pas tout-à-fait. Saddletree aurait été outré de colère si quelqu'un lui avait dit qu'il était charmé du malheur de la pauvre Effie Deans et de l'humiliation de sa famille; et cependant c'est une question de savoir si le plaisir de jouer le rôle d'un homme important, de rechercher, d'approfondir et de citer les dispositions des lois relatives à ce sujet, n'était pas pour lui une pleine compensation du chagrin que lui causait l'affliction d'une famille dont sa femme était parente éloignée. Il avait maintenant entre les mains une véritable affaire judiciaire; on allait lui demander son opinion, solliciter ses avis, qu'il donnait si souvent à des gens qui ne s'en embarrassaient guère. Il éprouvait donc la même satisfaction qu'un enfant qui jette avec mépris sa montre de deux sous, en en recevant une véritable, dont il voit tourner les aiguilles d'elles-mêmes autour du cadran quand il l'a remontée. Outre ce sujet de discussion, il avait aussi le cerveau rempli de l'affaire de Porteous, de sa mort violente, et des conséquences qui pouvaient en résulter pour la ville. Il éprouvait ce que les Français appellent *l'embarras des richesses,* une confusion d'idées occasionée par le trop grand nombre d'affaires qui l'occupaient, et qui se heurtaient et se croisaient dans sa tête. Il entra donc avec l'air de supériorité d'un homme qui sait des choses que ceux auxquels il s'adresse ignorent encore, et qui s'apprête à les écraser du poids de tout ce qu'il doit leur apprendre.

— Bonjour, M. Deans. Bonjour, M. Butler; je ne savais pas que vous connussiez M. Deans.

Butler fit quelque réponse insignifiante. On imagine facilement quelles étaient ses raisons pour éviter de causer souvent avec des personnes indifférentes telles que Saddletree, de sa liaison avec la famille Deans, liaison qui avait à ses yeux quelque chose de tendre et de mystérieux.

Le digne bourgeois, tout plein de son importance, s'assit dans un fauteuil, s'essuya le front, reprit haleine, et essaya d'abord ses poumons par un gros soupir, qui pouvait passer pour un gémissement.

— Nous vivons dans des temps terribles, voisin Deans, dans des temps terribles!

— Temps de péché, temps de honte et d'offense contre le ciel, dit le vieillard d'un ton plus bas et plus humble.

— Quant à moi, dit Saddletree d'un air important, entre les malheurs particuliers de mes amis, et les événemens publics qui peuvent influer sur le sort de ma patrie, tout l'esprit que je pourrais avoir semble m'abandonner ; et je suis tenté de me croire aussi ignorant que si j'avais toujours vécu *inter rusticos*. Je m'étais couché en arrangeant dans ma tête le plan de ce qu'on pouvait faire pour la pauvre Effie; j'avais combiné toutes les dispositions des lois, quand j'ai été distrait par l'attroupement qui a pendu Jean Porteous à la poutre d'un teinturier, et cet événement a bouleversé toutes mes idées

Une nouvelle si extraordinaire eut le pouvoir de faire diversion un instant aux chagrins du vieux Deans, et il écouta avec quelque intérêt les détails circonstanciés dans lesquels Saddletree crut devoir entrer. Jeanie sortit de la chambre comme pour aller se livrer à ses occupations ordinaires ; et Butler, désirant avoir un entretien particulier avec elle, ne tarda pas à la suivre, laissant Deans et Saddletree tellement affairés, qu'il n'était pas probable qu'ils s'aperçussent de son absence.

Le lieu de leur entrevue fut une pièce au fond de la maison, où Jeanie déposait et mettait en ordre les produits de la laiterie ; Butler l'y trouva silencieuse, abattue, et prête à fondre en larmes. Au lieu de l'activité habituelle avec laquelle elle employait ses mains à quelque occupation domestique, même en causant, elle était assise dans un coin, immobile, les bras croisés sur ses genoux, la tête penchée, et paraissant accablée du poids de ses tristes pensées. Cependant, dès qu'elle l'aperçut, elle s'essuya les yeux, et lui dit avec son air de franchise et de simplicité ordinaire.

— Je suis bien aise que vous soyez venu, M. Butler, je désirais vous voir pour vous dire que... oui, que tout doit être fini entre vous et moi. Il le faut pour le bien de tous deux.

— Fini! répéta Butler surpris, et pourquoi donc? Je conviens que ce malheur est terrible, mais il ne tombe directement ni sur vous, ni sur moi; il faut le supporter, puisque c'est la volonté de Dieu, mais il ne peut ni ne doit rompre la foi que nous nous sommes promise, Jeanie!

— Je sais, Reuben, dit Jeanie en le regardant avec tendresse, que vous pensez à moi plus qu'à vous, et c'est pourquoi je dois penser à vous plus qu'à moi. Vous avez une réputation intacte, et tout le monde dit que vous pourrez un jour vous élever dans l'Église, quoique la pauvreté vous retienne bien bas maintenant. La pauvreté est un perfide ennemi, vous le savez, Reuben; mais la mauvaise renommée est bien pire encore, et c'est une vérité que je ne veux pas que vous appreniez par moi!

— Que voulez-vous dire? Qu'est-ce que cela a de commun avec la faute de votre sœur, si toutefois elle est coupable; ce dont il est encore permis de douter? en quoi cela peut-il nous regarder l'un et l'autre?

— Pouvez-vous bien me le demander, M. Butler? N'est-ce pas une tache imprimée pour toujours sur nos fronts? Ne s'étendrait-elle pas sur nos enfans et sur les enfans de nos enfans? Être fille d'un homme honnête et respectable, c'était quelque chose pour moi et pour les miens, mais être sœur d'une... O mon Dieu!

Elle n'en put dire davantage; le courage lui manqua, et elle versa un torrent de larmes.

Celui qu'elle aimait employa tous ses soins pour la calmer, et parvint à y réussir; mais elle ne reprit son sang-froid que pour lui parler de nouveau d'une manière tout aussi positive.

— Non, Reuben, lui dit-elle, je ne porterai jamais mon humiliation sous le toit d'un autre ; je puis supporter le fardeau de ma détresse, je le supporterai, le ciel m'en donnera la force ; mais je n'en rejetterai pas une partie sur les épaules de mon prochain.

L'amour est naturellement méfiant et soupçonneux ; la jalousie entra pour la première fois dans le cœur du pauvre Butler. La promptitude avec laquelle Jeanie s'empressait de renoncer à lui, sous prétexte de zèle pour sa réputation et pour son avancement dans l'Église, lui devint suspecte, et se rattacha dans son esprit à la commission qu'il venait de recevoir de l'inconnu. Ce fut presque en balbutiant qu'il lui demanda si la situation malheureuse où sa sœur se trouvait en ce moment était la seule cause qui la fît parler ainsi ?

— Et quelle autre cause pourrais-je en avoir, Reuben ? N'y a-t-il pas dix ans que nous nous connaissons ?

— Dix ans ! c'est un terme bien long ! Assez long pour user chez une femme...

— Pour user une robe, et lui en faire désirer une nouvelle, mais non pour user ses sentimens. Les yeux peuvent souhaiter un changement, Reuben ; mais le cœur, jamais !

— Jamais !... C'est une promesse bien hardie !

— Pas plus hardie qu'elle n'est vraie, reprit Jeanie avec cette simplicité tranquille qu'elle conservait toujours dans la joie comme dans l'affliction, dans les affaires ordinaires de la vie, et dans celles qui l'intéressaient le plus vivement.

Butler garda le silence un moment ; puis, fixant sur elle un regard pénétrant, — Je suis chargé d'un message pour vous, Jeanie, lui dit-il.

— Pour moi! Et de la part de qui? Que peut-on me vouloir?

— De la part d'un étranger, dit Butler en affectant une indifférence que démentait le son de sa voix, — d'un jeune homme que j'ai rencontré ce matin sur les rochers de Salisbury.

— Juste ciel! s'écria Jeanie; et que vous a-t-il dit?

— Qu'il ne pouvait vous attendre plus long-temps; mais qu'il fallait que vous allassiez le trouver cette nuit, près de la butte de Muschat, dès que la lune se lèvera.

— Dites-lui que je n'y manquerai pas, s'écria vivement Jeanie.

— Puis-je vous demander, dit Butler dont les soupçons croissaient à chaque instant, quel est ce jeune homme à qui vous paraissez si disposée à accorder un rendez-vous, à une heure et dans un endroit si extraordinaires?

— On est souvent obligé, répondit Jeanie, de faire des choses qu'on voudrait ne pas faire.

— D'accord; mais qui vous y oblige?... Quel est ce jeune homme?... Ce que j'ai vu de lui ne me prévient pas en sa faveur. Qui est-il?

— Je l'ignore, répondit tranquillement Jeanie?

— Vous l'ignorez! dit Butler en se promenant dans la chambre d'un air d'impatience : vous allez trouver un jeune homme pendant la nuit, dans un lieu solitaire; vous dites que vous êtes obligée de le faire, et vous ignorez quel est celui qui exerce sur vous une influence si inconcevable! Comment expliquer cela, Jeanie? que dois-je en penser?

—Pensez seulement, Reuben, que je vous dis la vérité, comme je la dirai le jour du dernier jugement. Je ne connais pas cet homme ;.... je ne sais pas si je l'ai jamais vu ; et cependant il faut que je me trouve au rendez-vous qu'il m'assigne. Il y va de la vie ou de la mort.

— Mais vous en parlerez à votre père ? vous le prierez de vous accompagner ?

— Je ne le puis, dit Jeanie, cela m'est défendu.

— Eh bien, voulez-vous que je vous accompagne ? Je me trouverai ici près à la nuit tombante, et je vous joindrai quand vous sortirez.

— Cela est impossible : personne ne doit entendre notre entretien.

— Mais avez-vous bien réfléchi à ce que vous allez faire ? Le temps,... le lieu,... un inconnu,... un homme suspect... Quand il vous aurait demandé à vous voir chez vous à une pareille heure, vous auriez dû le refuser !

— Il faut que j'accomplisse mon destin, M. Butler : mon sort et ma vie sont entre les mains de Dieu, mais je dois tout risquer pour l'objet dont il s'agit.

— Alors, Jeanie, dit Butler d'un air de mécontentement, je crois que vous avez raison : il faut nous faire nos adieux, et renoncer l'un à l'autre. Quand, dans un point si important, une femme manque de confiance envers l'homme à qui elle a donné sa foi, c'est une preuve qu'elle n'a plus pour lui les sentimens qui rendent l'union des cœurs si douce et si désirable.

Jeanie le regarda en soupirant. — Je croyais, lui dit-elle, m'être armée d'assez de courage pour supporter cette séparation, mais je ne croyais pas qu'elle aurait lieu de cette manière. Au surplus, si vous la supportez plus aisément en pensant mal de moi, je ne désire pas que vous pensiez différemment.

— Vous êtes ce que vous avez toujours été, s'écria Butler, plus sage, plus modérée, moins égoïste que moi! La nature a fait pour vous plus que n'ont pu faire pour moi tous les secours de la philosophie. Mais pourquoi, pourquoi persister dans un pareil projet? Pourquoi ne pas me permettre de vous accompagner, de vous conseiller, de vous protéger?

— Parce que je ne le puis, ni ne l'ose, répondit Jeannie ; mais écoutez, mon père fait bien du bruit dans la chambre voisine !

Le vieux Deans parlait effectivement à très-haute voix, et d'un ton de colère. Avant d'aller plus loin, il est bon d'expliquer la cause de ce bruit.

Lorsque Jeanie et Butler furent sortis, M. Saddletree entama l'affaire qui concernait principalement la famille Deans. Au commencement de la conversation, le vieillard était tellement abattu par ses chagrins, par le déshonneur de sa fille, et le danger qu'elle courait, que contre son usage il écouta sans y répliquer, et peut-être sans l'entendre, une longue dissertation sur la nature du crime dont elle était accusée, et sur la marche qu'il convenait d'adopter pour sa défense. Il se contentait de répondre à chaque pause : — Je ne doute pas que vous ne nous vouliez du bien. Votre femme est notre cousine à un degré éloigné.

Encouragé par ces symptômes favorables, Saddletree, dont l'unique plaisir était de discuter un point de jurisprudence, en revint à l'affaire du capitaine Porteous, et prononça anathème contre tous ceux qui s'en étaient mêlés.

— C'est une chose délicate, M. Deans, bien délicate, que de voir le peuple retirer des mains des magistrats légitimes le droit de vie et de mort, et prétendre l'exercer lui-même! Je pense, et M. Crossmyloof sera de cet avis, j'espère, comme le conseil privé, que ce rassemblement, dont le but était le meurtre d'un homme qui avait obtenu un sursis, sera déclaré un *perduellion* (1).

— C'est un point que je vous contesterais, M. Saddletree, si je n'avais la tête pleine de bien d'autres idées.

— Comment pourriez-vous contester ce que la loi déclare formellement? Il n'y a pas un clerc qui ait jamais porté un sac à procès qui ne vous dise que le *perduellion* est de toutes les trahisons la pire et la plus violente, puisque c'est une convocation publique des sujets-liges du roi contre son autorité (surtout quand cette convocation a lieu en armes, au son du tambour, choses accessoires que j'ai vues de mes yeux et ouïes de mes oreilles). C'est un délit pire que le crime de lèse-majesté, ou la non-révélation d'un complot de trahison: — c'est une chose incontestable, voisin!

— Il y aurait bien des choses à dire sur ce point, M. Saddletree, reprit Douce David Deans; je crois la chose très-contestable. Je n'ai jamais aimé vos autorités légales et constituées. Je fais peu de cas de Parliament-House depuis la terrible chute des espérances légitimes qui suivirent la Révolution?

— Mais que voulez-vous donc, M. Deans? dit Saddletree d'un air d'impatience; n'avez-vous pas la liberté politique et la liberté de conscience, droits qui vous sont acquis à vous et à vos héritiers par substitution?

(1) Ce terme de droit est expliqué dans la réplique de Saddletree. — Éd.

— Je sais, M. Saddletree, que vous êtes du nombre de ceux qui sont sages selon le monde ; que vous marchez dans les voies des longues robes et des longues têtes, et que vous fréquentez la société de ces artificieux légistes de ce royaume. — Funeste est le sort qu'ils ont fait à ce malheureux pays, lorsque leurs mains noires de défection s'unirent aux mains rouges de sang de nos meurtriers ; lorsque ceux qui avaient compté les tours de notre Sion et les boulevards de notre réformation virent leur espoir changé en piège et leur joie en larmes.

— Je ne puis vous comprendre, voisin. Je suis un honnête presbytérien de l'Église d'Écosse, et je la respecte comme je respecte l'Assemblée Générale, les Quinze Lords-juges de la Cour de Sessions et les Cinq Lords-juges de la Cour de Justice criminelle.

— Fi, fi donc ! M. Saddletree, s'écria David, à qui l'occasion de rendre témoignage contre les offenses et les trahisons du royaume fit oublier un moment ses propres malheurs domestiques : — Honte à votre Assemblée Générale, et le dos de ma main (1) pour votre Cour des Sessions. — Qu'est-ce que l'Assemblée Générale, sinon un tas de froids chrétiens et de froids ministres, qui étaient assez bien vêtus et bien chauffés lorsque le débris persécuté du troupeau luttait contre la faim, le froid, la peur de la mort, le danger du feu et la menace de l'épée sur le revers humide des montagnes, dans les fondrières et les marais ? — Ils se montrent maintenant et sortent de leurs trous, comme les papillons quand luit le soleil, pour prendre les chaires et les places de ceux qui valent mieux qu'eux, — de ceux qui témoi-

(1) Geste de mépris. — Éd.

gnèrent et combattirent, de ceux qui souffrirent dans les basses-fosses, les prisons ou l'exil. — Oh! voilà une jolie ruche de frelons! — Et quant à votre Cour de Sessions...

— Dites ce que vous voudrez de l'Assemblée Générale, que ceux que cela regarde la justifient; mais quant aux juges de la Cour de Sessions, ce sont mes voisins. Savez-vous que c'est un crime que d'en mal parler, c'est-à-dire de murmurer contre eux; un crime *sui generis*, M. Deans, remarquez bien cela, *sui generis!* entendez-vous ce que cela signifie?

— Je n'entends rien au langage de l'Antechrist! s'écria Deans. Quant à murmurer contre eux, c'est ce que font tous ceux qui perdent leurs procès et les neuf dixièmes de ceux qui les gagnent. Je veux bien que vous sachiez que tous vos avocats à langue effilée, qui vendent leur science pour quelques pièces d'argent; tous vos juges profanes qui donneront trois jours d'attention à une pelure d'ognon, et pas une demi-heure au témoignage de l'Évangile, sont à mes yeux des *légalistes* et des *formalistes*, favorisant par des phrases et d'artificieux termes de la loi, le cours des défections nationales, commencées récemment, — l'union, la tolérance, le droit de patronage, et les sermens prélatiques et érastiens. Quant à votre Cour de Justice criminelle, qui tue en même temps les ames et les corps...

L'habitude qu'avait Deans de considérer la vie comme devant être consacrée à rendre témoignage à ce qu'il appelait la cause souffrante et abandonnée de la vraie religion, l'avait entraîné jusque-là. Mais en prononçant le nom de la cour devant laquelle sa malheureuse fille devait bientôt comparaître, le souvenir d'Effie se présenta tout à coup à son esprit : il s'arrêta au milieu de sa déclamation, poussa un profond soupir, et appuya sa tête sur ses deux mains.

Saddletree vit l'agitation du vieillard, et ne put en méconnaître la cause; mais, quoiqu'il ne fût pas lui-même sans quelque émotion, il profita de cet instant de silence pour prendre la parole à son tour. — Sans doute, voisin, dit-il, sans doute il est fâcheux d'avoir affaire aux cours de justice, à moins que ce ne soit pour acquérir des connaissances dans la pratique, en assistant à leurs séances. Mais, pour en revenir à cette malheureuse affaire d'Effie..... Vous avez sûrement vu l'acte d'accusation?

Il tira de sa poche un paquet de papiers, et commença à les examiner.

— Ce n'est pas cela... c'est l'information de Mungo Marsport (1) contre le capitaine Lackland (2), pour avoir passé sur ses terres de Marsport avec des faucons, des chiens et des filets, des fusils, des arbalètes, des haquebuses de fonte (3) ou autres engins pour la destruction du gibier, tels que le chevreuil, le daim, le coq de bruyère, la grouse, la perdrix, le héron et autres; ledit défendeur n'ayant pas le droit de chasser, aux termes du statut 62, puisqu'il ne possédait pas une charrue de terre (4). La défense du capitaine est que la loi ne définit pas (*non constat*) ce que c'est qu'une charrue de

---

(1) *Marsport*, M. Trouble-chasse. — Éd

(2) *Lackland*, capitaine Sans-terre. — Éd.

(3) Arquebuse très-pesante. — Éd.

(4) *A plough-gate*, ce que peut labourer une charrue en un jour. — Éd.

terre, incertitude qui est suffisante pour éluder les conclusions de la défense; or la réponse à cette défense, qui est signée par M. Crossmyloof (mais écrite par M. Younglad), objecte que peu importe *in hoc statu* en quoi consiste une charrue de terre, puisque le défendeur ne possède pas de terre du tout. Or admettez qu'une charrue de terre (ici Saddletree lut le papier qu'il avait en main) équivale à la dix-neuvième partie du terrain qu'occupe une tige de genêt (je crois que c'est bien le mot qu'a mis M. Crossmyloof, — je connais son style), — une tige de genêt, qu'y gagnera le défendeur puisqu'il n'a pas un sillon de terre dans toute l'Écosse. — L'*advocatus* pour Lackland réplique que *nil interest de possessione*, et que le demandeur doit mettre son affaire en rapport avec le statut, — écoutez bien ceci, voisin, — et qu'il doit montrer *formaliter et specialiter* aussi-bien que *generaliter*, quelle est la qualification que ne possède pas le défendeur Lackland : qu'il dise d'abord ce que c'est qu'une charrue de terre, et je lui dirai si j'en ai une ou non; certes le demandeur est obligé de comprendre son propre mémoire et le statut sur lequel il se fonde. Titius poursuit Mævius pour un cheval *noir* prêté à Mævius, — certes il obtiendra jugement; mais s'il lui redemande un cheval vert ou cramoisi, il faudra qu'il prouve d'abord qu'un tel cheval existe *in rerum natura*... Personne n'est tenu de plaider contre un non-sens (1), — c'est-à-dire contre une imputation qui ne peut être ni expliquée ni comprise, — (et il a tort en cela, — car meilleure est la plaidoirie

---

(1) Chose qui n'a pas de sens. Mot qu'on commence à adopter en France. — Éᴅ.

moins on doit la comprendre): ainsi donc il résulte de cette mesure de terre indéfinie et inintelligible, qu'il y aurait un statut qui punirait tout homme chassant avec chien ou faucon, sans avoir une... — Mais je vous fatigue, M. Deans, passons à votre affaire, quoique celle de Marsport contre Lackland ait fait du bruit dans la première chambre. — Voici l'acte d'accusation contre la pauvre Effie. « Attendu qu'il nous a été humblement » remontré... et démontré... » (C'est le style de forme). « Que, par les lois de ce royaume et de tout pays civi- » lisé, le meurtre, et surtout l'infanticide, est un crime » qui mérite la plus sévère punition ; ensuite que, sans » préjudice de la susdite généralité, par un acte passé » dans la seconde session du premier parlement assemblé » sous le règne de nos gracieux souverains Guillaume » et Marie, il a été spécialement ordonné que toute » femme qui aura caché sa grossesse, et qui ne pourra » représenter son enfant, sera jugée coupable d'in- » fanticide, et que son procès lui sera fait suivant les » lois, mais que cependant vous Euphémie, ou Effie » Deans... »

— Ne m'en lisez pas davantage, s'écria le malheureux père, un coup de poignard dans le cœur me ferait moins de mal que cette lecture.

— Soit ! voisin, dit Saddletree en remettant ses papiers dans sa poche ; je croyais que vous seriez charmé de connaître tous les détails de l'affaire ; au surplus, le plus important est de déterminer la marche qu'il faut suivre.

— C'est d'attendre, répondit Deans avec fermeté, que le Seigneur manifeste sa volonté... Oh ! s'il avait daigné appeler à lui ma tête grise avant le déshonneur qui va la couvrir!... Mais je puis encore dire que sa volonté soit faite!

— Mais, voisin, nous retiendrons des avocats pour la pauvre fille. C'est une chose à laquelle il faut penser!

— Oui, s'il y en avait un parmi eux qui fût resté dans la voie étroite de l'intégrité. Mais je les connais bien. C'est une race de mondains, d'hommes charnels, d'Érastiens et d'Arminiens.

— Bon, bon, voisin, il ne faut pas prendre à la lettre tout ce qu'on dit. Le diable n'est pas si noir qu'on le peint. Je connais plus d'un avocat qui a de l'intégrité... c'est-à-dire à sa façon.

— Oui, ce n'est en effet qu'une façon d'intégrité que vous trouvez parmi eux, reprit David Deans, une façon de sagesse et de science charnelle, avec leur éloquence empruntée aux empereurs païens et aux décrets des papes. Ils ne peuvent même laisser aux hommes les noms qu'ils ont reçus lors de leur régénération par le baptême, il faut qu'ils leur donnent des noms maudits, comme celui de ce Titus qui servit d'instrument pour l'incendie du saint temple, et ces noms d'autres païens.

— C'est Titius que j'ai dit, et non pas Titus. M. Crossmyloof se soucie aussi peu que vous-même de Titus et du latin. — Mais c'est ici un cas de nécessité ; il faut un Conseil à Effie, et si vous le voulez, j'en parlerai à M. Crossmyloof. C'est un bon presbytérien, comme vous le savez, un des Anciens de l'Église par-dessus le marché.

— C'est un franc Érastien, s'écria Deans; un de ces politiques et sages mondains qui se sont opposés à une confession générale de la cause au jour de la puissance.

— Mais que dites-vous du vieux laird de Cuffabout?

LA PRISON D'ÉDIMBOURG.

Il faut voir comme il sait tirer parti d'une cause, comme il la débrouille et la polit !

— Lui ?... Le faux traître ! N'était-il pas tout prêt à joindre les méchans Highlands en 1715, s'ils avaient pu jamais traverser le Firth (1) ?

— Soit ! Mais Arniston ? C'est bien là l'homme qui vous convient, dit Bartholin d'un air de triomphe.

— Oui ! pour apporter jusque dans leur bibliothèque les médailles papistes envoyées par cette femme schismatique du nord, la duchesse de Gordon (2) !

— Il faut pourtant en choisir un !... Que dites-vous de Kittlepunt ?

— C'est un Arminien (3).

— Woodsetter ?

— Je le crois Coccéien (4).

— Le vieux Williewhaw !

— Il est tout ce qu'on veut.

(1) Le golfe d'Édimbourg. — Éd.

(2) David Deans fait ici allusion au jacobitisme de la faculté des avocats d'Édimbourg. Ce fut en 1711 que la duchesse de Gordon offrit à la faculté des avocats une médaille d'argent portant une tête du Prétendant d'un côté, et de l'autre les îles britanniques avec ce mot : *reddite* (restituez). Le doyen ayant présenté cette médaille à la première convocation des avocats, on mit aux voix si on la recevrait : 63 voix contre 12 furent pour l'affirmative. Deux avocats furent délégués pour aller remercier la duchesse. Le mari de la duchesse avait défendu le château d'Édimbourg au nom de Jacques II en 1683. Ce fait peu connu suffirait pour prouver combien un commentaire est quelquefois indispensable pour comprendre les allusions locales des *Contes de mon Hôte*. — Éd.

(3) Secte ainsi nommée d'Harmensen, en latin *Arminius*, théologien hollandais. — Éd.

(4) Sectateurs de Cocceius, théologien de Brême. — Éd.

— Le jeune Nœmmo ?

— Il n'est rien du tout.

— Vous êtes difficile à contenter, voisin ; je ne sais plus qui vous proposer. Il faudra que vous en cherchiez un vous-même... Eh, mais, j'oubliais ! que ne prenons-nous le jeune Mackenye ; il a toutes les pratiques de son oncle au bout de la langue.

— Est-ce à moi que vous parlez ? s'écria le fougueux presbytérien en se levant brusquement. Osez-vous prononcer le nom d'un homme dont les mains sont encore teintes du sang des saints ? Son oncle n'était-il pas connu sous le nom du sanguinaire Mackenye ? N'était-il pas dans un de ces tribunaux qui envoyaient les martyrs à la torture et au gibet ? Si la vie de cette malheureuse qui cause tous nos maux, si celle de Jeanie, si la mienne dépendaient d'un mot qui dût être prononcé par un Mackenye, par un esclave de Satan ! j'aimerais mieux nous jeter tous à l'eau que de lui devoir notre salut.

L'exaltation avec laquelle il prononça cette tirade fut ce qui interrompit l'entretien de Butler avec Jeanie. Ils rentrèrent dans la chambre où ils avaient laissé les deux champions, et trouvèrent Deans dans une sorte de transport de frénésie causé partie par ses chagrins, partie par la sainte colère dont il se sentait enflammé. Il avait le poing fermé, les joues en feu, les lèvres tremblantes, et paraissait ne pouvoir plus trouver de termes pour exprimer sa douleur et son indignation. Butler, craignant les suites d'une agitation si violente pour un vieillard encore plus abattu par l'affliction qu'épuisé par l'âge, se hasarda à lui recommander la patience.

— La patience ! répliqua Deans avec humeur, je n'en

manque point; j'en ai autant qu'un homme puisse en avoir dans le misérable temps où nous vivons; et je n'ai pas besoin que des hérétiques, des fils ou petits-fils d'hérétiques viennent m'apprendre à porter ma croix.

C'était contre l'aïeul de Butler que se dirigeait cette allusion; Reuben feignit de ne pas s'en apercevoir.—En pareille circonstance, lui dit-il, il n'est pas défendu de recourir aux moyens humains. Si vous appeliez un médecin, à coup sûr vous ne lui demanderiez pas quels sont ses principes religieux?

— Vous croyez cela?... C'est ce qui vous trompe, et s'il ne me prouvait pas qu'il fût dans le droit chemin, jamais une goutte des potions qu'il m'ordonnerait ne passerait par le gosier du fils de mon père.

Il est dangereux de risquer un argument du genre de celui que Butler venait d'employer; il nuit quelquefois au lieu de servir. Il venait d'en faire l'expérience; mais, comme un brave soldat dont le coup de fusil n'a pas porté, il n'abandonna pas le terrain, et il fit une charge à la baïonnette.

— Vous interprétez trop rigoureusement les règles du devoir, monsieur, lui dit-il; le soleil luit et la pluie descend sur le juste et sur l'injuste. La Providence les a placés dans le monde de manière à établir entre eux des rapports indispensables, peut-être pour que le méchant puisse être converti par le juste, et peut-être aussi pour que parmi les épreuves auxquelles le juste est exposé ici-bas, il se trouve celle d'être obligé de fréquenter quelquefois les profanes.

—Vous n'y entendez rien, Reuben, répliqua Deans; vos argumens sont pitoyables. Peut-on toucher de la poix sans qu'il vous en reste aux doigts? Que pensez-vous donc des anciens champions du Covenant qui n'auraient pas voulu entendre le sermon d'un ministre, quelques graces qu'il eût reçues d'en-haut, s'il n'avait rendu témoignage contre la dépravation des temps? Eh bien, pas un avocat ne parlera pour moi ni pour les miens, s'il n'a rendu témoignage comme les restes malheureux de cette Église dispersée, mais bien-aimée encore, qui a vécu dans le creux des cavernes.

A ces mots, comme s'il eût été fatigué des argumens et de la présence de ses hôtes, le vieillard se leva, leur fit ses adieux par un geste de la tête et de la main, et alla s'enfermer dans sa chambre à coucher.

— C'est sacrifier la vie de sa fille, dit Saddletree à Butler quand Deans se fut retiré. Où trouvera-t-il un avocat caméronien? A-t-on jamais entendu parler d'un avocat qui se soit fait martyr d'une religion? Je vous dis que c'est sacrifier la vie de sa fille.

Pendant la dernière partie de cette discussion le laird de Dumbiedikes était arrivé, suivant son usage presque journalier. Après être descendu de cheval, et en avoir passé la bride dans un crochet scellé dans le mur, il était entré, s'était assis à sa place accoutumée, et tout en fixant ses yeux sur Jeanie, selon sa coutume, il les portait cependant alternativement sur chacun des orateurs. La dernière phrase de Saddletree le frappa. Il se leva, traversa lentement la chambre, et, s'approchant de lui, il lui dit d'une voix tremblante : — L'argent ne peut-il rien pour eux, M. Saddletree?

— L'argent? dit celui-ci en prenant un air grave : si vraiment! on ne peut rien sans argent dans Parliament-House. Mais où en trouver? vous voyez que M. Deans ne veut rien faire. Mistress Saddletree est amie de la famille, elle y prend beaucoup d'intérêt, mais elle ne peut s'exposer à être responsable *singuli in solidum* des frais d'une pareille affaire. Si chaque ami voulait supporter sa part du fardeau, on pourrait faire quelque chose... chacun ne répondant que pour soi, bien entendu... Je ne voudrais pas entendre condamner cette pauvre fille sans qu'elle ait été défendue........ Cela ne serait pas honorable, quoi qu'en dise ce vieux corps whig.

— Je..... je..... oui, dit le laird en réunissant tout son courage, oui, je répondrai pour vingt livres sterling. Et il se tut, surpris lui-même de sa générosité inaccoutumée.

— Que le Dieu tout-puissant vous récompense! s'écria Jeanie dans un transport de gratitude.

— J'irai même jusqu'à trente! ajouta le laird en jetant les yeux avec embarras, tantôt sur elle, tantôt sur Saddletree.

— Très-bien! dit Saddletree en se frottant les mains, et moi je mettrai tous mes soins et toute mon expérience pour que cet argent soit bien employé. Fiez-vous à moi!... je connais le moyen d'engager un parleur (1) à se contenter de modiques honoraires. Il ne s'agit que de lui faire accroire que vous avez à le charger de deux ou trois affaires importantes, et qu'il faut qu'il fasse bon marché de celle-ci pour gagner la pratique. Il n'y a pas de mal à ménager notre argent le plus que nous le pouvons; car, après tout, ils ne vous vendent que des paroles qui ne leur coûtent rien, au lieu que dans

---

(1) *A birkie*, mot familier pour dire avocat. — Éd.

mon métier de sellier, enharnacheur et marchand de harnais, pour vendre une bride il faut que j'en achète le cuir.

— Ne puis-je être d'aucune utilité! dit Butler : je ne possède malheureusement que l'habit que je porte; mais je suis jeune, actif, dites-moi seulement ce que je puis faire?

— Vous pourrez nous aider à chercher des témoins, dit Saddletree; il ne faudrait qu'en trouver un qui déposât qu'Effie lui a seulement dit le moindre mot de sa situation, et il ne lui en coûterait pas un cheveu de sa tête : M. Crossmyloof me l'a répété. On ne peut forcer le ministère public, m'a-t-il dit, à administrer une preuve positive. M'a-t-il dit positive ou négative? je ne m'en souviens pas trop, mais c'est égal. C'est donc au défendeur à faire preuve des faits qu'il allègue pour sa défense. Cela ne peut être autrement.

— Mais le fait, monsieur, dit Butler, le fait que cette pauvre fille a donné le jour à un enfant, sans doute il faudra qu'on le prouve?

Saddletree hésita un instant, tandis que le visage de Dumbiedikes, prenant un air de sérénité en entendant cette question, se tournait alternativement vers Butler et vers Saddletree, comme s'il eût été placé sur un pivot.

— Mais..... répondit enfin Saddletree, mais.... oui..... je pense que..... que cela doit être prouvé. Ce sera sans doute l'objet d'un jugement interlocutoire. Au surplus, la preuve du fait est tout établie, car elle l'a avoué.

— Avoué le meurtre ! s'écria Jeanie en changeant de couleur et en tremblant de tout son corps.

— Je ne dis pas cela, reprit Bartholin; mais elle a avoué qu'elle a donné le jour à un enfant.

— Et qu'est-il devenu? dit Jeanie. Je n'ai pu tirer d'elle que des soupirs et des larmes.

— Elle dit qu'il lui a été enlevé par la femme dans la maison de laquelle il est né, et qui lui a donné des secours en ce moment.

— Et qui était cette femme? demanda Butler : c'est par elle qu'on peut connaître la vérité. Où demeure-t-elle? Je vais l'aller trouver à l'instant même.

— Je voudrais, dit le laird, être aussi jeune et aussi leste que vous, et avoir comme vous le don de la parole!

— Eh bien, répéta Butler d'un ton d'impatience, qui est-elle donc?

— Effie seule pourrait le dire, répliqua Saddletree; et lors de son interrogatoire elle a refusé de répondre à cette question.

— C'est donc elle que je vais aller trouver à l'instant, dit Butler ; et s'approchant de Jeanie : — Adieu, Jeanie, ajouta-t-il à voix basse ; ne faites pas de démarche imprudente jusqu'à ce que vous ayez de mes nouvelles ; et il partit sur-le-champ.

— J'irais bien aussi, dit le laird d'un ton d'humeur et de jalousie; mais il s'agirait de ma vie que mon cheval ne voudrait pas me conduire ailleurs que de Dumbiedikes ici et d'ici à Dumbiedikes.

— Ce que vous pouvez faire de mieux, lui dit Saddletree, comme ils sortaient ensemble de la ferme, c'est de m'envoyer les trente livres sterling.

—Trente livres! s'écria Dumbiedikes, qui n'avait plus alors devant lui les deux yeux qui avaient excité sa générosité. Je croyais avoir dit vingt livres.

— Vous avez dit trente, répondit Saddletree.

— Je ne le croyais; mais ce que j'ai dit je le tiendrai. Montant alors à cheval avec quelque difficulté : — Avez-vous remarqué, ajouta-t-il, que les yeux de Jeanie quand elle pleurait étaient brillans comme des grains d'ambre?

— Je ne m'inquiète guère des yeux des femmes, répondit l'impassible Saddletree ; je voudrais pouvoir en dire autant de leur langue. Ce n'est pas, ajouta-t-il en se rappelant la nécessité de maintenir sa réputation comme mari, que j'aie à me plaindre de la soumission de la mienne. Oh! je ne souffre pas chez moi de lèse-majesté ni de perduellion contre mon autorité souveraine.

Le laird ne trouva rien d'assez important dans cette observation pour y répondre ; et après avoir rendu le salut muet que lui fit M. Saddletree, il se sépara de lui, et chacun d'eux s'en alla de son côté.

CHAPITRE XIII.

> « Je vous garantis que le coquin ne se
> « noiera point, quand même son navire
> » ne serait pas plus solide qu'une coquille
> « de noix. »
>
> Shakspeare. *La Tempête.*

Butler ne sentit ni fatigue ni appétit, quoique la manière dont il avait passé la nuit précédente eût dû lui donner l'un et l'autre; mais il les oublia dans son empressement à aller au secours de la sœur de Jeanie.

Il marchait d'un pas si rapide qu'il semblait courir, lorsqu'il fut surpris de s'entendre appeler par son nom. La voix qui le prononçait semblait lutter contre une toux asthmatique, et se distinguait à peine au milieu du trot retentissant d'un poney des Highlands.

Il se tourna, aperçut le laird de Dumbiedikes qui pressait sa monture pour le rejoindre; celui-ci ayant à suivre le même chemin que lui pendant environ l'espace de deux cents toises. Butler s'arrêta, ne sachant pas trop bon gré au cavalier essoufflé de retarder ainsi son voyage.

— Oh! oh! cria le laird en retenant près de notre ami Butler son bidet au pas inégal, j'ai là une bête bien volontaire.

Butler aurait volontiers tourné à gauche pour reprendre la route d'Édimbourg, sachant bien que tous les efforts de Dumbiedikes auraient été inutiles pour vaincre l'obstination celtique de son bucéphale; car Rory Bean (c'était le nom du bidet) n'aurait pas dévié d'une toise du sentier qui conduisait à son écurie. Alors même qu'il s'arrêta pour reprendre haleine après un trot inutile pour Rory comme pour son cavalier, la forte résolution de Dumbiedikes lui resta pour ainsi dire au gosier sans qu'il pût l'exprimer. Ce ne fut donc qu'au bout de deux minutes que Butler lui entendit prononcer les mots suivans, qui ne sortirent de sa bouche que par suite de deux efforts :

— Oh! oh! M. Butler, voilà une belle journée pour la moisson.

— Très-belle! répondit Butler. Et il fit un pas pour s'éloigner.

— Un moment! s'écria le laird, un moment! ce n'est pas là ce que j'ai à vous dire.

— Dépêchez-vous donc! dit Butler en s'arrêtant : vous savez que je suis très-pressé, et *tempus nemini.....* Vous connaissez le proverbe.

Dumbiedikes ne connaissait pas le proverbe, et il ne chercha pas même à avoir l'air de le connaître, comme bien d'autres l'auraient fait à sa place; il recueillait ses esprits pour la grande affaire qui l'occupait tout entier, et ne pouvait pas s'amuser à défendre ses avant-postes.

— M. Butler, dit-il, savez-vous si M. Saddletree est un grand jurisconsulte?

— Je n'ai que sa parole pour le croire, répondit Butler d'un ton sec; mais il se connaît sans doute lui-même.

— Oui! dit le laird d'un ton qui signifiait — je vous comprends, M. Butler; — en ce cas, je chargerai de la défense d'Effie mon propre homme d'affaires, Nicol Novit (fils du vieux Nicol Novit, et presque aussi fin que son père).

Ayant ainsi montré plus de sagacité que Butler n'en attendait de lui, il porta la main à son chapeau galonné, et intima à son cheval, avec le talon, l'ordre de se remettre en route, signal auquel Rory Bean obéit avec cette promptitude que montrent toujours les hommes et les animaux quand on leur ordonne de faire ce qui est conforme à leur inclination.

Butler se remit en route, non sans un mouvement de cette jalousie que lui avait inspirée plusieurs fois l'assiduité du laird dans la famille de Deans. Mais il était trop généreux pour nourrir long-temps un sentiment si voisin de l'égoïsme.— Il est riche de ce qui me manque, se dit-il à lui-même; pourquoi regretterais-je qu'il ait eu le cœur d'offrir quelque chose de ce qu'il possède pour rendre service à ceux pour qui je ne puis former que de stériles souhaits? Au nom du ciel, faisons chacun ce que nous pouvons. Qu'ELLE soit heureuse, il suffit! et sauvée de la honte et du malheur qui la menace; — que je puisse seulement trouver les moyens de prévenir la terrible épreuve de ce jour ; et adieu à toute autre pensée, quoique mon cœur saigne de m'en séparer.

Il doubla le pas, et ne tarda pas à arriver devant la porte de la Tolbooth, ou, pour parler plus correctement, devant l'endroit où la porte avait existé. Son entrevue avec l'inconnu mystérieux, le message dont il l'avait chargé pour Jeanie, la conversation qu'il avait eue avec elle à ce sujet, tout cela occupait tellement son esprit, qu'il ne songeait plus à l'événement tragique dont il avait été, la nuit précédente, le témoin involontaire. Il ne fit aucune attention aux groupes qui étaient dispersés dans la rue, causant à voix basse, et se taisant dès qu'un étranger en approchait ; à la triple sentinelle en faction devant le corps de garde ; ni enfin à l'air inquiet de la populace, parmi laquelle chacun sentait fort bien que, coupable ou non, il pouvait être soupçonné d'avoir pris part aux événemens qui s'étaient passés. Tels sont le lendemain d'une orgie nocturne des buveurs hardis, devenus tout à coup timides et tremblans.

Rien de tout cela ne frappa les yeux de Butler. Toutes ses pensées étaient absorbées par un sujet tout différent, et bien plus intéresssant pour son cœur. Mais quand il se trouva devant l'entrée de la prison, quand il vit les murs noircis par le feu qui en avait consumé la porte, et un double rang de grenadiers qui en remplaçait les verrous, toutes les horreurs de la nuit précédente se retracèrent à son souvenir. Il n'en avança pas moins vers la Tolbooth, et demanda s'il pouvait parler à Effie Deans, en s'adressant au même geôlier à cheveux blancs qu'il avait vu la veille.

— Je crois, dit celui-ci sans répondre directement à sa question, que c'est vous qui êtes venu demander à la voir hier dans la soirée?

— Moi-même, dit Butler.

— Oui, oui, dit le geôlier; vous m'avez demandé si c'était à cause de l'affaire du capitaine Porteous que je fermais la porte plus tôt qu'à l'ordinaire.

— Cela est possible, mais ce que je vous demande en ce moment, c'est si je puis voir Effie Deans.

— Entrez! entrez! montez l'escalier à droite et entrez dans la première chambre à main gauche.

Le geôlier suivit Butler, son trousseau de clefs à la main, sans même oublier la grosse clef de la porte qui n'existait plus, et qu'il portait encore par suite d'une ancienne habitude. Mais à peine Butler fut-il entré dans la chambre qu'il entendit la porte se refermer aux verroux derrière lui.

D'abord Butler n'en conçut aucune inquiétude; s'imaginant que c'était une suite de la précaution habituelle du porte-clefs; mais quand il entendit le commandement adressé à une sentinelle, et le bruit des armes d'un soldat mis en faction à la porte fermée sur lui; il appela de nouveau le geôlier. — Mon bon ami, lui dit-il, l'affaire pour laquelle j'ai besoin de parler à Effie Deans est très-urgente, ne me laissez pas attendre longtemps.

Point de réponse.

— S'il était contre les règles de voir en ce moment votre prisonnière, j'aimerais mieux revenir plus tard, car j'ai beaucoup d'affaires aujourd'hui, et *fugit irrevocabile tempus*, se dit-il en lui-même.

— Si vous aviez des affaires, répondit l'homme aux

clefs, vous auriez dû les faire avant de venir ici, car vous trouverez qu'il est plus facile d'y entrer que d'en sortir. Je ne crois pas qu'un autre rassemblement s'avise de revenir; les lois ont repris leur cours; vous l'apprendrez à vos dépens, mon voisin.

— Que voulez-vous dire, monsieur? s'écria Butler : vous me prenez certainement pour un autre. Je me nomme Reuben Butler, prédicateur de l'Évangile.

— Je le sais, je le sais fort bien.

— Eh bien, si vous le savez, je crois pouvoir vous demander aussi de quel droit vous prétendez me retenir ici? Ignorez-vous qu'on ne peut arrêter sans mandat aucun sujet de Sa Majesté britannique?

— Sans mandat?... Le mandat est en ce moment à Libberton avec deux officiers du shériff chargés de le mettre à exécution. Si vous etiez resté chez vous comme un homme honnête et tranquille, vous auriez eu la satisfaction de le voir. Mais vous êtes venu vous incarcérer vous-même. Pouvais-je vous en empêcher mon garçon?

— Ainsi donc je ne puis ni voir Effie Deans, ni sortir d'ici ?

— Non, voisin, non. Laissez la jeune fille songer à ses affaires, vous avez bien assez des vôtres; et quant à votre sortie d'ici, c'est le magistrat qui en décidera. — Mais adieu, j'attends les charpentiers qui vont mettre une nouvelle porte à la place de celle qui a été brûlée la nuit dernière par vos honnêtes gens, M. Butler.

Tout cela était non-seulement très-impatientant, mais alarmant. Il n'est nullement agréable de se trouver emprisonné, même sur une fausse accusation; et des hommes doués d'un courage naturellement plus ferme que Butler auraient pu en être inquiets. Il ne manquait pourtant pas de cette résolution que donne le sentiment de l'innocence ; mais son imagination était facile à émouvoir, son tempérament délicat, et il était loin de posséder ce sang-froid dans le danger qui est l'heureux partage d'une santé robuste et d'une sensibilité moins susceptible. Une idée encore vague des dangers qu'il pouvait courir se présentait à ses yeux. Il essaya de se retracer tous les événemens de la nuit précédente, dans l'espoir d'y trouver quelque moyen d'expliquer et de justifier sa conduite, car il ne doutait plus qu'il ne fût arrêté parce qu'on l'avait vu marcher à la tête de l'attroupement. Ce fut avec inquiétude qu'il reconnut qu'il ne pouvait citer aucune personne de sa connaissance qui eût été témoin des efforts qu'il avait faits plusieurs fois inutilement pour engager les factieux d'abord à ne pas le retenir, et ensuite à épargner les jours du malheureux Porteous. La détresse de la famille de Deans, la situation dangereuse d'Effie, le rendez-vous suspect où Jeanie avait promis de se trouver, et qu'il ne pouvait plus espérer d'interrompre, avaient part aussi à ses réflexions.

Quelque impatient qu'il fût d'obtenir des éclaircissemens certains sur la cause de son arrestation, et d'être remis en liberté s'il était possible, il fut saisi d'un tremblement involontaire, qui lui sembla de mauvais augure, quand, après être resté une heure dans cette chambre solitaire, il reçut ordre de comparaître devant le magistrat. On le fit sortir de la prison, escorté d'un détachement de soldats, et avec cet appareil de précautions qu'on a toujours si ridiculement soin de prendre après un événement qu'on aurait prévenu en les employant auparavant.

On l'introduisit dans la chambre du conseil, nom qu'on donnait à la salle où les magistrats tiennent leurs séances, et qui était à peu de distance de la prison; il s'y trouvait deux ou trois sénateurs de la ville qui paraissaient occupés à interroger un homme debout devant une table ronde couverte d'un tapis vert, au bout de laquelle ils étaient assis.

— Est-ce là le prédicateur? dit un des magistrats à l'officier de police qui amenait Butler. Celui-ci ayant répondu affirmativement : C'est bon, reprit le magistrat, qu'il attende un moment, nous nous occuperons de son affaire, quand nous aurons expédié celle de cet homme. Elle ne sera pas longue.

— Ferons-nous sortir M. Butler? demanda l'officier de police.

— Cela n'est pas nécessaire : qu'il reste où il est.

On fit asseoir Butler entre deux gardes sur un banc au fond de la salle. Elle était grande et mal éclairée, n'ayant qu'une seule fenêtre; mais, soit par hasard, soit par un calcul de l'architecte qui avait vu les avantages qu'on pouvait tirer d'un tel arrangement, le jour tombait précisément sur l'endroit où l'on plaçait les prévenus, tandis que le côté de la salle où siégeaient les magistrats était entièrement dans l'ombre.

Butler examina avec attention le prisonnier qu'on interrogeait, dans l'idée qu'il reconnaîtrait peut-être en lui quelqu'un des principaux conspirateurs qu'il avait vus la nuit précédente. Mais, quoique les traits de cet individu fussent frappans, il ne put se souvenir de l'avoir jamais vu.

C'était un homme d'environ cinquante ans, fort basané, ayant les cheveux coupés très-près de la tête, légèrement bouclés et d'un noir jais, quoique commençant à grisonner. Sa physionomie annonçait un fripon plutôt qu'un scélérat; on y distinguait plus d'astuce que de férocité. Ses yeux noirs et vifs, son regard effronté, son sourire sardonique, lui donnaient ce qu'on appelle vulgairement un air *subtil*, ce qui veut dire généralement une disposition à la friponnerie. Dans une foire ou sur un marché, on l'aurait pris sans hésiter pour un maquignon bien au fait de toutes les ruses de son métier; mais, en le rencontrant dans un lieu écarté, on n'en aurait appréhendé aucune violence. Il portait un habit boutonné de haut en bas, ou *cache-coquin*, comme on l'appelait alors, avec de larges boutons de métal, des guêtres bleues, et un chapeau rabattu. En lui mettant un fouet sous le bras, on aurait complété le véritable costume du métier.

— Vous vous nommez James Ratcliffe? lui dit le magistrat.

— Oui, sauf le bon plaisir de Votre Honneur.

— C'est-à-dire que vous en trouveriez un autre, si celui-là ne me convenait point?

— Vingt à choisir, sauf votre bon plaisir.

— Enfin, James Ratcliffe est celui que vous vous donnez aujourd'hui? Eh bien! quel métier faites-vous?

— Je ne sais pas trop si je fais ce que Votre Honneur appelle un métier.

— Mais, quels sont vos moyens de vivre? Quelles sont vos occupations?

— Bah! bah! bah! Votre Honneur sait cela tout aussi bien que moi!

— Peu importe, il faut que vous me le disiez.

— Moi dire cela! et le dire à Votre Honneur. Sauf votre bon plaisir, vous ne connaissez guère James Ratcliffe.

— Point d'évasion, monsieur, j'insiste pour que vous me répondiez.

— Eh bien, puisque Votre Honneur l'exige, il faut décharger ma conscience; car, voyez-vous, je suis ici, sauf votre bon plaisir, pour vous demander une faveur. Vous voulez savoir quelles sont mes occupations? Ce n'est pourtant pas trop une chose à dire dans une salle comme celle-ci. Mais, qu'est-ce que dit le huitième commandement?

— Tu ne déroberas point, répondit le magistrat.

— En êtes-vous bien sûr? Alors mes occupations et ce commandement ne sont guère d'accord; mais ce n'est pas ma faute, on me l'a toujours fait lire ainsi : Tu déroberas; et, quoiqu'il n'y ait que deux petits mots d'oubliés, cela fait une grande différence.

— En un mot, Ratcliffe, vous vous êtes notoirement livré au vol?

— Je crois, sauf votre bon plaisir, répondit Ratcliffe avec autant d'effronterie que de sang-froid, que toute l'Écosse sait cela, montagnes et basses terres, sans parler de l'Angleterre et de la Hollande.

— Et quelle fin croyez-vous qu'auront vos occupations?

— Si Votre Honneur m'avait fait hier cette question, je crois que j'aurais pu y répondre assez juste, mais aujourd'hui je ne sais encore trop qu'en dire.

— Et quelle réponse auriez-vous faite hier à cette question?

— La potence, répondit Ratcliffe de l'air le plus calme.

— Vous êtes un hardi coquin ! Et qui peut vous faire croire que votre sort est changé aujourd'hui ?

— C'est que, sauf le bon plaisir de Votre Honneur, il est bien différent d'être détenu en prison sous une condamnation à mort ou d'y rester de bonne volonté quand on peut en sortir. Qu'est-ce qui m'empêchait hier de m'en aller avec ceux qui sont venus chercher Porteous ? Votre Honneur croit-il que j'y sois resté pour le plaisir de me faire pendre ?

— Je ne sais quels ont été vos motifs pour y rester, mais ce que je sais, c'est que la loi vous a condamné à être pendu, et que vous serez exécuté de mercredi en huit.

— Non, non, non ! dit Ratcliffe en secouant la tête, Votre Honneur veut s'amuser ; je ne le croirai que lorsque je le verrai. Je connais la loi depuis long-temps ; ce n'est pas la première fois que j'ai affaire à elle, et j'ai toujours trouvé qu'elle fait plus de bruit que de mal, qu'elle aboie plus qu'elle ne mord.

— Mais, si vous ne vous attendez pas à la potence à laquelle vous êtes condamné, me ferez-vous la grace de me dire quelles sont vos espérances pour n'avoir pas pris la volée avec les autres oiseaux de nuit que vous aviez pour compagnons ? J'avoue que je n'attendais pas de vous une telle conduite.

— Il est bien vrai que je ne serais pas resté une minute dans cette vieille vilaine maison, si je ne m'étais pris de fantaisie pour un poste que je veux y occuper.

— Un poste! dites un poteau (1) pour y être bien fustigé.

— Fustigé! Votre Honneur : non, non, cela ne m'a jamais passé par la tête. Après avoir été condamné quatre fois à être pendu par le cou jusqu'à ce que mort s'ensuive, je ne suis pas un homme à fustiger.

— Mais, au nom du ciel, qu'attendez-vous donc?

— Le poste de second porte-clefs, sauf votre bon plaisir; car je sais qu'il est vacant. Quant au poste de bourreau (2), il ne me convient pas; je n'ai jamais pu faire mal à une bête, comment pourrais-je mettre à mort un chrétien ?

— J'avoue, dit le magistrat, que je trouve dans votre détermination de rester en prison, quand vous pouviez en sortir, quelque chose qui parle en votre faveur. Mais, quand on vous ferait grace de la vie, comment pouvez-vous vous imaginer qu'on vous confiera une place dans une prison, à vous qui avez su vous échapper de presque toutes celles d'Écosse?

---

(1) *Post,* poteau et poste. De ce double sens du mot naît le quiproquo volontaire du magistrat. — Éd.

(2) *Lockman,* le bourreau : ainsi nommé en écossais à cause de la petite mesure (*lock*) de farine qu'il avait droit de prendre sur chaque baril ou sac exposé au marché de la ville. A Édimbourg cet impôt est depuis long-temps racheté; mais à Dumfries l'exécuteur des hautes-œuvres exerce encore, ou exerçait il y a peu de temps, ce privilège; la quantité de farine étant réglée par une cuiller de fer, mesure convenue. Ce terme de *lock* pour exprimer une petite quantité de substance sèche, comme le blé, la farine, le chanvre, etc., est encore employé non-seulement par le peuple, mais en style de jurisprudence : on dit, par exemple, *the lock and gowpen,* une poignée ou une petite quantité exigible dans les cas de *banalités* et droits de mouture, etc. — (*Note de l'auteur*).

— Sauf le bon plaisir de Votre Honneur, c'est une raison de plus pour me la donner. Si je connais si bien les moyens d'en sortir, il est vraisemblable que je connais aussi ceux d'empêcher les autres de les employer. Il faudrait être bien malin pour me retenir en prison contre mon gré ; mais il faudrait l'être encore plus pour en sortir malgré moi.

Cette remarque parut frapper le magistrat; mais il n'y répondit rien, et donna ordre qu'on reconduisît Ratcliffe en prison.

Lorsque ce rusé coquin fut parti, le magistrat demanda au clerc du conseil ce qu'il pensait de son assurance.

— Il ne m'appartient pas de parler, monsieur, répondit celui-ci ; mais si James Ratcliffe voulait tourner à bien, jamais il n'a passé par les portes d'Édimbourg un homme qui puisse être plus utile à la ville pour dépister les voleurs et les bien garder. Je crois qu'il faudrait en parler à M. Sharpitlaw.

Après le départ de Ratcliffe, on fit avancer Butler près de la table pour l'interroger. Le magistrat fit son enquête avec civilité, mais de manière à laisser voir qu'il avait de violens soupçons contre lui. Butler, avec la franchise qui convenait à son caractère et à sa profession, avoua qu'il avait été présent involontairement au meurtre de Porteous ; et, sur la demande du magistrat, il détailla toutes les circonstances que nos lecteurs connaissent déjà, et dont le clerc rédigea un procès-verbal minutieux.

Lorsqu'il eut terminé son récit, l'interrogatoire commença. C'est toujours une tâche pénible et difficile que d'y répondre, même pour l'homme le plus innocent : il a beau chercher à mettre dans ses réponses de la précision et de la clarté, une erreur, un oubli, une ambiguité, peuvent souvent prêter à la vérité même les couleurs du mensonge.

Le magistrat remarqua d'abord que Butler avait déclaré qu'il retournait à Libberton quand il avait été arrêté par le rassemblement à West-Port ; et il lui demanda d'un air ironique s'il prenait ordinairement cette route pour aller d'Édimbourg à Libberton ?

— Non certainement, répondit Butler : je voulais passer hier par cette porte, parce que je m'en trouvais moins éloigné que de toute autre, et que l'heure de les fermer approchait.

— C'est une circonstance fâcheuse, dit le magistrat. Vous prétendez n'avoir suivi que malgré vous le rassemblement ; vous avez été spectateur contraint de scènes qui répugnent à l'humanité, et surtout à l'habit que vous portez ; — n'avez-vous donc fait aucune tentative pour résister ou pour échapper à leur violence ?

— Je ne pouvais résister à une multitude furieuse, et j'étais surveillé de trop près pour pouvoir m'enfuir.

— Cela est encore fâcheux.

Il continua à l'interroger avec décence et politesse, mais avec une raideur mêlée d'ironie, sur tous les événemens qui s'étaient passés, et sur la figure et le costume des chefs de l'attroupement ; mais, quand il vit qu'il fallait endormir la prudence de Butler, s'il cherchait à le tromper, il revint avec adresse sur des questions qu'il lui avait déjà faites, et demanda de nouvelles explications sur les détails les plus minutieux, sans découvrir aucune contradiction qui pût confirmer ses soupçons.

Enfin il arriva au chef mystérieux, Wildfire ; et, quand le magistrat prononça son nom pour la première fois, le clerc et lui jetèrent l'un sur l'autre un regard significatif. Si le destin de la ville d'Édimbourg eût dépendu de la connaissance que le digne magistrat pourrait acquérir de ses traits et de ses vêtemens, il n'aurait pu faire des questions plus multipliées ; mais Butler ne pouvait le satisfaire, car la figure de ce personnage était barbouillée de rouge et de noir comme celle d'un sauvage marchant au combat, et sa tête était couverte d'un chapeau de femme. Il déclara même qu'il ne pourrait le reconnaître, s'il le revoyait, à moins que ce fût à la voix, encore ne put-il l'assurer.

— Par quelle porte êtes-vous sorti de la ville ? lui demanda le magistrat.

— Par celle de Cowgate.

— Était-ce le chemin le plus court pour vous rendre à Libberton ?

— Non, répondit Butler avec embarras ; mais c'était par-là que je pouvais plus facilement me retirer de la foule.

Le clerc et le magistrat se regardèrent encore d'un air d'intelligence.

— La porte de Bristo-Port ne vous aurait-elle pas conduit plus directement de Grassmarket à Libberton que celle de Cowgate ?

— Il est vrai ; mais je n'allais pas à Libberton : je voulais aller voir un de mes amis à Saint-Léonard.

— Sans doute pour lui apprendre ce dont vous veniez d'être témoin.

— Je ne lui en ai pas même ouvert la bouche.

— Vous aviez donc quelque raison pour garder le silence à cet égard ?

— J'avais à lui parler d'affaires personnelles plus importantes pour lui.

— Par quelle route êtes-vous allé à Saint-Léonard ?

— Par les rochers de Salisbury.

— En vérité ! il paraît que vous n'aimez pas à prendre les chemins les plus courts. Et avez-vous rencontré du monde en sortant de la ville ?

Butler lui fit la description des groupes qu'il avait rencontrés, comme nous l'avons déjà dit, et lui parla même de l'étranger mystérieux qu'il avait trouvé dans la vallée de Salisbury. Il désirait ne pas donner de grands détails à ce sujet ; mais le magistrat ne l'eut pas plus tôt entendu parler de cette circonstance, qu'il résolut de connaître toutes les particularités de cette entrevue.

— Écoutez-moi, M. Butler, lui dit-il ; vous êtes un jeune homme qui jouissez d'une excellente réputation ; moi-même je rendrai témoignage en votre faveur ; mais il se trouve parmi les gens de votre robe des hommes irréprochables sous tout autre rapport, mais mal disposés pour le gouvernement, et qui ne se font pas scrupule de protéger les infractions aux lois. Je veux vous parler franchement..... je ne suis pas très-content de vos réponses. Vous sortez deux fois d'Édimbourg par la même porte, pour aller à deux endroits différens, et toujours par une route qui vous fait faire un long circuit : pas un de ceux que nous avons interrogés sur cette malheureuse affaire n'a vu dans votre conduite la moindre chose qui pût lui faire croire qu'on vous retenait contre votre gré. Les gardiens de la porte de

Cowgate vous ont vu entrer en tête du rassemblement, derrière le tambour, et ils ont déclaré en outre que vous leur avez ordonné le premier de rouvrir la porte, lors de votre seconde sortie, avec un ton d'autorité, comme si vous aviez encore été à la tête d'une troupe de factieux.

— Que Dieu leur pardonne ! s'écria Butler ; ils se sont grossièrement trompés, s'ils n'ont pas eu intention de me calomnier.

— Eh bien ! je suis très-disposé, M. Butler, à interpréter favorablement vos motifs et votre conduite ; je désire pouvoir le faire ; mais il faut que vous soyez franc avec moi. Vous m'avez parlé très-légèrement de l'individu que vous avez rencontré près des rochers de Salisbury, il faut que je sache tout ce qui s'est passé entre vous.

Pressé de cette manière, Butler, qui n'avait d'autre raison pour en faire un mystère que parce que Jeanie y était intéressée, crut que le mieux était de dire la vérité toute entière.

— Et croyez-vous, lui demanda le magistrat, que cette jeune fille accepte un rendez-vous si mystérieux ?

— Je le crains, répondit Butler.

— Pourquoi dites-vous que vous le *craignez ?*

— Parce que je crois qu'il n'est pas prudent à elle d'aller joindre, à une pareille heure et dans un pareil lieu, un homme dont le ton, les manières, et le mystère dont il se couvre, doivent inspirer la méfiance.

— On veillera à sa sûreté ; dit le magistrat. Je suis fâché, M. Butler, de ne pouvoir ordonner sur-le-champ votre mise en liberté ; mais j'espère que vous ne serez pas détenu bien long-temps.—Qu'on reconduise M. Butler en prison, qu'on lui donne un appartement convenable, et qu'il soit traité convenablement sous tous les rapports.

Butler fut reconduit en prison; mais il fut logé et nourri conformément à la recommandation du magistrat.

CHAPITRE XIV.

> « Lugubre et noire était la nuit,
> « La route était triste et déserte,
> « Lorsque, mettant sa mante verte,
> « Jeanne à Miles' Cross se rendit. »
>
> *Ballade écossaise.*

Laissant Butler se livrer aux tristes réflexions que lui inspirait sa situation, et qui roulaient particulièrement sur l'impossibilité où il était réduit par son emprisonnement d'être de quelque utilité à la famille de Saint-Léonard, nous allons retourner auprès de Jeanie, qui l'avait vu partir sans pouvoir avoir avec lui une plus longue explication, et livrée à ces angoisses qui suivent toujours l'adieu que fait le cœur d'une femme aux sensations compliquées, si bien décrites par Coleridge,

> Tendre espérance et crainte non moins tendre,
> Doux sentimens qu'on ne peut définir,
> Désirs charmans qu'on cherche à contenir,
> Et que la bouche enfin nous laisse entendre (1).

Le cœur le plus ferme (et Jeanie sous sa mantille brune en avait un qui n'aurait pas fait honte à la fille de Caton) ne peut pas toujours maîtriser ses émotions. Elle pleura amèrement quelques minutes, sans même essayer de retenir ses larmes. Mais ce peu de temps suffit pour qu'elle se reprochât de songer à ses propres chagrins, pendant que son père était plongé dans l'affliction la plus profonde, et que la vie de sa sœur était en danger. Elle tira de sa poche une lettre qui avait été jetée dans sa chambre, dès la pointe du jour, par une fenêtre restée ouverte, et dont le contenu était aussi singulier que le style en était énergique. Si elle voulait, lui disait-on, sauver l'honneur et la vie de sa sœur des coups d'une loi injuste et sanguinaire, il fallait qu'elle vînt sur-le-champ trouver celui qui lui écrivait; *elle* seule pouvait sauver sa sœur, et *lui* seul pouvait lui en indiquer les moyens. Elle ne devait ni communiquer cette lettre à son père, ni amener qui que ce fût à cette conférence, sans quoi elle ne pourrait avoir lieu, et

---

(1)   *Hopes and fears that kindle hope,*
       An undistinguishable throng:
       And gentle wishes long subdued
       Subdued and cherish'd long.

Ces vers sont extraits du joli poëme de Coleridge intitulé *Love*, qu'on trouve dans un recueil publié à Paris sous le titre de *Livings Poets of England*, et traduite dans la lettre sur Coleridge du *Voyage hist. et litt. en Angleterre et en Écosse.* — Éd.

la mort de sa sœur serait certaine. La lettre était terminée par les protestations les plus solennelles exprimées en termes incohérens, pour garantir à Jeanie qu'elle ne courait pas le moindre risque.

Le message dont Butler avait été chargé par l'inconnu qu'il avait rencontré dans le parc se trouvait parfaitement d'accord avec cette lettre, excepté qu'il désignait une autre heure et un autre lieu pour le rendez-vous. Apparemment c'était pour annoncer ce changement, que celui qui l'avait écrite avait été forcé de mettre Butler en partie dans sa confidence.

Plus d'une fois Jeanie avait été sur le point de montrer à son amant la lettre qu'elle avait reçue, pour écarter les soupçons qu'elle voyait qu'il avait conçus. Mais l'innocence craint souvent de se dégrader en cherchant à se justifier, et l'injonction formelle qui lui était faite de garder le secret était une seconde raison qui l'engageait au silence. Il est cependant probable que, si elle fût restée plus long-temps avec lui, elle se serait décidée à lui faire une confidence entière, et qu'elle se serait laissé guider par ses avis. Ayant perdu, par l'interruption subite de leur entretien, l'occasion de lui donner cette preuve de confiance, elle se regarda comme coupable d'injustice envers un ami sur l'attachement duquel elle pouvait compter, et se reprocha de s'être mal à propos privée des seuls conseils qu'il lui fût possible de demander.

Il aurait été imprudent de consulter son père en cette occasion. Il ne jugeait jamais des choses que d'après des principes religieux dont elle avait reconnu l'exagération, et elle ne pouvait regarder ses conseils comme devant régler sa conduite dans les affaires de ce monde. Elle aurait bien désiré pouvoir être accompagnée par une personne de son sexe à ce rendez-vous, qui lui inspirait une terreur involontaire; mais on lui disait dans cette lettre que, si elle amenait quelqu'un à cette entrevue, dont on faisait dépendre la vie de sa sœur, elle ne pouvait avoir lieu, et cette menace était bien suffisante pour la détourner de cette idée. D'ailleurs elle n'aurait su à qui s'adresser pour demander un tel service. Elle n'avait avec ses voisines que des relations et des rapports sans conséquence. Jeanie les connaissait peu; et tout ce qu'elle savait d'elles ne lui inspirait guère le désir d'en faire ses confidentes. Elles étaient de ces commères bavardes qu'on trouve ordinairement dans cette classe de la société, et leur conversation était sans aucun attrait pour une jeune fille à qui la nature, aidée d'une vie solitaire, avait donné une profondeur de réflexion et une force de caractère qui la rendaient supérieure aux personnes frivoles de son sexe, quel que fût leur rang dans le monde.

Abandonnée à elle-même, et ne pouvant demander d'avis à personne sur la terre, elle eut recours à celui dont l'oreille est toujours ouverte aux humbles prières du pauvre et de l'affligé. Elle se mit à genoux, et pria Dieu avec ferveur de la guider et de la protéger. Après avoir rempli ce devoir religieux, elle se sentit plus de force et plus de courage, et, en attendant l'heure du rendez-vous, elle alla retrouver son père.

Le vieillard, ferme dans les principes de sa jeunesse, cachait ses chagrins intérieurs sous une apparence de calme et de tranquillité. Il gronda même sa fille d'avoir négligé dans le cours de la matinée quelques soins domestiques. — Eh! quoi donc, Jeanie, qu'est-ce que cela signifie, le lait de la Brune de quatre ans n'est pas encore passé, ni les seaux de lait placés sur la planche : si vous négligez vos devoirs terrestres au jour de l'affliction, quelle confiance puis-je avoir en vos soins pour la grande affaire du salut? Dieu sait que nos seaux de lait, nos jattes de laitage et nos morceaux de pain, nous sont plus chers que le pain de la vie?

Jeanie ne fut pas fâchée de voir que les pensées de son père ne fussent pas tellement concentrées dans son affliction, qu'il ne pût s'occuper d'autres idées. Elle s'acquitta des devoirs qui lui restaient à remplir, tandis que Deans, incapable de rester en place, courait d'un endroit à l'autre sous différens prétextes, mais véritablement pour se distraire ou du moins cacher son agitation ; seulement un soupir ou un mouvement convulsif de la paupière, indiquaient toute l'amertume de son cœur.

Le soir, l'heure du souper frugal arriva. Le pauvre vieillard se mit à table avec sa fille, appela la bénédiction du ciel sur la nourriture qui leur était préparée ; à sa prière il en ajouta une autre pour demander au ciel que le pain mangé dans l'amertume fût aussi nourrissant, et les eaux de Merah aussi salutaires que le pain tiré d'une corbeille abondamment garnie, et que l'eau versée d'une coupe pleine. Ayant conclu sa bénédiction, et replacé sur sa tête la toque qu'il avait « mise respectueusement de côté (1) » pour la prononcer, il voulut engager sa fille à manger, par le précepte, sinon par l'exemple. — L'homme d'après le cœur de Dieu, dit-il, ne laissa pas de se laver, de s'oindre et de manger, pour

---

(1) Citation de Burns. — Éd.

exprimer sa soumission, sous les coups de la main qui le frappait, et il ne convient pas à une femme chrétienne, ou à un homme chrétien, de tenir tellement aux terrestres consolations, telle qu'une femme ou des enfans... qu'il doive oublier le premier devoir... la soumission à la volonté divine. Ces derniers mots sortirent avec peine de ses lèvres.

Pour donner plus de force à ce précepte, il prit un morceau sur son assiette; mais la nature ne lui permit pas l'effort qu'il voulait faire sur lui-même, et, honteux de sa faiblesse, il se leva précipitamment de table pour la cacher. En moins de cinq minutes, il revint; étant heureusement parvenu à recouvrer le calme habituel de son ame et de ses traits, il essaya de donner un prétexte à son absence momentanée, en disant qu'il croyait avoir entendu le poulain qui s'était détaché dans l'étable.

Il ne se fia pas cependant assez à ses forces pour reprendre la conversation interrompue, et sa fille fut charmée de voir qu'il évitait même toute allusion à ce sujet pénible. Les heures s'écoulent... elles s'écoulent et doivent s'écouler, qu'elles fuient sur les ailes de la joie, ou sous le poids de l'affliction. Le soleil s'éclipsa derrière la sombre éminence du château et le rideau des collines de l'occident. C'était l'heure où David Deans et sa fille se réunissaient en famille pour la prière du soir. Jeanie se rappela avec amertume le temps où elle avait coutume de suivre le progrès des ombres prolongées en se mettant sur la porte pour voir si elle n'apercevrait pas sa sœur revenant à la maison. Hélas! à quels malheurs avait abouti cette vaine et frivole perte du temps! Était-elle tout-à-fait innocente elle-même de n'avoir pas averti son père pour interposer son autorité, lorsqu'elle s'était aperçue qu'Effie se livrait à une société dangereuse ? — Mais j'ai fait pour le mieux, se dit-elle; et qui se serait attendu à un si grand mal, causé par un seul grain de levain, mêlé à tant de qualités ingénues, tendres et généreuses !

Lorsqu'ils s'assirent pour l'exercice, c'est ainsi qu'on l'appelle, le hasard voulut qu'une chaise restât vacante à la place qu'Effie occupait autrefois ; Deans, qui allait commencer la prière, vit que les yeux de Jeanie se remplissaient de larmes en se tournant de ce côté, et il ôta la chaise d'un air d'impatience, comme pour éloigner tout souvenir terrestre, au moment où il allait s'adresser à la Divinité ; il lut alors quelques versets des saintes écritures, prononça la prière, chanta une hymne, et l'on remarqua qu'en accomplissant ce devoir il eut la présence d'esprit d'éviter tous les passages et toutes les expressions, en si grand nombre dans l'Écriture, qu'on aurait pu regarder comme applicables à ses malheurs domestiques. En agissant ainsi, son intention était peut-être de ménager l'émotion de sa fille, peut-être aussi voulait-il ne pas risquer de perdre lui-même les dehors de cette patience stoïque qui fait supporter tous les maux que la terre peut produire, et qui ne voit que néant dans tous les événemens de la vie humaine.

Lorsque la prière fut finie, il s'approcha de Jeanie, l'embrassa tendrement, et lui dit : — Que le Dieu d'Israël veille sur vous, ma chère enfant, et qu'il vous accorde les bénédictions de ses promesses !

David Deans était bon père, mais il n'était ni dans son caractère ni dans ses habitudes de le paraître. Il laissait rarement apercevoir cette plénitude de cœur qui cherche à se répandre en caresses ou en expressions de tendresse sur ceux qui nous sont chers. Il blâmait ces effusions de l'ame comme des faiblesses qu'il avait souvent censurées dans plusieurs de ses voisins, et particulièrement dans la pauvre veuve Butler. Il résultait de la rareté des émotions que témoignait cet homme toujours en garde contre ses sensations, que ses enfans attachaient une sorte d'intérêt plus vif et une véritable solennité aux marques d'affection qu'ils en recevaient quelquefois, parce qu'ils les considéraient comme des preuves d'un sentiment qu'il ne se manifestait que lorsque le cœur en était trop plein pour pouvoir les contenir.

Ce fut donc avec une profonde émotion que Deans donna à sa fille et que celle-ci reçut sa bénédiction et son baiser paternel.

— Et vous, mon cher père, s'écria Jeanie quand la porte fut fermée sur le vieillard, puissent toutes les bénédictions nombreuses et méritées se multiplier sur *vous !* — sur *vous* qui marchez dans ce monde comme si vous n'étiez pas de ce monde, et qui regardez tous les dons qu'il peut vous faire et tout ce qu'il peut vous ravir comme les vapeurs qu'amène le matin, et que le vent du soir dissipe.

Elle fit ensuite ses préparatifs pour sa sortie nocturne. Son père dormait dans une chambre séparée; et, réglé dans ses habitudes, il quittait bien rarement son appartement une fois qu'il y était entré pour se coucher. Il était donc facile à Jeanie de sortir de la maison, sans que personne le remarquât, dès que l'heure du rendez-vous approcherait. Mais, quoiqu'elle n'eût pas à craindre les yeux de son père, les siens n'étaient pas fermés sur les inconvéniens et les dangers de la démarche qu'elle allait faire. Elle avait passé toute sa vie dans une retraite paisible, uniquement occupée des soins uniformes du ménage; et la nuit, qu'on regarde à la ville comme devant amener des scènes de plaisir et de gaieté, ne lui offrait qu'un spectacle imposant et solennel. La résolution qu'elle avait prise lui paraissait si étrange et si hasardeuse, que lorsqu'elle vit arriver le moment de l'exécuter, elle eut toutes les peines du monde à s'y résoudre. Sa main tremblait en attachant le ruban qui retenait ses cheveux blonds, seul ornement de tête que se permettent les Écossaises avant leur mariage, et en plaçant sur ses épaules le plaid de tartan rouge, vêtement assez semblable au grand voile noir dont les femmes se couvrent encore aujourd'hui dans les Pays-Bas (1); quand elle quitta le toit paternel pour aller à un rendez-vous si extraordinaire, à une heure si avancée de la nuit, dans un lieu si désert, à l'insu de son père, sans aucune protection, il lui sembla qu'elle courait volontairement à sa perte. Mais le sort de sa sœur était, disait-on, attaché à cette démarche, et cette idée eut le pouvoir de la soutenir et de lui donner la force d'accomplir son projet.

Lorsqu'elle se trouva en plein champ, de nouveaux sujets de crainte se présentèrent à elle. Les pâles rayons de la lune, en lui montrant les montagnes, et les vallées couvertes de débris de rochers, qu'elle avait à traverser pour arriver au lieu du rendez-vous, lui rappelèrent une foule d'histoires sinistres qu'elle avait entendu raconter. Cet endroit était jadis le repaire de voleurs et d'assassins dont la tradition conservait le souvenir. On

(1) Reste des costumes espagnols dans ces contrées. — ED.

nommait encore les plus fameux de ces brigands, dont plusieurs avaient subi le châtiment dû à leurs crimes ; et maintenant ce lieu retiré servait, comme nous l'avons dit, de théâtre à de fréquens duels; plusieurs personnes y avaient perdu la vie dans ces sortes de combats, depuis que Deans était établi à Saint-Léonard. Des idées de sang et d'horreur occupaient donc l'esprit de Jeanie à mesure qu'elle approchait de cet endroit formidable, en perdant l'espérance de pouvoir obtenir le moindre secours, s'il arrivait qu'elle en eût besoin. D'autres motifs de terreur effrayaient encore son imagination, lorsque la lune commença à répandre sur ces lieux une lumière douteuse et solennelle; mais comme ils étaient la suite des préjugés de son siècle, et de sa condition, il est nécessaire d'en retracer brièvement l'origine: c'est ce que nous ferons dans le chapitre suivant.

CHAPITRE XV.

« Cet esprit que j'ai vu, c'est le démon, peut-être ;
» Sous des traits séduisans ne peut-il pas paraître? »
SHAKSPEARE. *Hamlet.*

La croyance aux sorciers et à la démonologie, comme nous avons déjà eu occasion de le remarquer, était alors presque générale en Écosse, mais surtout dans la classe des plus sévères presbytériens ; aussi dans le temps qu'ils avaient été investis de l'autorité publique, leur gouvernement s'était souillé par une infinité d'actes de rigueur contre ces crimes imaginaires. Les rochers de Saint-Léonard et le pays adjacent étaient, sous ce point de vue, des lieux de mauvaise renommée. C'était là non-seulement que s'étaient tenus les sabbats de sorcières, mais encore récemment l'Enthousiaste ou Imposteur cité dans *le Monde des Esprits* (1) de Baxter avait

(1) *The world of spirits by Baxter.* — ÉD.

pénétré à travers les fentes de ces rochers pittoresques jusqu'aux retraites cachées où les fées célèbrent leurs banquets dans les entrailles de la terre.

Jeanie Deans était trop familiarisée avec ces légendes pour s'être affranchie de l'impression qu'elles font ordinairement sur l'imagination. En effet ces contes d'apparitions avaient nourri son esprit depuis son enfance, car ils étaient la seule distraction que la conversation de son père lui offrît après les discussions de controverse, ou la sombre histoire des luttes, des témoignages, des évasions, des captures, des tortures et des supplices de ces martyrs du Covenant, avec lesquels il se vantait si volontiers d'avoir vécu. Dans les retraites des montagnes, dans les cavernes et les marécages où ces enthousiastes persécutés étaient poursuivis si impitoyablement, ils s'imaginaient avoir souvent à combattre contre les assauts visibles de l'ennemi du genre humain, comme dans les villes et les champs cultivés ils étaient exposés au gouvernement tyrannique des soldats. Telles étaient les terreurs qui faisaient dire à un de leurs saints prophètes quand ses compagnons revinrent auprès de lui, après l'avoir laissé seul dans une caverne hantée par les esprits, à Sorn et dans le Galloway:—« Il est dur de vivre dans ce monde avec des démons incarnés sur la terre et des démons sous la terre! Satan a été ici depuis votre départ; mais je l'ai renvoyé par ma résistance : nous ne serons plus troublés par lui cette nuit. » David Deans croyait cela ainsi que maint autre combat et mainte autre victoire remportée par les esprits, sur la foi des Ansars ou auxiliaires des prophètes bannis. L'événement ci-dessus était antérieur au temps de David; mais il répétait souvent avec terreur, non sans éprouver toutefois un sentiment d'orgueilleuse supériorité vis-à-vis ses auditeurs, comment lui-même il avait été présent à une assemblée en plein champ à Crochmade, lorsque le devoir pieux du jour fut interrompu par l'apparition d'un grand homme noir qui, voulant traverser un gué pour joindre la congrégation, perdit terre, et fut en apparence emporté par la force du courant. Chacun s'empressa d'aller à son secours, mais avec si peu de succès, que dix ou douze hommes robustes qui tenaient la corde qu'on lui avait jetée pour l'aider, furent eux-mêmes en danger d'être entraînés par les flots, et exposés à perdre leur propre vie, plutôt que de sauver celle du prétendu noyé. « Mais, ajoutait David avec un ton de triomphe, le fameux John Semple de Carsphairn vit le démon au bout de la corde. — Laissez aller la corde, nous cria-t-il (car tout jeune que j'étais, j'avais aussi mis la main à la corde moi-même); c'est le grand ennemi : il brûlera, mais ne se noiera pas : son dessein est de troubler la bonne œuvre en attaquant vos esprits par la surprise et la confusion, afin de vous distraire de tout ce que vous avez entendu et senti. — Nous laissâmes donc aller la corde, et il roula dans l'eau, criant et beuglant comme un taureau de Basan, ainsi qu'il est nommé dans l'Écriture. »

Il n'est donc pas surprenant que Jeanie, élevée dans la croyance de semblables légendes, commençât à éprouver une inquiétude vague. Non-seulement elle craignait d'apercevoir quelques-unes de ces apparitions surnaturelles, qui, d'après la tradition, avaient eu lieu si souvent dans cet endroit, mais elle concevait même des doutes sur la nature de l'être mystérieux qui avait choisi une heure et un lieu si extraordinaires pour lui donner un rendez-vous. Il fallait donc un degré de résolution que ne peuvent apprécier ceux qui ont secoué les préjugés auxquels elle était livrée, pour persévérer dans son dessein; mais le désir de sauver sa sœur agit sur son cœur plus puissamment que la crainte des dangers, effrayans pour son imagination.

Comme Christiana dans le Voyage du Pèlerin (1), lorsque d'un pas timide mais résolu elle traverse les terreurs de la vallée de l'ombre de la mort, elle franchit les pierres et les rochers, — « tantôt éclairée, tantôt dans les ténèbres » —, suivant que la lune brillait ou se cachait, et elle s'efforça de dompter les mouvemens de la crainte, — soit en fixant son attention sur la condition malheureuse de sa sœur, et le devoir qu'elle s'était imposée de lui être utile si c'était en son pouvoir, — soit plus fréquemment en demandant par des prières mentales la protection de cet Être pour qui la nuit est comme le midi.

C'est ainsi qu'en faisant taire ses craintes devant un intérêt plus puissant, ou en les réfutant par son invocation à la Divinité protectrice, elle approcha enfin du lieu fixé pour cette entrevue mystérieuse.

Ce lieu était situé dans la profonde vallée qui règne entre les rochers de Salisbury et le revers nord-ouest de la montagne nommée Arthur's-Seat. Sur le penchant d'Arthur's-Seat on voit encore les ruines d'une ancienne chapelle ou d'un ermitage qui était consacré à saint Antoine l'ermite. Il eût été difficile de choisir un site plus propice pour un semblable édifice; car la chapelle, bâtie parmi ces rocs escarpés, est au milieu d'un désert,

---

(1) Cet ouvrage allégorique de John Bunyan doit être cité plus longuement dans la suite du roman. — Ed.

même dans le voisinage immédiat d'une riche, populeuse et bruyante capitale, et le bruit de la ville pouvait se mêler aux oraisons de l'anachorète sans l'émouvoir davantage pour le monde que si c'était le murmure lointain de l'Océan.

Au penchant de la hauteur où ces ruines sont encore visibles, on montrait, et peut-être encore montre-t-on l'endroit où le misérable Nicol Muschat, déjà cité dans cette histoire, avait terminé une longue suite de cruautés contre sa femme en l'assassinant avec les raffinemens d'une barbarie extraordinaire. L'exécration inspirée par le crime s'étendait jusque sur le lieu même où il avait été commis; il était désigné par un petit *cairn* ou tas de pierres, formé de celles que chaque passant avait jetées en témoignage d'horreur, et, à ce qu'il semblerait, d'après le principe de l'antique malédiction bretonne : « Puissiez-vous avoir un cairn pour votre sépulture (1) ».

Le cœur de notre héroïne battait vivement en approchant de ce lieu de mauvais augure (2). La lune, qui répandit en ce moment une clarté plus vive, lui fit découvrir la butte de Muschat; elle fut un moment désappointée en n'apercevant aucune créature vivante près de ces pierres que la lune revêtait d'une couleur blanche. Mille idées confuses s'élevèrent en même temps dans son esprit. Celui qui avait écrit n'avait-il voulu que la tromper?.... N'était-il pas encore arrivé au rendez-

---

(1) Selon quelques auteurs, ces amoncèlemens de pierres étaient au contraire des témoignages d'affection et de respect; mais Walter Scott est une autorité en ces matières. — Éd.

(2) Voyez la vignette du titre de ce volume. — Éd.

vous qu'il lui avait donné?.... Quelque circonstance imprévue l'avait-il empêché de s'y trouver?.... Si c'était un être surnaturel, ce qui était le principal objet de ses appréhensions, voulait-il ne paraître qu'au dernier instant, et l'effrayer par une apparition subite?

Ces réflexions ne l'empêchaient pas d'avancer, et elle n'était plus qu'à quelques pas du lieu où elle désirait et craignait d'arriver, quand elle vit paraître un homme qui était resté jusqu'alors caché derrière la butte, et qui, s'approchant d'elle, lui demanda d'une voix tremblante et agitée : — Etes-vous la sœur de cette malheureuse fille?

— Oui!.... Je suis la sœur d'Effie Deans, s'écria Jeanie. Dieu vous bénira si vous pouvez m'indiquer le moyen de la sauver.

— Dieu ne me bénira point. Je ne le mérite ni ne l'espère.

Jeanie resta muette de terreur en entendant un langage si contraire à toutes ses idées religieuses. Était-ce bien un homme qui pouvait s'exprimer ainsi? N'avait-elle pas sous les yeux l'ennemi du genre humain déguisé sous la forme humaine?

L'inconnu continua sans paraître remarquer son agitation.

— Vous voyez devant vous un être condamné au malheur avant sa naissance et après sa mort.

— Pour l'amour du ciel, qui nous entend et qui nous voit, s'écria Jeanie, ne parlez pas de cette manière! l'Évangile a été envoyé au plus misérable des misérables, au plus grand des pécheurs.

— J'y dois donc avoir droit, si vous regardez comme le plus grand des pécheurs l'être qui a attiré la destruction sur la mère qui l'a enfanté, sur l'ami qui l'a secouru, sur la femme qui lui avait accordé sa confiance, et sur l'enfant auquel il a donné le jour. Si avoir fait tout cela c'est être un pécheur, si survivre à tout cela c'est être misérable, je suis alors bien coupable et bien misérable en effet.

— C'est donc vous qui êtes la cause coupable de la ruine de ma pauvre sœur? dit Jeanie avec un ton d'indignation qu'elle ne put réprimer.

— Maudissez-moi, si vous le voulez, je ne m'en plaindrai pas : je l'ai bien mérité.

— J'aime mieux prier Dieu qu'il vous pardonne.

— Maudissez, priez, faites tout ce que vous voudrez, s'écria l'inconnu avec violence, mais jurez que vous suivrez mes avis et que vous sauverez la vie de votre sœur.

— Il faut que je connaisse d'abord quels sont les moyens que je dois employer.

— Non; il faut avant tout faire le serment solennel que vous les emploierez quand je vous les aurai fait connaître.

— Il n'est pas besoin de serment pour que je fasse, dans l'intérêt de ma sœur, tout ce qu'il est permis à un chrétien de faire.

— Permis!... Chrétien! s'écria l'étranger d'une voix de tonnerre; je ne veux pas de réserve. Chrétien ou païen, légitime ou non légitime, il faut que vous juriez de faire ce que je voudrai, ce que je vous prescrirai, ou bien.... Vous ne savez pas à la colère de qui vous vous exposez!

— Je réfléchirai à ce que vous me dites, répondit Jeanie, épouvantée de sa violence, et ne sachant si elle était en présence d'un furieux privé de raison ou d'un démon incarné, je réfléchirai à ce que vous me dites, — et demain je vous donnerai ma réponse.

— Demain! dit l'étranger avec un sourire de mépris; et où serai-je demain?.... Et où serez-vous ce soir si vous ne jurez de vous laisser guider par mes conseils?... Ce lieu a déjà vu commettre un crime, il va être témoin d'un autre, si vous refusez de prêter le serment que j'exige de vous.

En parlant ainsi, il montra sa main armée d'un pistolet.

La fuite était impossible, les cris auraient été inutiles, la malheureuse Jeanie tomba à genoux, et le supplia d'épargner sa vie.

— Est-ce là tout ce que vous aviez à me dire?

— Ne trempez pas vos mains dans le sang d'une créature sans défense, qui a eu confiance en vous, dit Jeanie toujours à genoux.

— Est-ce là tout ce que vous pouvez me dire, pour sauver votre vie.... Voulez-vous la mort de votre sœur?... Voulez-vous me forcer à répandre encore du sang?

— Je ne puis promettre que ce que la religion permet.

Une nouvelle fureur parut transporter l'inconnu, et il s'avança contre Jeanie le bras armé du pistolet.

— Que le ciel vous pardonne!... et elle se couvrit les yeux avec les mains.

— Damnation! s'écria l'étranger... Écoutez, écoutez-moi... Je suis un scélérat plongé dans le crime; mais pas assez avant pour vouloir vous assassiner... Je ne voulais que vous effrayer!... Elle ne m'entend pas!... Elle est morte!... Encore un crime de plus!... Grand Dieu! Misérable que je suis!

Jeanie, après une angoisse qui avait l'amertume de

celle de la mort, avait recouvré ses sens pendant qu'il parlait ainsi, et son courage, d'accord avec sa raison, lui fit voir qu'il n'en voulait point à ses jours.

— Non, lui répéta-t-il, je ne veux point avoir à me reprocher votre mort avec celle de votre sœur et de son enfant. Tout furieux, tout désespéré que je suis, quoique livré à un mauvais génie, quoique à jamais perdu, je ne vous ferais pas le moindre mal pour me procurer l'empire de la terre. Mais jurez que vous suivrez mes avis... Prenez ce pistolet, arrachez-moi une vie que je déteste, vengez les injures de votre sœur; mais suivez la marche, la seule marche qui puisse la sauver.

— Hélas! est-elle innocente ou coupable?

— Elle est innocente; elle n'a rien à se reprocher... rien que d'avoir eu trop de confiance en un misérable... Et cependant, sans ceux qui sont plus méchans que je ne le suis... oui, plus méchans que je ne le suis, quoique je le sois bien assez... ce malheur ne serait pas arrivé.

— Et l'enfant de ma sœur vit-il encore?...

— Non, il est assassiné!... le nouveau né a été barbarement assassiné!... Mais sans qu'elle y eût consenti, sans qu'elle en fût informée.

— Et pourquoi le coupable n'est-il pas livré à la justice, au lieu de laisser périr l'innocence?

— Ne me tourmentez pas de questions inutiles, répondit-il d'un air sombre et farouche... Ceux qui ont commis le crime ne craignent rien, ils sont à l'abri de toutes poursuites... Vous seule avez le pouvoir de sauver Effie.

— Malheureuse que je suis! et comment le pourrais-je? demanda Jeanie avec désespoir.

— Écoutez-moi. Vous avez du bon sens, vous me

comprendrez facilement. Votre sœur est innocente du crime dont on l'accuse.

— Et j'en bénis le ciel, dit Jeanie.

— Silence, écoutez-moi! s'écria l'étranger en fronçant le sourcil. Taisez-vous, et écoutez. La personne, qui a veillé votre sœur malade a assassiné l'enfant à l'insu de sa mère... Il n'a reçu le jour que pour le perdre. C'est peut-être un bonheur pour lui... Mais Effie est innocente comme son propre enfant; et cependant la loi la condamne; il est impossible de la sauver.

— On ne peut donc découvrir les misérables, les livrer à la justice? dit Jeanie.

— Croyez-vous persuader à ceux qui sont endurcis dans le crime, de mourir pour en sauver un autre. — Est-ce là tout ce que vous savez ?

— Mais vous disiez qu'il y avait un moyen, s'écria de nouveau la malheureuse Jeanie.

— Il y en a un, et il ne dépend que de vous. Écoutez bien. La loi est précise, on ne peut parer le coup qu'elle va frapper; mais il est possible de l'éluder. Elle déclare votre sœur coupable d'infanticide, parce qu'elle a caché sa grossesse; elle n'exige pas d'autre preuve. Mais, si quelqu'un déclare qu'elle lui a fait confidence de son état, l'affaire change de face; il faut qu'on prouve le crime dont on l'accuse; et la chose est impossible, puisqu'elle en est innocente. Maintenant vous devez m'entendre. Vous avez vu plus d'une fois votre sœur pendant l'époque qui a précédé la naissance de son enfant. Cela seul suffit, d'après leur jargon, pour mettre le cas hors du statut, car on écarte ainsi l'accusation de réticence. Je connais leur jargon, et pour mon malheur, je vous dis donc que le secret gardé sur la grossesse est essentiel pour constituer le délit contre le statut. Il était bien naturel qu'elle vous confiât sa situation... Je suis certain qu'elle l'a fait. Réfléchissez !

— Hélas ! malheureuse, dit Jeanie, jamais elle ne m'en a parlé. Quand je lui demandais la cause du dépérissement de sa santé, de la perte de sa gaieté, elle ne me répondait que par ses larmes.

— Je vous dis qu'il *faut* que vous vous rappeliez que vous lui avez fait des questions à ce sujet; qu'elle vous a répondu qu'elle avait été abusée par un misérable, un cruel, un barbare... tous les noms que vous voudrez; qu'elle portait dans son sein les suites de sa faute; que son séducteur lui avait promis de veiller à sa sûreté et à celle de son enfant. Oui, ajouta-t-il avec un ton d'ironie déchirante, et en se frappant la tête, il a bien rempli sa promesse ! Vous en souviendrez-vous ? ajouta-t-il d'un ton plus calme; voilà tout ce qu'il s'agit de dire.

— Comment pourrais-je me souvenir, répondit-elle avec simplicité, de ce dont elle ne m'a pas dit un seul mot !

— Êtes-vous donc si bornée? Avez-vous donc l'intelligence si dure? s'écria-t-il d'un ton de colère, en lui saisissant le bras et la serrant fortement. Je vous répète (ajouta-t-il en serrant les dents et à demi-voix, mais avec énergie), qu'il faut que vous vous souveniez qu'elle vous a dit tout cela, quand même elle n'en aurait jamais prononcé une syllabe. Il faut que vous répétiez cette histoire, dans laquelle il n'y a pas un mot qui ne soit vrai, excepté qu'elle ne vous a pas été confiée, il faut que vous la répétiez devant les juges, — ce tribunal criminel, — n'importe comme ils appellent leur cour sanguinaire. Il faut que vous les empêchiez d'être des meurtriers, et votre sœur d'être leur victime. N'hésitez pas! Je vous jure qu'en parlant ainsi vous ne direz que la pure vérité.

— Mais, répondit Jeanie, dont le jugement discerna sur-le-champ le sophisme de ce raisonnement, on me fera prêter serment sur la chose pour laquelle on a besoin de mon témoignage; car c'est le secret gardé par Effie sur sa grossesse qui fait son crime, et vous voulez me faire dire un mensonge sur ce point.

— Je vois bien, dit-il avec un dépit concentré, que je vous avais d'abord bien jugée. Vous laisserez périr sur l'échafaud votre malheureuse sœur, malgré son innocence, plutôt que de prononcer un seul mot qui pourrait la sauver?

— Je donnerais tout mon sang pour racheter sa vie, dit Jeanie en versant des larmes amères; mais je ne puis faire que le mensonge devienne la vérité.

— Fille extravagante! sœur dénaturée! craignez-vous de courir quelque risque? Les ministres de la loi acharnés après la vie des autres comme les levriers après les lièvres, se réjouiront de voir échapper une créature si jeune et si belle. Ils vous croiront, ou s'ils doutent de votre véracité, ils vous pardonneront; ils vous trouveront même digne d'éloges, à cause de votre tendre affection pour votre sœur.

— Ce ne sont pas les hommes que je crains, dit Jeanie en levant les yeux au ciel, c'est le Dieu dont je prendrais le nom à témoin de la vérité de ce que je dirai, en sachant que je profère un mensonge.

— Ne connaîtra-t-il pas vos motifs? Ne saura-t-il pas

que vous parlez ainsi pour sauver l'innocence, pour empêcher un crime légal, plus horrible encore que celui qu'on prétend punir?

— Il nous a donné une loi, dit Jeanie, qui doit nous servir de flambeau pour nous éclairer dans le droit chemin. Si nous nous en écartons, nous péchons contre notre conscience. Nous ne devons pas faire le mal, même pour qu'il en résulte un bien. Mais vous, vous qui aviez promis à Effie, dites-vous, de veiller à sa sûreté, vous qui connaissez la vérité de tout ce que vous venez de me dire, et qu'il faut que je croie sur votre parole, pourquoi n'allez-vous pas rendre un témoignage public à son innocence? Vous pouvez le faire avec une conscience pure.

— A qui parlez-vous de conscience pure, s'écria l'inconnu d'un ton qui renouvela toutes les terreurs de Jeanie? A moi! à moi qui n'en connais plus depuis tant d'années?... Rendre témoignage à son innocence! moi! moi! comme si mon témoignage pouvait être de quelque poids dans la balance de la justice! Croyez-vous que ce soit sans motif que je vous ai donné un rendez-vous à une telle heure et dans un tel lieu?... Quand vous verrez les hibous et les chauve-souris voler dans les airs en plein midi comme l'alouette, vous verrez un homme comme moi dans les assemblées des hommes... Mais chut, écoutez!

On entendait dans le lointain chanter un de ces airs monotones sur lesquels ont été composées une grande partie des anciennes ballades écossaises; le son cessa et puis recommença de plus près. L'inconnu semblait tout attention ; il tenait toujours par le bras Jeanie plus morte que vive, comme pour l'empêcher de faire le moindre bruit, soit en parlant, soit par un mouvement d'étonnement ou de frayeur. La voix, par intervalles, cessait de se faire entendre, recommençait ensuite à chanter, et semblait approcher. Enfin on entendit distinctement les paroles suivantes:

> Blotissez-vous, pauvre allouette,
> Le faucon plane dans les airs;
> Daims, cherchez des taillis couverts,
> La meute cruelle vous guette.

La personne qui chantait avait une voix forte et sonore qu'elle étendit au plus haut ton de manière à être entendue de très-loin. Après un instant d'intervalle, on distingua le bruit des pas et des chuchotemens de quelques personnes qui s'approchaient. Le chant recommença, mais ce n'était plus le même air.

> Quand je vois à votre poursuite,
> Courir des ennemis armés,
> Eh quoi, sir James, vous dormez!
> Réveillez-vous, prenez la fuite.

— Je ne puis rester plus long-temps, dit l'inconnu; retournez chez vous, ou cachez-vous ici jusqu'à ce que ces gens soient passés... Vous n'avez rien à craindre... Ne dites pas que vous m'avez vu... Souvenez-vous de tout ce que je vous ai dit, et songez que la vie de votre sœur dépend de vous.

A ces mots il s'éloigna précipitamment, en se dirigeant du côté opposé à celui d'où partait le bruit qu'on entendait.

Jeanie resta quelques instans immobile de frayeur, incapable même de réfléchir sur le parti qu'elle avait à prendre. Elle ne fut pas long-temps dans l'incertitude à cet égard; car à peine commençait-elle à reprendre sa présence d'esprit, qu'elle vit deux ou trois hommes déjà si près d'elle, que la fuite aurait été inutile et impolitique.

CHAPITRE XVI.

« De ses moindres discours le ton est exalté ;
« On n'y trouve qu'erreur, folie, absurdité :
» Jamais d'un sens complet on ne saisit la suite.
» On n'y peut découvrir ni dessein, ni conduite.
» Mais pour qui sait lier leur fil interrompu,
» L'avis qu'ils ont donné n'est pas toujours perdu. »

SHAKSPEARE. *Hamlet.*

DE même que l'Arioste, poëte à digressions, je me trouve obligé, pour lier les différentes branches de mon histoire, de retourner à un autre de mes personnages dont il faut que je conduise les aventures au point où j'ai laissé celles de Jeanie Deans. Ce n'est peut-être pas la manière de conter une histoire avec le plus d'art, mais elle a l'avantage d'épargner à l'auteur la nécessité de *relever des mailles,* comme le dirait une tricoteuse, si l'invention des métiers à faire des bas en a laissé une dans nos contrées : or ce travail est en général aussi fatigant que peu profitable pour un écrivain.

— Je risquerais une petite gageure, dit le clerc au magistrat, que si ce coquin de Ratcliffe avait sûreté pour son cou, il ferait lui seul plus que dix de nos officiers de police et de nos constables, pour nous mettre sur la voie dans cette affaire de Porteous ; il connaît tous les contrebandiers, les filous et les voleurs d'Édimbourg : on pourrait l'appeler le patriarche des bandits d'Écosse, car il a passé vingt ans parmi eux, sous le nom de Daddy Rat.

— Un plaisant pendard, dit le magistrat, pour croire qu'on lui confiera une place dans notre cité !

— Je demande pardon à Votre Honneur, dit le procureur fiscal de la ville, qui était chargé des fonctions de surintendant de police. M. Fairscrieve a parfaitement raison : c'est un homme comme Ratcliffe qu'il faudrait à la ville, dans mon département ; et s'il est vrai qu'il soit disposé à s'y rendre utile, personne ne pourrait l'être davantage. Ce ne sont pas des saints qui nous découvriront les fraudeurs, les voleurs et autres ; les gens honnêtes ne valent rien pour ce métier : on s'en méfie ; ils ont des scrupules ; ils ne savent pas mentir, même pour le service de la ville ; ils n'aiment pas à fréquenter les mauvais lieux, et dans une nuit bien froide et bien obscure, ils restent au coin de leur feu plutôt que d'aller à la découverte. C'est ainsi qu'entre la crainte de Dieu et la crainte des hommes, la peur de s'enrhumer ou celle de recevoir une volée de bons coups, nous avons une douzaine de valets de ville, d'officiers et de constables, qui ne peuvent rien trouver qu'une affaire de fornication pour le bénéfice du trésorier de l'église. Jean Porteous ! Ah ! c'est celui-là qui était ferme et zélé ; le pauvre diable! il en valait lui seul une douzaine : jamais ni doutes, ni craintes, ni scrupules ne l'ont empêché de faire ce que vous lui ordonniez.

— C'était un bon serviteur de la ville, dit le bailli, et si vous pensez que ce coquin de Ratcliffe puisse nous découvrir quelqu'un de ses assassins, je lui assurerai la vie et la place qu'il désire. C'est une affaire fâcheuse pour la ville, M. Fairscrieve; elle fera du bruit là-haut. La reine Caroline, Dieu la bénisse, est une femme... je dois le croire du moins, et ce n'est pas lui manquer de respect que de parler ainsi. Et quoique vous soyez garçon, vous pouvez savoir aussi bien que moi, puisque vous avez une femme de charge, que les femmes sont absolues, et ne veulent pas être contrariées. Cela sonnera mal à ses oreilles, quand elle apprendra qu'un tel événement a eu lieu à Édimbourg, sans qu'on ait encore mis un seul homme en prison.

— Si vous pensez ainsi, monsieur, dit le procureur fiscal, il est bien aisé de faire arrêter une douzaine de vagabonds comme suspects d'avoir pris part à l'insurrection : j'en ai plusieurs sur ma liste qui ne s'en porteront pas plus mal pour passer une quinzaine en prison. Si vous ne croyez pas la chose strictement juste, vous aurez une plus belle occasion de leur rendre justice la première fois qu'ils feront quelque chose pour mériter d'être mis à la Tolbooth ; et cela viendra bientôt.

—Cela ne suffirait pas dans ce cas-ci, M. Sharpitlaw, dit le clerc de la ville (1), ou je me trompe fort.

(1) Le clerc ou secrétaire-greffier du conseil de ville. — Éd.

— Je vais aller parler de Ratcliffe au lord prévôt (1), dit le magistrat, et je vous engage à y venir avec moi, M. Sharpitlaw, pour recevoir ses instructions. On peut

(1) Quelques détails sur le gouvernement municipal d'Edimbourg sont peut-être ici indispensables pour aider le lecteur à se familiariser avec les titres de certaines fonctions qui sont fréquemment citées dans un ouvrage où la métropole de l'Écosse est quelquefois mise en scène tout entière, ou représentée par ses magistrats.

Édimbourg est gouverné par un conseil municipal (*town council*) de trente-trois membres, qui ont la direction de toutes les affaires publiques dans la juridiction de la cité. Le conseil ordinaire n'est cependant que de vingt-cinq membres; les huit autres sont nommés *extraordinairement*. Les membres sont choisis dans les différentes professions industrielles et commerçantes. Le principal magistrat, dont la charge répond à celle du lord-maire de Londres, s'appelle le lord-prévôt. Il est grand-sheriff, coroner et et amiral de la cité d'Édimbourg et du port de Leith, etc. Dans la ville, il a le pas sur les grands-officiers de l'état et sur la haute noblesse; dans les cérémonies, il marche à la droite du roi ou du commissaire du roi, précédé d'une épée et d'une masse. Ses émolumens sont de 800 liv. par an. Après le lord-prévôt viennent quatre baillis, dont les fonctions correspondent à celles des aldermen de Londres; puis le doyen des corporations, un trésorier (emploi purement nominal); trois conseillers marchands, et deux du corps des métiers; les quatorze diacres ou chefs des métiers, et sept membres du conseil de l'année précédente.

Le conseil ordinaire s'assemble tous les vendredis; quatre avocats y sont attachés comme *assesseurs*, pour aider à la discussion des points de droit.

Les baillis forment un tribunal de police correctionnelle, et sont de droit juges de paix.

La police d'Édimbourg est aujourd'hui faite par un corps régulier d'officiers de police organisé d'après un acte du parlement. Autrefois les magistrats municipaux en étaient seuls chargés : la Garde de la Ville, dont il est question dans l'affaire Porteous, en était l'instrument armé. Il y avait en outre des agens ou officiers faire quelque chose aussi de l'histoire de M. Butler avec son inconnu. Que faisait cet homme dans ce lieu écarté? Pourquoi dire qu'il est le diable, à la terreur des honnêtes gens, qui ne se soucient d'en entendre parler que le dimanche dans la chaire. Quant au ministre, je ne puis croire qu'il fût vraiment un des chefs de l'attroupement, quoiqu'il ait été un temps où les gens de sa robe n'étaient pas les derniers à exciter des troubles.

— Il y a long-temps de cela! dit M. Sharpitlaw. Du temps de mon père, la recherche des ministres réduits au silence, aux environs de Bow-head, ou de Covenant-Close, et de toutes les tentes de Cedar, comme on appelait les demeures des saints en ce temps-là; — cette recherche, dis-je, occupait plus alors qu'aujourd'hui celle des voleurs et des vagabonds dans la partie basse de Calton et derrière Canongate (1), mais ces temps-là sont passés. Si le bailli veut me procurer des instructions et l'autorisation du prévôt, je parlerai avec Daddy Rat moi-même, parce que je crois que je tirerai de lui plus que vous autres.

M. Sharpitlaw étant nécessairement un homme de confiance, reçut du lord prévôt tout pouvoir pour faire

---

civils nommés par les magistrats avec différens titres. Un corps de soixante constables, élus annuellement, est chargé de veiller à la sûreté de la ville. En 1805, l'ancien système de police fut changé et remplacé par une cour spéciale de police, présidée par un juge de police, avec un secrétaire ou clerc et six inspecteurs. Depuis, le nombre des inspecteurs a été augmenté, et chaque quartier a le sien. — Éd.

(1) Voir tous ces quartiers dans le plan du vieil Édimbourg, dressé pour la lecture de *la Prison de Nigel*, etc.

Éd.

avec Ratcliffe les arrangemens qu'il jugerait convenables pour l'utilité de la ville. En conséquence, il se rendit à la prison.

Les relations respectives d'un officier de police avec un voleur de profession varient selon les circonstances. La comparaison vulgaire d'un faucon qui fond sur sa proie est souvent la moins juste. Le défenseur des lois a plus ordinairement l'air d'un chat qui, guettant une souris, ne se presse pas de tomber sur elle, mais surveille tous ses mouvemens, de manière qu'elle ne soit jamais hors de sa portée. Quelquefois jouant un rôle encore plus passif, c'est le serpent à sonnettes, dont l'œil fascine l'oiseau qu'il veut dévorer, et qui se contente de fixer ses regards sur lui en le suivant dans ses détours, certain que la terreur et le trouble de sa victime l'amèneront enfin dans sa gueule vorace. L'entrevue de Ratcliffe avec Sharpitlaw eut pourtant un autre caractère; ils restèrent assis pendant cinq minutes en face l'un de l'autre, devant une petite table, silencieux, mais se regardant d'un air de défiance, mêlé d'un sourire sardonique, comme deux chiens, entre lesquels un os se trouve placé, s'arrêtent à deux pas, s'accroupissent, chacun attendant que l'autre cherche à s'en emparer pour commencer le combat.

— Eh bien! M. Ratcliffe, dit l'officier de police, jugeant qu'il était de sa dignité de parler le premier, on m'assure que vous voulez quitter les affaires?

— Oui, dit Ratcliffe d'un air important, je ne veux plus m'en mêler, et je crois que cela épargnera quelque embarras à vos gens, M. Sharpitlaw.

— Jean Dalgleish, reprit le procureur fiscal, saurait bien le leur épargner.

Jean Dalgleish était alors l'exécuteur des hautes-œuvres d'Édimbourg.

— Oui, si je voulais attendre en prison qu'il vînt arranger ma cravate. Mais ce sont là des paroles inutiles, M. Sharpitlaw.

— Je présume que vous n'avez pas oublié que vous avez contre vous une sentence de mort, M. Ratcliffe?

— C'est le sort commun de tous les hommes, comme le disait ce digne ministre dans l'église de la prison, le jour que Robertson s'est échappé; mais personne ne sait quand la sentence sera exécutée. Il ne se doutait guère de parler si juste ce jour-là.

— Connaissez-vous ce Robertson? dit Sharpitlaw en baissant la voix, et d'un ton presque confidentiel : c'est-à-dire, pourriez-vous m'informer où l'on pourrait en avoir des nouvelles?

— Je serai franc avec vous, M. Sharpitlaw. Ce Robertson est un cran au-dessus de moi; c'est un luron : il a joué plus d'un bon tour; mais, excepté l'affaire du collecteur, dont il ne s'était mêlé que par complaisance pour Wilson, et quelques petites disputes avec les douaniers, il ne faisait rien dans notre trafic.

— Cela est bien singulier, attendu la compagnie qu'il fréquentait.

— C'est pourtant le fait, sur mon honneur, dit gravement Ratcliffe : il ne se mêlait pas de notre genre d'affaires. Je n'en dirai pas tout-à-fait autant de Wilson; j'en ai fait plus d'une avec celui-ci. Mais Robertson y viendra, ne craignez rien! avec la vie qu'il mène il faut qu'on y vienne tôt ou tard.

— Mais qui est donc ce Robertson? Vous le savez, je suppose?

— Pas trop exactement; je soupçonne qu'il est de meilleure condition qu'il ne veut le paraître. Il a été soldat, il a été comédien... Je ne sais pas ce qu'il n'a pas été, car il a commencé de bonne heure à faire des folies et des sottises.

— Il a dû jouer plus d'un tour dans son temps! n'est-ce pas, Ratcliffe?

— Vous pouvez bien le dire! Et... c'est un diable pour les fillettes!

— Je le crois bien. Ah çà, Ratcliffe, ne barguignons point. Vous savez de quelle manière vous pouvez obtenir faveur auprès de moi : il faut vous rendre utile.

— C'est juste, monsieur, répondit l'ex-déprédateur : rien pour rien; je connais les règles.

— Eh bien! ce qui nous occupe le plus aujourd'hui, c'est cette affaire de Porteous;..... et, si vous pouvez nous donner un coup de main pour la débrouiller..... la place de porte-clefs aujourd'hui, peut-être celle de capitaine de la prison avec le temps..... Vous m'entendez?

— Fort bien, monsieur; un coup d'œil est aussi bon qu'un signe de tête pour un cheval aveugle. Mais cette affaire de Porteous!..... pensez donc que j'étais en prison pendant tout ce temps-là. J'avais peine à m'empêcher de rire quand je l'entendais crier merci aux braves garçons qui le tenaient. Ah! ah! voisin, pensais-je, tu m'as fait venir la chair de poule plus d'une fois; mais, à ton tour, tu vas voir ce que c'est que d'être pendu!

— Allons, allons, Ratcliffe, cela ne prendra pas avec moi; il faut en venir au fait, si vous voulez que nous soyons amis. Vous savez le proverbe : *Donnant donnant*, c'est ce qui fait les bons amis.

—Mais comment puis-je en venir au fait, comme vous le dites, répondit Ratcliffe d'un air de simplicité, puisque j'étais en prison avant et après cette affaire ?

— Et comment peut-on vous faire grace, Ratcliffe, si vous ne faites rien pour le mériter ?

— Eh bien donc, puisqu'il le faut, j'ai reconnu Geordy Robertson parmi ceux qui sont venus ici chercher Porteous ; de quelle utilité cela sera-t-il ?

— Voilà ce que j'appelle en venir au point... Maintenant, où croyez-vous qu'on puisse le trouver ?

— Du diable si j'en sais rien : il a sans doute quitté le pays ; il ne manque pas d'amis d'une façon ou d'une autre ; car, malgré la vie qu'il mène, il paraît avoir été bien éduqué (1).

— Il n'en figurera que mieux sur le gibet... Le chien maudit ! assassiner un officier de la ville pour avoir fait son devoir !... Qui sait ce qu'il pourrait faire ensuite ?..... Mais êtes-vous bien sûr de l'avoir vu ?

— Aussi sûr que je vous vois.

— Comment était-il habillé ?

— Je ne saurais trop dire : il avait sur la tête quelque chose comme une coiffure de femme : on ne peut avoir l'œil à tout.

— N'a-t-il parlé à personne ?

— Ils se parlaient les uns aux autres, répondit Ratcliffe, qui évidemment ne se souciait pas de répondre trop clairement à cette interrogation.

(1) Les mots vulgaires ne se traduisent que difficilement ; mais nous avons déjà signalé la nécessité de rappeler de temps en temps au moins le style de chaque personnage dans son jargon. — ÉD.

LA PRISON D'ÉDIMBOURG. 261

— Cela ne peut passer comme ça, Ratcliffe; il faut tout révéler, dit le procureur fiscal avec emphase, en frappant du poing sur la table, et répétant sa phrase.

— Cela est dur, M. Sharpitlaw, et sans cette place de porte-clefs...

— Et un jour celle de capitaine de la Tolbooth, en cas de bonne conduite.

— Oui, en cas de bonne conduite, c'est là le diable! et puis il faut attendre les souliers des morts.

— Mais la tête de Robertson a son prix, Ratcliffe; songez à la récompense promise pour son arrestation; songez que, si vous la gagnez, et que vous obteniez le poste que vous désirez, vous pourrez mener à l'avenir une vie honorable.

— Je ne sais, dit Ratcliffe; c'est commencer drôlement le métier de l'honnêteté, M. Sharpitlaw; mais du diable si je m'en inquiète! Au surplus, je puis vous dire encore que j'ai vu Robertson parler à Effie Deans, cette fille qui est ici pour infanticide.

— Oui-dà, Ratcliffe! Un moment donc! Je crois que nous approchons la main du nid!..... Cet homme qui a parlé à Butler dans le parc..... ce rendez-vous de nuit avec Jeanie Deans à la butte de Muschat..... En rapprochant tout cela... je parierais qu'il est le père de l'enfant d'Effie!

— On pourrait plus mal deviner, dit Ratcliffe en mâchant du tabac, et en faisant jaillir sa salive entre ses dents. J'ai entendu parler d'une maîtresse qu'il avait, et c'est tout ce qu'a pu faire Wilson que de l'empêcher de l'épouser.

Un officier de police entra en ce moment, et dit à

Sharpitlaw que ses gens tenaient la femme qu'il lui avait donné ordre d'arrêter.

— Peu importe à présent, répondit le procureur fiscal, l'affaire prend une autre face. Au surplus, faites-la entrer.

L'officier se retira, et amena une femme de vingt à vingt-deux ans, d'une très-grande taille, et singulièrement vêtue. Elle avait une espèce de redingote bleue garnie de vieux galons ; ses cheveux, relevés comme ceux d'un homme, étaient couverts d'une toque de montagnard avec un panache de plumes brisées ; elle portait un jupon de camelot écarlate, où l'on voyait encore quelques vestiges de broderie fanée. Elle avait les traits mâles et hardis ; de grands yeux noirs, un nez aquilin, et un profil bien dessiné, lui donnaient de loin une apparence de beauté ; elle agita une houssine qu'elle tenait à la main, fit la révérence aussi profondément qu'une dame de province introduite dans une grande soirée, se recueillit gravement comme Audrey, dans la scène où Touchstone lui fait la leçon (1), et ouvrit la conversation sans attendre qu'on l'interrogeât.

— Dieu donne à Votre Honneur d'heureux jours accompagnés de plusieurs autres, bon M. Sharpitlaw. Bonjour, Daddy Ratton ; on m'avait dit que vous étiez pendu, mon homme ; vous êtes-vous tiré des mains de Jean Dalgleish comme Maggie Dickson ?

—Taisez-vous, bavarde, lui dit Ratcliffe, et écoutez ce qu'on a à vous dire.

— De tout mon cœur, Rat. Je suis si contente qu'on

(1) Voyez *Comme il vous plaira* de Shakspeare. — ÉD.

m'ait envoyé chercher par un grand homme à habit brodé, qui m'a conduite en plein jour, et à la vue de toute la ville, pour venir parler à des prévôts, des baillis, des proquiteurs (1)... C'est de l'honneur sur la terre, une fois dans la vie du moins.

— Aussi, Madge, vous avez mis vos beaux habits, dit Sharpitlaw d'un air goguenard; ce n'est pas là votre costume de tous les jours?

— Eh bien! que le diable soit au bout de mes doigts, dit Madge. — Eh! messieurs, ajouta-t-elle en voyant entrer Butler, que le procureur fiscal avait envoyé chercher, — un ministre dans la prison! il y est sans doute pour la bonne vieille cause; mais ce n'est pas la mienne. Et elle se mit à chanter :

> Des Cavaliers! des Cavaliers! alerte!
> Patapan, patapan.
> Vieux Belzébut, alerte! alerte!
> Patapan, patapan;
> Olivier s'enfuit tout tremblant (2).

— Avez-vous jamais vu cette folle? demanda Sharpitlaw à Butler.

— Non pas que je sache, monsieur...

— Je le pense de même, répliqua le procureur fiscal en jetant à Ratcliffe un regard d'intelligence, que celui-ci paya en même monnaie.

---

(1) Pour dire procureurs fiscaux. Ce nouveau personnage a son patois assez étrange; tantôt il dénature la prononciation d'un mot, tantôt il mêle une phrase poétique à une phrase vulgaire, et toujours en écossais. — Éd.

(2) Fragment de vieille chanson jacobite sur Olivier Cromwell.
Éd.

— Elle se nomme pourtant Madge Wildfire, ajouta-t-il en regardant Butler.

— Sans doute, c'est mon nom. C'est mon nom, depuis que je..... Et un air de tristesse se répandit sur ses traits pendant une minute. Mais il y a long-temps, je ne m'en souviens plus ; je n'y mettrai plus le pouce !

> Ma voix a l'éclat du tonnerre :
> Et l'éclair brille dans mes yeux. —
> On me voit errer sur la terre,
> Dans le vallon, au mont audacieux.

— Retenez votre langue, mauvaise fille ! dit l'officier de police qui avait servi d'introducteur à cette fille extraordinaire, et qui était scandalisé du peu de respect qu'elle montrait pour un personnage aussi important que le procureur fiscal, M. Sharpitlaw ; si vous ne vous taisez, je vous ferai chanter sur un autre ton.

— Laissez-la, Georges, dit Sharpitlaw, ne la déroutez pas. J'ai quelques questions à lui faire. Mais d'abord, M. Butler, examinez-la bien encore une fois.

— Oui, ministre, oui ! s'écria Madge, regardez-moi : ma figure vaut bien tous vos livres. Je puis vous parler de grace efficace, de justification et de témoignage. C'est-à-dire je le pouvais, mais vous savez qu'on oublie.

Et la pauvre Madge poussa un profond soupir.

— Eh bien ! monsieur, qu'en pensez-vous maintenant ? demanda le procureur fiscal à Butler.

— Ce que je vous ai déjà dit. Jamais je n'ai vu cette pauvre insensée.

— Vous êtes donc bien sûr que ce n'est pas elle à qui l'on donnait, la nuit dernière, le nom de Wildfire?

— Parfaitement sûr. C'est à peu près la même taille, mais du reste, pas l'ombre d'une ressemblance.

— Et le costume ?

— Était tout différent.

— Madge ; ma bonne fille, dit Sharpitlaw, qu'avez-vous fait des habits que vous mettez tous les jours ?

— Je n'en sais rien.

— Où étiez-vous hier soir ?

— Hier ! je ne m'en souviens pas. Est-ce qu'on se souvient d'hier ? Un jour est bien assez long, quelquefois trop.

— Mais vous vous en souviendriez peut-être, Madge, si je vous donnais cette demi-couronne ? dit Sharpitlaw en lui montrant une pièce de monnaie.

— Cela me ferait rire, mais cela ne me rendrait pas la mémoire.

— Mais si je vous envoyais à la maison de peine de Leith-Wynd, en chargeant Jean Dalgleish de vous chatouiller le dos avec des verges ?

— Cela me ferait pleurer, mais cela ne me rendrait pas la mémoire.

— Elle n'a pas assez de raison, monsieur, dit Ratcliffe, pour que l'argent ou les verges en puissent tirer quelque chose ; mais si vous vouliez me le permettre, je saurais bien la faire jaser.

— Essayez donc, Ratcliffe, dit Sharpitlaw, car son jargon m'ennuie, et je l'enverrais à tous les diables.

— Madge, dit Ratcliffe, avez-vous quelque amoureux à présent ?

— Vous le demande-t-on ? Dites que vous n'en savez rien... Voyez donc ce vieux Daddy Rat ! — me demander si j'ai des amoureux !

— Je vois bien que vous n'en avez pas.

— Je n'en n'ai point! s'écria-t-elle en secouant la tête de l'air d'une beauté outragée; ah! je n'en ai point? Et qu'est-ce que c'est donc que Rob Ranter, et Will Fleming, et Geordy Roberston? Ah! ah! que dites-vous de celui-là, du gentil Geordy?

Ratcliffe sourit, cligna l'œil en regardant le procureur fiscal, et continua son interrogatoire à sa manière. — Ah! je le connais bien, dit-il, il est fier, il ne vous aime que quand vous êtes brave : il ne voudrait pas vous toucher avec des pincettes, quand vous avez vos habits de tous les jours.

— Eh bien! c'est ce qui vous trompe! Pardi! il les a mis lui-même hier! il les a promenés dans toute la ville, et il avait aussi bonne mine qu'une reine!

— Je n'en crois rien, dit Ratcliffe avec un autre coup d'œil adressé au procureur fiscal : ces haillons avaient la couleur de la lune dans l'eau, je pense, Madge ; — la robe avait été jadis bleu de ciel.

— Cela n'est pas vrai! s'écria Madge, qui, poussée par la contradiction, laissait échapper tout ce qu'elle aurait voulu cacher, si son jugement n'avait été en défaut. — Ils n'étaient ni bleus ni rouges; c'était ma robe brune, le vieux chapeau de ma mère, et ma mante rouge. Il m'a donné une couronne pour les lui prêter, et m'a embrassée par-dessus le marché, ce qui valait encore mieux!

— Et vous a-t-il rapporté vos habits? lui demanda Sharpitlaw. Savez-vous où il est maintenant?

— Le procureur fiscal a tout gâté! dit Ratcliffe sèchement.

Il ne se trompait pas. Cette question si directe rappela à Madge qu'elle devait garder le silence sur les objets dont Ratcliffe venait de la faire parler. Ah! vous nous écoutiez donc? dit-elle à Sharpitlaw, d'un air qui prouvait qu'elle n'avait guère moins d'astuce que de folie.

— Oui, oui; dites-moi à quelle heure et dans quel endroit Robertson vous a rendu vos vêtemens?

— Robertson! eh mon Dieu! qu'est-ce que Robertson?

— Celui dont vous parlez, que vous nommez gentil Geordy.

— Geordy Gentil? je ne connais personne qui s'appelle Geordy Gentil.

— Ne comptez pas m'échapper ainsi! dit Sharpitlaw. Il faut que vous répondiez à ma question.

Au lieu de répondre, Madge se mit à chanter:

> Qu'avez-vous fait de mon anneau,
> De mon anneau de mariage?
> L'amour dont il était le gage
> Devait durer jusqu'au tombeau.

De toutes les folles qui ont jamais chanté depuis le siècle d'Hamlet le Danois, si Ophélie fut la plus attendrissante, Madge était la plus impatientante. Le procureur fiscal était désolé.

— Je saurai, s'écria-t-il, prendre des mesures avec cette diablesse échappée de Bedlam, pour lui faire retrouver sa langue.

— Si vous m'en croyez, monsieur, dit Ratcliffe, le mieux serait de laisser son esprit se calmer quelque temps. Nous en avons déjà tiré quelque chose.

— Sans doute! dit Sharpitlaw, un vieux chapeau,

une robe brune, et une mante rouge. M. Butler, ce costume convient-il à votre Wildfire d'hier soir?

— Parfaitement, dit Butler.

— Et je puis attester, *maintenant*, dit Ratcliffe...

— Oui, interrompit Sharpitlaw, à présent que nous l'avons découvert sans vous.

— Justement, puisque les choses en sont à ce point, je puis dire que c'est sous ces habits que j'ai reconnu, hier soir, Robertson dans la prison, à la tête de l'émeute.

— Témoignage direct! s'écria Sharpitlaw. Ratcliffe, je vais faire un rapport favorable au lord prévôt sur votre compte. Il se fait tard; il faut que j'aille au logis manger un morceau. Je reviendrai sur le soir. En attendant je laisse Madge avec vous. Tâchez de la mettre dans une bonne gamme. A ces mots il quitta la prison.

CHAPITRE XVII.

> « L'un jouait de la cornemuse,
> « L'autre sifflait, un troisième chantait;
> « Le cor retentissait, et l'écho répétait :
> « Fuyez, Musgrave, on vous accuse. »
>
> *La ballade du petit Musgrave.*

Lorsque le procureur fiscal revint au Cœur de Midlothian, il reprit sa conférence avec Ratcliffe, sur le secours et l'expérience duquel il croyait maintenant pouvoir compter.

— Ratcliffe, dit-il, il faut que vous parliez à Effie Deans. Je suis sûr qu'elle connaît tous les endroits où se cache Robertson. Il faut que vous lui tiriez son secret.

— Non, non, dit le porte-clefs élu, c'est ce que je ne suis pas libre de faire.

— Et pourquoi ? Que diable avez-vous qui vous arrête ? Je croyais que tout était arrangé entre nous ?

— Je ne vois pas cela, monsieur, dit Ratcliffe... J'ai parlé à cette Effie, — elle est étrangère à ce lieu-ci et à ce qui s'y passe, comme à l'argot de notre clique. Elle pleure, la pauvre fille, et son cœur se brise en songeant à son enfant perdu. Si elle était la cause de la capture de Georges, elle en mourrait de douleur.

— Elle n'en aurait pas le temps, mon garçon, dit Sharpitlaw : elle ne tardera pas à être pendue. — Le cœur d'une femme est long-temps à se briser.

— C'est suivant l'étoffe dont elles sont faites, monsieur, dit Ratcliffe. — Mais pour abréger — je ne puis me charger de cette affaire : — elle répugne à ma conscience.

— Votre conscience, Ratcliffe ! dit Sharpitlaw avec un ironique sourire que le lecteur croira probablement très-naturel dans cette occasion.

— Oui, monsieur, répondit Ratcliffe avec sang-froid. — Ma conscience... chacun a une conscience. Je crois la mienne aussi bonne que celle des autres ; et cependant, semblable au coude de ma manche, elle attrape parfois quelque tache dans un coin.

— Eh bien, puisque vous êtes si délicat, je parlerai moi-même à la fillette.

Il se fit conduire dans une petite chambre obscure qu'Effie occupait. La pauvre fille était assise sur son lit, plongée dans une profonde rêverie. Son dîner était encore sur une table, sans qu'elle y eût touché, et le porte-clefs qui était chargé d'elle dit qu'elle passait quelquefois vingt-quatre heures sans autre nourriture qu'un verre d'eau.

Sharpitlaw prit une chaise, ordonna au porte-clefs de se retirer, et ouvrit la conversation, en s'efforçant de donner à son ton et à sa physionomie une apparence de commisération et de bonté. La chose n'était pas facile, car il avait la voix aigre et dure, et ses traits n'annonçaient qu'égoïsme et astuce.

— Comment vous trouvez-vous, Effie? comment va votre santé?

Un soupir fut toute la réponse qu'il obtint.

— Se conduit-on civilement envers vous, Effie?..... C'est mon devoir de m'en informer.

— Très-civilement, monsieur, dit Effie faisant un effort pour parler, et sachant à peine ce qu'elle disait.

— Votre santé paraît bien faible; désireriez-vous quelque chose; êtes-vous contente de votre nourriture?

— Très-contente, monsieur, dit la pauvre prisonnière, d'un ton où il ne restait plus rien de l'enjouement et de la vivacité du Lis de Saint-Léonard; elle n'est que trop bonne pour moi.

— Il faut que celui qui a causé vos malheurs soit un bien grand misérable, Effie! dit Sharpitlaw.

Cette remarque lui était dictée partie par un sentiment naturel, dont il ne pouvait se dépouiller entièrement en ce moment, quelque accoutumé qu'il fût à mettre en jeu les passions des autres et maîtriser les siennes, et partie par le désir qu'il avait de faire tomber la conversation sur un sujet qui pouvait être utile à ses projets; car, pensait-il, — plus ce Robertson est un misérable, plus il y a de mérite à le faire tomber dans les mains de la justice.

— Oui, répéta-t-il, un bien grand misérable!..... Je voudrais qu'il fût ici à votre place.

— Je suis plus à blâmer que lui, dit Effie : j'ai été

élevée dans de bons principes, et le pauvre malheureux... Elle s'arrêta.

— A été toute sa vie un vaurien. C'était le compagnon de ce vagabond, de ce scélérat de Wilson, je crois ; n'est-il pas vrai, Effie ?

— Il aurait été bien heureux pour lui qu'il ne l'eût jamais vu !

— Cela est bien vrai, Effie. — Dans quel endroit Robertson vous donnait-il rendez-vous ? N'est-ce pas du côté de Calton ?

Simple et naïve, Effie avait suivi, sans s'en apercevoir, l'impulsion que lui avait donnée le procureur fiscal, parce qu'il avait eu l'art de faire coïncider ses discours avec les réflexions qu'il présumait bien devoir occuper l'esprit de la prisonnière ; de manière qu'en répondant, elle ne faisait pour ainsi dire que penser tout haut ; ce qu'on obtient assez facilement, par d'adroites suggestions, de ceux qui sont naturellement distraits, ou absorbés par quelque grand malheur. Mais la dernière observation ressemblait trop à un interrogatoire direct, et elle rompit le charme à l'instant même.

— Que disais-je donc ? s'écria Effie en se levant et en écartant de son front des cheveux noirs qui couvraient ses traits flétris et décolorés, mais dont on pouvait encore apercevoir la beauté ; et fixant ses regards sur Sharpitlaw : — Vous êtes trop honnête, trop humain, lui dit-elle, pour prendre avantage de ce qui peut échapper à une pauvre fille qui n'a plus l'esprit à elle ! Dieu me soit en aide.

— J'en voudrais prendre avantage pour vous servir, Effie, lui dit-il d'un ton patelin ; et je ne connais rien qui pût vous être si utile que de contribuer à l'arrestation de ce bandit de Robertson.

— Pourquoi injurier quelqu'un qui ne vous a jamais injurié, monsieur ?... Robertson, dites-vous ? Je n'ai rien à dire, je ne dirai rien contre personne qui se nomme ainsi.

— Mais si vous lui pardonnez vos propres malheurs, Effie, songez au désespoir dans lequel il a plongé toute votre famille.

— Que le ciel ait pitié de moi ! s'écria la pauvre Effie: c'est là le coup le plus rude à supporter !... Mon pauvre père ! ma chère Jeanie..... Ah ! monsieur, si vous avez quelque compassion... car tous ceux que je vois ici ont le cœur dur comme marbre... permettez que ma sœur entre la première fois qu'elle demandera à me voir. Je sais qu'elle est venue, j'ai reconnu sa voix, je l'ai entendue pleurer. J'ai cherché inutilement à monter à cette fenêtre pour l'apercevoir un instant; j'ai cru que j'en perdrais l'esprit.

Elle sanglotait en parlant ainsi, et le regardait d'un air si attendrissant, que M. Sharpitlaw n'y put résister.

— Vous verrez votre sœur, lui dit-il, si vous voulez me dire..... Non, non, non ! ajouta-t-il, que vous parliez ou que vous vous taisiez, vous la verrez, je vous le promets. — Et se levant précipitamment, il se retira.

Quant il eut rejoint Ratcliffe, — Vous aviez raison, lui dit-il, on n'en peut rien tirer..... J'ai pourtant deviné une chose, c'est que Robertson est le père de l'enfant, et je gagerais une bonne pièce d'or que c'est lui qui doit attendre cette nuit Jeanie Deans à la butte de

Muschat; mais, certes! nous l'enclouerons, Ratcliffe, ou je ne m'appelle pas Gédéon Sharpitlaw.

— Mais il me semble, dit Ratcliffe, qui peut-être ne se souciait pas de coopérer à la découverte et à l'arrestation de Robertson, il me semble que, si cela était, M. Butler, en lui parlant au bas du rocher de Salisbury, aurait reconnu que c'était lui qui, sous le nom de Wildfire, était à la tête de la populace.

— Point du tout, répondit Sharpitlaw; le trouble où était M. Butler, le changement de costume du coquin, sa figure peinte de plus d'une couleur, la différence de la lumière du jour à celle des torches, tout peut avoir contribué à le tromper. Mais, parbleu! vous que voilà, Ratcliffe, je me rappelle vous avoir vu déguisé de manière que votre père le diable n'aurait osé lui-même jurer que ce fût vous.

— Et cela est vrai! dit Ratcliffe.

— Et d'ailleurs, stupide que vous êtes, continua Sharpitlaw d'un air de triomphe, le ministre m'a dit qu'il lui avait semblé que les traits de l'étranger à qui il avait parlé ne lui étaient pas inconnus, quoiqu'il ne pût dire ni où, ni quand il l'avait vu.

— Il est possible que Votre Honneur ait raison.

— En conséquence, nous irons cette nuit, vous et moi, lui tendre nos filets, et j'espère bien que nous l'y prendrons.

— Je ne vois pas trop de quelle utilité je puis être à Votre Honneur, dit Ratcliffe d'un air de mauvaise grace.

— De quelle utilité? Vous me servirez de guide..... Vous connaissez le terrain..... Vous ne me quitterez, mon bon ami, que quand il sera dans mes mains.

— Ce sera comme il plaira à Votre Honneur, dit Ratcliffe d'un ton peu satisfait : mais songez que c'est un homme déterminé.

— Nous aurons avec nous de quoi le mettre à la raison, s'il est nécessaire.

— Mais cependant, reprit Ratcliffe, je ne sais trop si je pourrai vous conduire à la butte de Muschat pendant la nuit, sans me tromper. Il y a tant de buttes et de monticules dans la vallée! et elles se ressemblent toutes comme le diable et un charbonnier; c'est vouloir prendre la lune dans un seau d'eau.

— Que veut dire cela, Ratcliffe? dit Sharpitlaw en jetant sur lui un regard sinistre; avez-vous oublié que vous êtes encore sous sentence de mort?

— Non, non! répondit Ratcliffe, c'est une chose qui ne s'oublie pas si aisément. Si vous jugez ma présence nécessaire, je vous suivrai; mais ce que je vous dis, c'est pour le bien de la chose : il y a quelqu'un qui vous guiderait mieux que moi, et c'est Madge Wildfire.

— Que diable! il faudrait que je fusse atteint d'une folie pire que la sienne, pour m'en rapporter à elle dans une semblable occasion.

— Votre Honneur en est le meilleur juge; mais je saurai la tenir en bonne humeur, et je réponds bien qu'elle nous mènera par le bon chemin. — Elle dort souvent à la belle étoile, ou erre dans ces montagnes toute la nuit pendant l'été.

— Eh bien, Ratcliffe, j'y consens..... Mais prenez bien garde à ce que vous ferez! votre vie dépend de votre conduite.

— C'est une triste chose pour un homme, quand une

fois il a été aussi loin que moi, de ne pouvoir être honnête de quelque façon qu'il s'y prenne.

Telle fut la réflexion de Ratcliffe, quand il resta quelques minutes livré à lui-même pendant que l'officier de la justice allait chercher le mandat dont il avait besoin, et prendre toutes les dispositions nécessaires.

La lune se levait lorsque Sharpitlaw, avec ses gens, sortit de l'enceinte d'Édimbourg et entra dans la plaine campagne. Arthur's Seat, tel qu'un immense lion couchant (1), — et les Salisbury-Craigs, semblables à une vaste ceinture de granit, se dessinaient obscurément dans l'ombre. Suivant le sentier au sud de Canongate, ils atteignirent l'abbaye d'Holyrood-House, et de là pénétrèrent, en franchissant quelques haies et quelques rochers, dans le Parc du Roi. Ils n'étaient d'abord que quatre; Sharpitlaw et un officier de police, armés de sabres et de pistolets; Ratcliffe, à qui l'on n'avait pas cru devoir confier d'armes, peut-être de peur qu'il n'en fît un mauvais usage, et Madge, qui avait consenti à leur servir de guide. Mais, en descendant la montagne, ils trouvèrent quatre autres officiers de police armés jusqu'aux dents, auxquels Sharpitlaw avait donné ordre de se rendre d'avance en cet endroit, et de l'y attendre, afin d'avoir une force suffisante pour rendre toute résistance inutile, et pour exciter moins d'attention en sortant de la ville.

Ratcliffe ne vit pas avec plaisir cette augmentation d'auxiliaires. Il avait pensé jusqu'alors que Robertson, jeune, alerte, vigoureux et plein de courage, se débar-

(1) Terme de blazon : la configuration du mont d'Arthur prête en effet à cette comparaison avec un lion accroupi. — Éd.

rasserait aisément de Sharpitlaw et de son acolyte, graces à sa force ou à son agilité ; et, comme on ne lui avait point donné d'armes, on ne pouvait attendre ni exiger de lui aucune coopération active. Mais quand il vit la troupe renforcée de quatre hommes robustes et bien armés, il comprit que le seul moyen de sauver Robertson (et le vieux pêcheur était disposé à s'y prêter, pourvu que ce fût sans compromettre sa propre sûreté) serait de l'avertir, par un signal, de leur approche.

C'était dans cette intention que Ratcliffe avait demandé que Madge lui fût associée, se fiant à la propension qu'elle avait à exercer ses poumons. En effet, elle leur avait donné tant de preuves de sa bruyante loquacité, que Sharpitlaw était presque résolu à la renvoyer, avec un des officiers de police, plutôt que de mener plus avant une personne si peu propre à servir de guide dans une expédition secrète. Il semblait aussi que l'air plus vif, l'approche des collines et la clarté de la lune, qu'on suppose avoir tant d'influence sur les cerveaux malades, excitaient ses chants plus que de coutume. La réduire au silence par la persuasion paraissait impossible ; les ordres ni les promesses n'en venaient à bout, et les menaces ne faisaient que la rendre plus intraitable.

— Quoi ! dit Sharpitlaw impatienté, pas un de vous n'est en état de me conduire à cette maudite butte, à cette infernale butte de Muschat ? Il n'y a que cette folle criarde qui en connaisse le chemin ?

— Du diable si aucun de ces poltrons la connaît ! s'écria Madge ; mais moi, combien de nuits j'ai couché sur cette butte, depuis le vol de la chauve-souris jusqu'au chant du coq ! combien de fois j'y ai causé avec

Nicol Muschat et Ailie Muschat sa femme, qui dorment par-dessous !

— Au diable votre folle tête ! s'écria Sharpitlaw ; ne permettrez-vous pas qu'on me réponde ?

Ratcliffe étant parvenu à occuper un moment l'attention de Madge, tous les officiers de police déclarèrent à leur chef qu'ils connaissaient parfaitement la butte de Muschat, mais qu'il leur serait impossible de la distinguer à la lumière douteuse de la lune, de manière à y aller directement pour assurer le succès de l'expédition.

— Mais que faire, Ratcliffe ? dit Sharpitlaw ; s'il nous entend avant que nous soyons près de lui (et il n'est que trop sûr qu'il nous entendra), il prendra la fuite, et nous échappera facilement. Je donnerais pourtant de bon cœur cent livres sterling pour le prendre, pour l'honneur de la police, et parce que le prévôt dit qu'il faut pendre quelqu'un dans cette affaire de Porteous, quoi qu'il en arrive.

— Je crois, dit Ratcliffe, que nous pouvons parler à Madge, et je vais tâcher de la forcer à plus de silence ; mais d'ailleurs s'il l'entend fredonner ses vieilles chansons, il ne croira pas pour cela qu'elle ne soit pas seule.

— Cela est assez vraisemblable ; et s'il croit qu'elle est seule, il est même possible qu'il vienne à sa rencontre au lieu de la fuir. Allons, messieurs, en avant, ne perdons pas de temps, et surtout grand silence. Que la folle seule parle, puisqu'on ne peut la faire taire. Ratcliffe, faites en sorte qu'elle ne nous égare point.

— Et comment Muschat et sa femme vivent-ils ensemble maintenant ? demanda Ratcliffe à Madge pour entrer dans l'humeur de sa folie; — ils ne faisaient pas trop bon ménage autrefois, si l'on dit vrai.

— Oh! dit-elle du ton d'une commère qui raconte l'histoire de ses voisins, ils ne songent plus au passé. Je leur ai dit que ce qui est fait est fait. Cependant la femme a son gosier dans un triste état : elle le couvre de son linceul pour qu'on ne voie pas la blessure; mais cela n'empêche pas le sang de couler. Je lui avais conseillé de le laver dans la source de Saint-Antoine; et si le sang peut se laver c'est là; mais on dit que le sang ne s'efface jamais sur un linceul : la nouvelle eau à nettoyer le linge, du diacre Sanders, n'y pourrait rien. Je l'ai essayé moi-même sur un linge teint du sang d'un enfant qui avait été blessé quelque part : rien ne put l'effacer. Vous direz que c'est drôle; mais je veux le porter à la source de Saint-Antoine, et dans une belle nuit comme celle-ci, j'appellerai Ailie Muschat; elle et moi nous ferons une grande lessive, et nous étendrons notre linge au clair de la bonne lune, que j'aime mieux que le soleil : celui-ci est trop chaud pour ma pauvre tête. Mais la lune, la rosée, le vent et la nuit sont un baume frais sur mon front; et parfois je pense que la lune ne brille que pour mon plaisir, et ne se fait voir qu'à moi.

En tenant ces discours inspirés par la folie, elle marchait avec rapidité, tenant par le bras et entraînant Ratcliffe, qui l'engageait ou plutôt qui avait l'air de l'engager à parler plus bas.

Tout à coup elle s'arrêta sur le sommet d'une petite hauteur, et, fixant les yeux sur le ciel, elle resta immobile deux ou trois minutes.

— A qui diable en a-t-elle maintenant! dit Sharpitlaw à Ratcliffe; ne pouvez-vous pas la faire avancer?

— Un moment de patience, monsieur : elle ne fera pas un pas plus vite qu'elle ne l'a mis dans sa tête.

— De par tous les diables! j'aurai soin qu'elle fasse une visite à Bedlam ou à Bridewell (1), ou dans ces deux endroits; car elle est aussi méchante que folle.

En s'arrêtant, elle avait l'air pensif; tout à coup elle partit d'un grand éclat de rire; enfin, ayant soupiré, elle chanta, les yeux tournés vers la lune :

> Lune, chère lune, bonsoir!
> Ne te cache pas, je t'en prie :
> Qu'à ta clarté je puisse voir
> L'amant par qui je suis chérie.

— Mais qu'ai-je besoin de demander cela à la bonne dame Lune? je le connais bien, quoiqu'il ait été infidèle... Mais personne ne dira que j'en ai parlé. Si l'enfant..... mais il y a un ciel au-dessus de nous (ici elle soupira amèrement), et une belle lune dans le ciel pour nous éclairer, ajouta-t-elle avec un grand éclat de rire.

— Ratcliffe! s'écria Sharpitlaw, resterons-nous ici toute la nuit? faites-la donc marcher.

— C'est fort aisé, monsieur, mais de quel côté. Si je ne la laisse pas choisir son chemin, elle est fille à nous égarer. Eh bien! Madge, lui dit-il, si nous n'avançons pas, nous arriverons trop tard pour voir Muschat et sa femme : si vous ne nous montrez le chemin, ils seront endormis.

— C'est vrai, Ratton, marchons. Et elle se mit à

---

(1) On enferme les fous à Bedlam, et les femmes de mauvaise vie à Bridewell. — Ed.

marcher à si grands pas, que Sharpitlaw et ses gens pouvaient à peine la suivre.

— Savez-vous bien, Ratton, continua-t-elle, que Muschat sera bien content de vous voir. Il sait qu'il n'y a pas sur la terre un plus grand coquin que vous; et vous connaissez le proverbe : qui se ressemble s'assemble. Vous êtes une paire de favoris (1) du diable, et je voudrais bien savoir qui des deux mérite le coin le plus chaud de son feu.

Ratcliffe protesta contre une telle association. — Je n'ai jamais versé le sang, lui dit-il.

— Mais vous l'avez vendu, Ratton, vous l'avez vendu plusieurs fois. On tue avec la langue comme avec le poignard.

> Le boucher à face vermeille,
> Avec ses bouts de manche bleus,
> Vous vendra d'un air tout joyeux
> Le mouton qu'il tua la veille.

— Et que fais-je en ce moment? pensa Ratcliffe. Mais je ne vendrai pas le sang de Robertson, si je puis m'en dispenser. Madge, lui dit-il tout bas, est-ce que vous avez oublié toutes vos ballades?

— Oh! que j'en sais de jolies! dit Madge, et comme je les chante, car joyeuse chanson rend le cœur joyeux : et elle chanta :

> Blottissez-vous, pauvre alouette,
> Le faucon plane dans les airs;
> Daims, cherchez des taillis couverts,
> La meute cruelle vous guette.

(1) *Peats, agneaux,* protégés mignons : se dit du protégé d'un juge, d'un débutant au barreau sous les auspices d'un ancien, etc.

É<small>D</small>.

— Faites taire cette maudite folle, Ratcliffe, s'écria Sharpitlaw, quand vous devriez l'étrangler! J'aperçois quelqu'un là-bas. Allons, mes enfans, tournez le revers de la hauteur. Georges Poinder, restez avec Ratcliffe et cette chienne enragée. Vous autres deux, tournez par ici avec moi sous l'ombre de la montagne.

Ratcliffe le vit s'avancer en prenant toutes les précautions d'un chef de sauvages indiens qui conduit sa troupe pendant la nuit pour surprendre un parti ennemi qui ne l'attend point, faisant même un détour pour éviter le clair de lune, et se cacher le plus long-temps possible sous l'ombre de la montagne.

— Roberston est perdu! pensa-t-il. Que diable aussi a-t-il à dire à cette Jeanie Deans, ou à toutes les femmes du monde, pour exposer son cou avec elle! Et cette infernale folle qui, après avoir caqueté toute la nuit comme une poule de paon, se tait juste quand son caquetage aurait pu faire quelque bien! Mais il en est toujours de même avec les femmes; si elles font jouer leurs langues, vous êtes sûr que c'est pour quelque malheur. Je voudrais bien la remettre en train sans que ce suceur de sang y prît garde; mais il est aussi fin que l'alène de Mackeachan, qui, au travers six bandes de cuir, pénétra de six lignes dans le talon du roi.

Il commença alors à fredonner à voix basse le premier vers d'une ballade favorite de Madge Wildfire, qui avait quelque rapport éloigné avec la situation de Robertson, espérant que la folle continuerait le couplet :

Un limier court sous le feuillage,
Je vois de loin briller l'acier;
La jeune fille est sous l'ombrage;
Elle chante un refrain guerrier.

Madge n'eut pas plus tôt entendu ces vers, qu'elle prouva à Ratcliffe que sa sagacité avait deviné juste, en continuant :

> Quand je vois à votre poursuite
> Courir des ennemis armés,
> Eh quoi! sir James, vous dormez!
> Sir James, réveillez-vous vite.

Quoique Ratcliffe fût encore à une grande distance de la butte de Muschat, ses yeux, habitués comme ceux d'un chat à distinguer les objets dans l'obscurité, virent que Robertson avait pris l'alarme, mais ni Georges Poinder moins clairvoyant ou moins attentif, ni Sharpitlaw et ses acolytes ne purent s'apercevoir de sa fuite, quoique ceux-ci fussent plus près de la butte, dont le terrain inégal leur interceptait la vue. Enfin, au bout de quelques minutes, Ratcliffe entendit Sharpitlaw s'écrier de toutes ses forces, avec une voix aigre comme le son d'une scie :— Il est parti! je l'ai vu sur le rocher. En chasse, mes amis! ici! vite à moi! Et continuant à donner ses ordres à son arrière-garde, il ajouta : Ratcliffe, venez ici et retenez la femme; — Georges, courez et suivez la haie de la Promenade du duc (1). Ratcliffe! vite à moi! mais assommez d'abord cette chienne enragée!

— Je vous conseille d'avoir recours à vos jambes, Madge, lui dit Ratcliffe; il n'est pas bon de se frotter à un homme en colère.

Malgré la folie de Madge, il lui restait encore assez de

(1) Partie du parc ainsi nommée parce que le duc d'York (Jacques II) s'y promenait souvent pendant son séjour à Édimbourg. — Éd.

bon sens pour profiter de cet avis, et il ne fut pas nécessaire de le lui répéter deux fois.

Cependant Ratcliffe courut à Sharpitlaw en affectant tout l'empressement du zèle et de l'obéissance, et celui-ci, qui avait fait une prisonnière, l'attendait avec impatience pour la lui donner en garde. Ainsi toute la bande se sépara, courant dans diverses directions, excepté Ratcliffe et Jeanie, que Ratcliffe tenait par sa mante, quoiqu'elle ne fît aucun effort pour s'éloigner du Cairn ou butte de Muschat.

FIN DU TOME PREMIER DE LA SECONDE SÉRIE DES CONTES DE MON HÔTE

OEUVRES COMPLÈTES
DE
SIR WALTER SCOTT.

Cette édition sera précédée d'une notice historique et littéraire sur l'auteur et ses écrits. Elle formera soixante-douze volumes in-dix-huit, imprimés en caractères neufs de la fonderie de Firmin Didot, sur papier jésus vélin superfin satiné; ornés de 72 *gravures en taille-douce* d'après les dessins d'Alex. Desenne; de 72 *vues* ou *vignettes* d'après les dessins de Finden, Heath, Westall, Alfred et Tony Johannot, etc., exécutées par les meilleurs artistes français et anglais; de 30 *cartes géographiques* destinées spécialement à chaque ouvrage; d'une *carte générale de l'Écosse*, et d'un *fac-simile* d'une lettre de Sir Walter Scott, adressée à M. Defauconpret, traducteur de ses œuvres.

CONDITIONS DE LA SOUSCRIPTION.

Les 72 volumes in-18 paraîtront par livraisons de 3 volumes de mois en mois; chaque volume sera orné d'une *gravure en taille-douce* et d'un titre gravé, avec une *vue* ou *vignette*, et chaque livraison sera accompagnée d'une ou deux *cartes géographiques*.

Les *planches* seront réunies en un cahier séparé formant *atlas*.

Le prix de la livraison, pour les souscripteurs, est de 12 fr. et de 25 fr. avec les gravures avant la lettre.

Depuis la publication de la 3ᵉ livraison, les prix sont portés à 15 fr. et à 30 fr.

ON NE PAIE RIEN D'AVANCE.

Pour être souscripteur il suffit de se faire inscrire à Paris

Chez les Éditeurs :

A. SAUTELET ET Cᵒ,	CHARLES GOSSELIN, LIBRAIRE
LIBRAIRES,	DE S. A. R. M. LE DUC DE BORDEAUX,
Place de la Bourse.	Rue St.-Germain-des-Prés, n. 9.

www.ingramcontent.com/pod-product-compliance
Lightning Source LLC
Chambersburg PA
CBHW071135160426
43196CB00011B/1903